MILITÄRISCHE AUSZEICHNUNGEN DER UDSSR

INHALT

Als eine Reverenz an jene, die seit 70 Jahren ihren Arbeiter-und-Bauern-Staat, den Frieden und den sozialen Fortschritt verteidigen, werden in diesem Band die wichtigsten militärischen Ehrenzeichen der UdSSR abgebildet, beschrieben und in das sowjetische Auszeichnungssystem eingeordnet. Überdies wird versucht, einen Überblick über die Geschichte der sowjetischen Auszeichnungen zu geben und die Bedeutung der Ehrenzeichen in der sowjetischen Gesellschaft zu zeigen. Anlaß zu dieser Publikation war auch, daß es anhand der bisher vorliegenden deutschsprachigen Literatur außerordentlich schwer ist, sich einen vollständigen Überblick über die militärischen Ehrenzeichen der UdSSR zu verschaffen.

In einer Vielzahl militärhistorischer Werke – von den großen Überblicksdarstellungen zum zweiten Weltkrieg und zum Großen Vaterländischen Krieg der Sowjetunion 1941 bis 1945 bis hin zur umfangreichen Memoirenliteratur – sind Fotos von Kämpfern der Streitkräfte der UdSSR enthalten, die an ihren Uniformen Orden und Ehrenzeichen tragen. Es wird in diesem Zusammenhang nur selten erklärt, um welche Auszeichnungen es sich dabei handelt. Einem Teil der Leser mag es aber nicht genügen, zu wissen, daß die Leistungen der Sowjetbürger und ihrer ausländischen Kampfgenossen mit tragbaren Zeichen der Ehre gewürdigt worden sind und noch werden, sie wollen auch wissen, was das für Auszeichnungen sind und welche Bewandtnis es mit ihnen hat.

Lehrer wollen ihren Schülern antworten, wenn diese sie nach sowjetischen Orden fragen. Schriftsteller und Journalisten wollen ihre Helden auch in der Weise charakterisieren, daß sie die Orden und Ehrenzeichen erwähnen, mit denen diese geehrt wurden. Maler und Grafiker, Theater-, Film- und Fernsehschaffende wollen ihre Figuren mit den richtigen Auszeichnungen in der rechten Trageweise darstellen und agieren lassen. Jemand will einfach wissen, warum beispielsweise der Siegesorden so selten verliehen worden ist, warum der Ruhmesorden den Beinamen «Soldatenorden» trägt oder wie viele Kämpfer im Großen Vaterländischen Krieg überhaupt mit Orden und Medaillen geehrt worden sind.

Diesen Bedürfnissen tragen bisherige deutschsprachige Ver-

öffentlichungen nicht voll Rechnung – sie sind lückenhaft oder sehr speziell, und sie sind in verschiedenen Zeitschriften publiziert, also nur mit Mühe aufzufinden.

Ganz anders stellt sich die Sache in der Sowjetunion dar. Es gibt hier sowohl eine ausgezeichnete Überblicksliteratur als auch hervorragende Einzeldarstellungen über Orden und Ehrenzeichen bis hin zu den Besten- und Leistungsabzeichen, die in den Streitkräften der UdSSR verliehen und getragen werden. Diese Literatur ist aber außerhalb der Sowjetunion oft nur schwer zu beschaffen und in russischer Sprache abgefaßt, so daß der Gegenstand vielen Interessierten trotzdem verschlossen bleibt. Die Autoren dieses Buches stützen sich vor allem auf Sbornik zakonodatelnych aktov o gosudarstvennych nagradach SSSR, Moskau 1984, und G. A. Kolesnikov, A. M. Rožkov, Ordena i medali SSSR, Moskau 1983, auf Publikationen des Staatlichen Historischen Museums Moskau und des Zentralen Museums der Streitkräfte der UdSSR Moskau sowie –bei den Abzeichen – auf A. S. Domank, Znaki voinskoj doblesti, Moskau 1982.

Mit der vorliegenden Publikation soll die vorhandene Lücke im wesentlichen geschlossen werden. Neben einem Abriß der Geschichte des sowjetischen Auszeichnungswesens werden die staatlichen Auszeichnungen der UdSSR für militärische Verdienste, darunter auch Medaillen und Abzeichen zu einigen Ehrentiteln, die wichtigsten Gruppen von Leistungsabzeichen der sowjetischen Streitkräfte, die Rangfolge und die Trageweise der Ehrenzeichen dargestellt. Nicht behandelt werden gesellschaftliche Auszeichnungen, Organisations- und Souvenirabzeichen sowie nichttragbare Jubiläums- und Porträtmedaillen. Es wird durchgehend versucht, die Ehrenzeichen in ihrer historischen Entwicklung zu beschreiben und zu zeigen. Eine Zeittafel und ein Literaturverzeichnis runden die Darstellung des Gegenstandes ab.

Die Autoren möchten all jenen danken, die das Werk gefördert und dazu beigetragen haben, daß es in der vorliegenden Form erscheinen konnte. Insbesondere sei denen gedankt, die es uns ermöglicht haben, sowjetische Auszeichnungen – zuweilen von großer Seltenheit – zu untersuchen, Messungen an

10 ihnen vorzunehmen und sie zu fotografieren. Das betrifft vor allem die Leitungen und Mitarbeiter des Staatlichen Historischen Museums und des Zentralen Museums der Streitkräfte der UdSSR, beide in Moskau, des Historischen Museums der Sowjetarmee in Berlin-Karlshorst und des Museums für Deutsche Geschichte in Berlin. Wertvolle Hilfe verschiedener Art leisteten auch eine Reihe von Institutionen, so der Militärverlag in Moskau und das Zentrale Haus der Deutsch-Sowjetischen Freundschaft in Berlin wie auch Mitglieder und Funktionäre des Kulturbundes der DDR. Auch ihnen sei gedankt.

Berlin, Juni 1986   Die Autoren

Der Geschichte der Auszeichnungen der UdSSR, der Stiftung des ersten Ordens der jungen sozialistischen Sowjetrepublik geht die Abschaffung des Auszeichnungssystems voraus, wie es im vorrevolutionären Rußland bestand.

Es ist eine Grundaufgabe der proletarischen Revolution, auch den bestehenden gesellschaftlichen Überbau umzuwälzen, den Staatsapparat zu zerschlagen und seine Institutionen zu beseitigen oder in Einrichtungen zu verwandeln, die dem Volke dienen, und schließlich neue Machtorgane, Verwaltungen, Gesetze, Verordnungen usw. zu schaffen. Das gilt auch für das Auszeichnungssystem. Noch in den letzten Monaten vor der Oktoberrevolution wurde das zaristische Auszeichnungssystem von der Kerenski-Regierung geringfügig modifiziert und notdürftig den Bedürfnissen einer bürgerlichen Ordnung angepaßt. Mit dem Sieg der proletarischen Revolution gehörte es endgültig der Geschichte an. Als Bestandteil des Überbaus der neuen, sozialistischen Gesellschaft entstand ein neues, das erste sozialistische Auszeichnungssystem.

AUSZEICHNUNGEN
IM VORREVOLUTIONÄREN
RUSSLAND

Die zaristischen Auszeichnungen hatten eine lange Tradition. Sie reichte bis in das 9., 10. und 11. Jahrhundert zurück, da russische Fürsten ihren Untertanen vollbrachte Kriegstaten mit Goldstücken, goldenen Ketten und Kreuzen, aber auch mit Waffen, Rüstungen, Pferden, Landbesitz usw. lohnten.

Im 15. und 16. Jahrhundert entstand der Brauch, alle Teilnehmer einer Schlacht oder eines Feldzuges, ungeachtet ihres Ranges, mit besonderen Medaillen auszuzeichnen. Je höher der Rang der Geehrten, desto größer und schwerer waren die Medaillen. Dem Feld-

herrn wurde mit einer großen Goldmedaille gedankt, dem einfachen Krieger dagegen mit einem leichtgewichtigen kleinen Abzeichen aus vergoldetem Silber. Dessenungeachtet war die Auszeichnung aller Feldzugsteilnehmer zu dieser Zeit einmalig. In England wurden erstmals 1650 speziell zu diesem Zweck geprägte Medaillen an alle Kämpfer im Heere Oliver Cromwells anläßlich des Sieges über die Schotten vergeben. Diese Praxis verbreitete sich in anderen Ländern ab Mitte des 18. Jahrhunderts und war seit den europäischen Befreiungskriegen zu Beginn des 19. Jahrhunderts allgemein üblich.

Peter I., der Große (1682 bis 1725), stiftete die ersten Orden Rußlands, die bis in die letzten Jahre des russischen Zarenreiches hinein verliehen wurden, und er ließ zahlreiche Auszeichnungsmedaillen prägen. Am Ende seiner Regierungszeit war bereits ein erstes in sich geschlossenes, straff verwaltetes russisches Auszeichnungssystem entstanden. Peters Nachfolger schufen weitere Orden und Medaillen, namentlich zahlreiche militärische.

Eine besondere Stellung unter den Ehrenzeichen im vorrevolutionären Rußland nimmt das 1807 gestiftete «Ehrenzeichen des Militärordens für niedere Ränge» ein, seit 1913 St.-Georgs-Kreuz genannt. Es gehörte von Beginn an zum «Militärorden des Hl. Georg des Siegbringers» und galt als dessen 5. Klasse. Der Georgsorden selbst stand nur Offizieren zu, während das Georgskreuz, seit 1856 in vier Klassen verliehen, ausschließlich für Mannschaften und Unteroffiziere bestimmt war. Dieses Kreuz wurde im Vergleich zum Orden bis 1917 in hoher Zahl verliehen, die im ersten Weltkrieg sogar die Millionengrenze überschritt. Seine Schaffung zu Beginn des 19. Jahrhunderts trug der gewachsenen Rolle des standhaft kämpfenden und initiativreich handelnden Soldaten und Unteroffiziers im Kampf Rechnung.

Darüber hinaus gab es nur wenige Auszeichnungen

in Rußland, mit denen Soldaten und Unteroffiziere bedacht werden konnten. Zu diesen wenigen gehörten die dem St.-Annen-Orden angeschlossene Medaille, die für treue Dienste, später auch für Auszeichnung im Kampf verliehen wurde, sowie die Medaille «Für Tapferkeit», die «Georgsmedaille»; auch sie wurde am Band des Georgsordens getragen.

Weniger ausgeprägt als in einigen anderen europäischen Monarchien dieser Zeit war die Stiftung und Verleihung spezieller Ehrenzeichen für Bürgerverdienste, für Wissenschaft, Kunst u. ä.

Im vorrevolutionären Rußland gab es vor allem folgende Orden:

den *Orden des Hl. Andreas*, gestiftet 1698, der höchste, äußerst sparsam verliehene Orden Rußlands, einklassig, ursprünglich ein Militärorden, später auch für allgemeine Verdienste um den Staat an Vertreter der Herrschaftsspitze verliehen;

den *Katharinen-Orden*, gestiftet 1714, hoher russischer Damenorden, an Angehörige des Zarenhofes und ihm nahestehende Damen verliehen;

den *Alexander-Newski-Orden*, gestiftet 1725, einklassig, für Militärs im Generalsrang;

den *Orden des Weißen Adlers*, gestiftet 1723 durch August II., König von Polen, erneuert 1815 als Orden in Polen, 1831 zum kaiserlich-königlichen Orden erhoben und als russischer Orden übernommen, einklassiger hoher Orden für zivile und militärische Verdienste;

den *St.-Georgs-Orden*, gestiftet 1769, sparsam verliehener vierklassiger Militärorden mit exklusiven Verleihungsbedingungen;

den *St.-Wladimir-Orden*, gestiftet 1782, Orden in vier Klassen für zivile und militärische Verdienste, in den unteren Klassen häufig verliehen;

den *St.-Annen-Orden*, gestiftet 1735 in Schleswig-Hollstein-Gottorp von Herzog Carl Friedrich, 1797 von Zar Paul I. als russischer Orden übernommen und für zivile und militärische Verdienste in vier, später fünf Klassen eingeteilt, in den unteren Klassen häufig verliehen;

den *St.-Stanislaus-Orden*, gestiftet 1765 von Stanislaw August Poniatowski, König von Polen, 1815 in Russisch-Polen wiederhergestellt, in vier Klassen eingeteilt und seit 1831 als kaiserlich-königlicher Orden den russischen Auszeichnungen angeschlossen, für zivile und militärische Verdienste, in den unteren Klassen häufig verliehen.

Neben diesen Orden existierten über kürzere oder längere Zeit weitere Orden, die aber nicht bestimmend für das russische Auszeichnungswesen waren. Zu nennen wären in diesem Zusammenhang der Orden des Hl. Johannes von Jerusalem, auch Malteserorden genannt, der aus Polen übernommene Militärorden «Virtuti militari» und der Orden des Roten Kreuzes.

Außer den Orden gaben die Medaillen dem russischen System der Ehrenzeichen das besondere Gepräge. Auch hier leitete Peter I. einen neuen Entwicklungsabschnitt ein. Zahlreiche Auszeichnungsmedaillen aus seiner Regierungszeit künden von ruhmvollen Kampfestaten bei der Verteidigung Rußlands gegen feindliche Angriffe, aber auch bei der Ausdehnung seines Machtbereiches. Zu den bekanntesten gehören die Medaillen «Für die Eroberung von Asow» 1696, «Für die Eroberung von Schlüsselburg» 1702, «Für die Eroberung von Narwa» 1704 und «Für die Schlacht von Poltawa» 1709.

Von einem ähnlichen hohen Anspruch, Zeugen der Ruhmestaten der russischen Armee zu sein, sind die Erinnerungskreuze und -medaillen an die Schlachten mit der Napoleonischen Armee getragen, z.B. «Für den Sieg bei Preußisch-Eylau» 1807, «Für die Eroberung von Paris» 1814 und die Medaille «Zur Erinnerung an den Vaterländischen Krieg 1812».

Andererseits wurden auch Medaillen zur Auszeichnung von Kämpfern geschaffen, die an der Niederwerfung nationaler Bewegungen unterdrückter Völker beteiligt waren. Dazu gehören u. a. die Medaillen «Für die Eroberung Warschaus» 1861, «Für die Niederwerfung Ungarns und Transsilvaniens» 1849 und «Für die Eroberung des westlichen Kaukasus» 1864.

In jedem Falle waren die Kreuze und Medaillen dieser Art tragbare Zeugnisse für die Teilnahme an bestimmten Kriegen und Schlachten und bescheinigten so dem Kämpfer, daß er dabei seinen Mann gestanden hatte. Die persönliche Auszeichnung vor den Mitkämpfern für besondere Tapferkeit usw. erfolgte durch Orden und andere Ehrenzeichen.

Über die genannten Ehrenzeichen hinaus existierten tragbare Auszeichnungen für Verdienste um das Rote Kreuz und die Landwirtschaft, Rettungs-, Krönungsmedaillen usw.

Wer sich mit russischen Auszeichnungen befaßt, wird auch auf Abzeichen und Auszeichnungen stoßen, die – obgleich keine offiziellen staatlichen Ehrenzeichen – das russische Auszeichnungswesen doch in ganz besonderem Maße prägten. Gemeint ist die große Zahl von Dienst-, Jubiläums- und Ehrenabzeichen der Regimenter, der militärischen Lehranstalten sowie der Pagen- und Kadettenkorps. Das sind zumeist sorgfältig, teilweise aufwendig gefertigte Abzeichen, für Offiziere aus Gold, Silber oder vergoldeter Bronze und z. T. emailliert, für Soldaten zwar in der gleichen oder ähnlichen Form, jedoch aus Weißmetall oder Bronze und nicht emailliert. Ihre Trageberechtigung und ihre Trageweise waren ganz bestimmten Bedingungen unterworfen.

Die Form und die Symbolik der Ordenszeichen, der Medaillen, Kreuze und Abzeichen wurden durch die herrschenden gesellschaftlichen Verhältnisse geprägt. Die russischen Ordenszeichen hatten die Form eines Kreuzes, oder sie wiesen das Kreuz als wichtiges Gestaltungselement auf, so der Orden des Hl. Andreas und der Orden des Weißen Adlers. Zu Kreuz, Adler und Krone als immer wiederkehrende Motive der Gestaltung kamen Darstellungen von Heiligen (und deren Monogramm), soweit die Orden nach diesen benannt waren. Die Ordenssterne wiesen zusätzlich die Ordensdevise auf, beim Katharinen-Orden war sie auf das Band gestickt. Wurden zivile Orden für militärische Verdienste verliehen, kamen noch antike Schwerter hinzu, die meist durch die Mitte der Kreuze und Sterne verliefen. Auf Medaillen waren in der Regel neben der speziellen Inschrift das Zarenporträt oder das Monogramm des Herrschers, die Krone, das Kreuz, der Adler oder das sogenannte Gottesauge dargestellt.

Die Orden und Medaillen wurden an Bändern von ganz bestimmter Farbe und – je nach Klasse – unterschiedlicher Breite getragen, der Orden des Hl. Andreas auch an einer kostbar verarbeiteten Kette. Besondere Bedeutung erlangte das Band des Militärordens, das Georgsband, ein orangefarbenes Band mit drei gleich breiten schwarzen Längsstreifen.

Sinn und damit Klasseninhalt des russischen Auszeichnungswesens bestand darin, diejenigen zu belohnen, die dem Zarenhaus besonders gute Dienste im Kampf gegen Feinde des Zaren sowie Träger und Verbreiter fortschrittlichen Gedankenguts erwiesen.

Dieses Auszeichnungssystem war eine exponierte staatliche Institution zur Unterscheidung der «Landeskinder» in dem Staat Ergebene, Nützliche – sie wurden mit Auszeichnungen bedacht – und in weniger Ergebene und Nützliche, die keine solchen Ehrungen erfuhren. Es war ein Instrument in der Hand der Regierenden, die die Methode «Teile und herrsche!» auf ausgeklügelte Weise praktizierten.

Orden standen in Rußland nur denen zu, die einer bestimmten Rangklasse angehörten, in der Armee und der Flotte nur Offizieren. So wurde der Orden des Hl. Andreas nur ab Generalleutnant und Gleichgestellte aufwärts verliehen bzw. war die Verleihung des Ordens mit der Ernennung zum Generalleutnant verbunden. Die betreffenden Persönlichkeiten erhielten mit der Verleihung dieses Ordens – sofern nicht vorher erhalten – zugleich den Alexander-Newski-Orden, den Orden des Weißen Adlers, den St.-Annen-Orden 1. Klasse und den St.-Stanislaus-Orden 1. Klasse. Hinzu kamen hohe Bedingungen in bezug auf «makellose» Herkunft, d. h. der Adelszugehörigkeit. Beim Johanniterorden wurde beispielsweise verlangt, daß der Dekorierte einem Adelsgeschlecht angehören mußte, das bereits seit 150 Jahren bestand. Eine generelle Bedingung für die Auszeichnung von Militärangehörigen bestand z. B. in einer untadelig geleisteten Dienstzeit von mindestens 15 Jahren. Bei der Auszeichnung mit einigen der Orden war der Geehrte verpflichtet, in die Staatskasse eine bestimmte, zuweilen ansehnliche Geldsumme zu zahlen.

Im Vaterländischen Krieg von 1812 wurden die Angehörigen des Adels mit einer besonderen Medaille am Band des St.-Wladimir-Ordens, die Kaufleute mit einer Medaille am Band des St.-Annen-Ordens und die Geistlichen mit einem Bronzekreuz geehrt. Die Bauern aber, die die Hauptlast des Krieges trugen, gingen leer aus. Im betreffenden Manifest Alexanders I. vom 30. August 1814 hieß es, daß die Bauern nicht ausgezeichnet würden, da sie ja ihren Lohn von Gott erhielten.

Das Gesetz über die Stiftung von Orden im zaristischen Rußland legte fest, wer ausgezeichnet werden konnte und wer nicht. Fünf Kategorien von Berechtigten waren genannt. Zur ersten gehörten beispielsweise alle geistlichen, militärischen, zivilen und höfischen Ränge, zur fünften Kategorie Kaufleute und Persön-

14 lichkeiten anderer Stände, die sich besondere Verdienste erworben und die Auszeichnung verdient hatten. Schließlich war verfügt, daß Kleinbürger und Personen bäuerlichen Standes nicht mit Orden ausgezeichnet wurden.

Dieses Auszeichnungssystem trug 1917 – wie der ganze Staat – noch stark ausgeprägte feudalistische Züge und berücksichtigte nur in Ansätzen die Erfordernisse der schon weitgehend kapitalistisch organisierten Gesellschaft. Es war seit langem überlebt. Bereits wenige Tage nach der Oktoberrevolution wurden die Stände und bürgerlichen Ränge abgeschafft und damit zugleich alle vorrevolutionären Orden und Ehrenzeichen. Wenig später wurde auch das Ordenskapitel am Zarenhof aufgelöst, die Institution, die bis dahin mit der Regelung von Ordensangelegenheiten betraut war.

DIE ERSTEN SOWJETISCHEN EHRENZEICHEN

Die revolutionären Arbeiter, Bauern und Soldaten mußten sich seit den ersten Tagen der Existenz der Sowjetmacht heftigster Angriffe der Konterrevolution im eigenen Lande und der ausländischen militärischen Intervention erwehren. Sie formierten sich zu den bewaffneten Roten Garden. Im Februar 1918 wurde die reguläre Rote Arbeiter-und-Bauern-Armee geschaffen. Die unzureichend ausgebildeten und ausgerüsteten Einheiten und Kämpfer führten einen erbitterten Kampf und vollbrachten zahllose Heldentaten bei der Abwehr des Feindes.

Die Sowjetregierung schuf Mittel und Möglichkeiten, diesen Heldenmut öffentlich zu ehren und zu belohnen. Beschlüsse zur Stiftung und oft auch zur Verleihung von Auszeichnungen wurden in der Regel vom Sowjetkongreß oder vom Gesamtrussischen Zentralexekutivkomitee (ZEK) gefaßt, dem höchsten Organ der Sowjetmacht zwischen den Kongressen.

Die erste Auszeichnung Sowjetrußlands war kollektiver Art – das Revolutionäre Rote Ehrenbanner. Am 20. August 1918 faßte das ZEK erstmals den Beschluß, einen Truppenteil der Roten Armee mit diesem Ehrenbanner auszuzeichnen – das 5. Semgalsker Schützenregiment – für die standhafte und mutige Verteidigung von Kasan und erwiesenen Heldenmut im Kampf gegen die Feinde Sowjetrußlands. Im September 1918 wurde diese Auszeichnung auch dem Nikolajewsker Regiment zuteil, dessen Kommandeur W. I. Tschapajew war.

Am 16. September 1918 wurde gemäß einem Dekret des Gesamtrussischen Zentralexekutivkomitees der erste sowjetische und zugleich erste sozialistische Orden, der Rotbannerorden der RSFSR, geschaffen. Auf Vorschlag des Vorsitzenden des ZEK J. M. Swerdlow wurde zur Ausarbeitung des Projekts eine Kommission gebildet, mit dem Entwurf des Ordenszeichens wurde der Künstler W. W. Denissow betraut. Am 4. Oktober 1918 bestätigte das Präsidium des ZEK einen der vorgelegten Entwürfe, der zur Ausführung dem Petrograder Münzhof übergeben wurde. Im Februar 1919 lieferte dieser die ersten Exemplare an den Revolutionären Kriegsrat der Republik. Dieser Orden war nicht mehr nur einigen wenigen Würdenträgern vorbehalten. Jeder Kämpfer Sowjetrußlands, der gegen die Feinde der Revolution stritt und die Bedingungen für die Verleihung erfüllte, konnte damit geehrt werden.

Auch in Gestalt und Symbolik unterschied sich dieser Orden grundlegend von den Orden des vorrevolutionären Rußlands und allen bis dahin bestehenden feudalen und kapitalistischen Orden. Nicht Kreuz und Adler waren die beherrschenden gestalterischen Elemente, sondern die rote Fahne. Sie war das Symbol der internationalen revolutionären Arbeiterbewegung. Sie wehte den Kämpfern der Revolution von 1905 in Rußland, der Oktoberrevolution und den Verteidigern der jungen Sowjetmacht voran. Die rote Fahne war laut Dekret des ZEK vom 8. April 1918 die Staatsflagge der russischen Republik. Diese Fahne gab dem ersten sowjetischen Orden ihren Namen, wurde zum hauptsächlichen Gestaltungselement des Ordens und spielte später im sowjetischen Auszeichnungswesen stets eine hervorragende Rolle.

Neben der roten Fahne zeigt der Rotbannerorden weitere Symbole der revolutionären Arbeiter und Bauern: Hammer, Sichel und Pflugschar, roter Stern als Zeichen der Roten Armee, eine Fackel als Symbol des Kampfes um Freiheit und Fortschritt sowie Gewehr und Bajonett. Fahneninschrift war die Losung des Manifestes der Kommunistischen Partei «Proletarier aller Länder, vereinigt euch!».

Die Stiftung des Ordens hatte eine große erzieherische Bedeutung. Das Volk nannte die Ausgezeichneten liebevoll «Krasnosnamenzi», abgeleitet von krasnoje snamija (rotes Banner). Sie genossen allgemein hohe Achtung als kühne Kämpfer, die der Revolution, dem Volk und der Heimat grenzenlos ergeben waren.

Vor allem in den Jahren 1920 und 1921 wurden, dem Beispiel des Rotbannerordens der RSFSR folgend, auch in anderen Sowjetrepubliken Orden zur Auszeichnung von Kämpfern und Kommandeuren gestiftet, die sich beim Schutz der Sowjetmacht hohe Verdienste erworben hatten. Zu diesen Orden gehörten die Rotbannerorden der Armenischen, der Aserbaidshanischen und der Georgischen SSR, der Silberne Stern und der Rote Stern der Armenischen SSR, der Rote Militärorden sowie der Rotbannerorden der SVR Choresm und der dreiklassige Orden des Roten Sterns der SVR Buchara. Auch diese Orden zeigten die Symbole des Sozialismus und des Kampfes der internationalen Arbeiterbewegung, außerdem Säbel und Bajonett, die aufgehende Sonne und den Halbmond.

Die Siege der Roten Armee im Kampf gegen die innere und äußere Konterrevolution in den Jahren 1918 bis 1922 lagen vor allem in ihrer politisch-moralischen Überlegenheit begründet. Sie zu fördern war auch das Anliegen der ersten sowjetischen Auszeichnungen. Sie waren den Kämpfern Lohn und Ansporn zugleich, die Revolution mit allen verfügbaren Kräften zu verteidigen.

DIE ENTSTEHUNG DES AUSZEICHNUNGSSYSTEMS DER UDSSR

Der Bürgerkrieg war noch nicht beendet, als in der Russischen Föderation das erste Ehrenzeichen für Heldentaten an der Front der Arbeit gestiftet wurde.

Ende 1920 waren energische Schritte notwendig, um die Wirtschaft zu entwickeln, die Warenproduktion und -zirkulation zu beleben, Veränderungen in der Landwirtschaft herbeizuführen usw. Marksteine setzten der VIII. Gesamtrussische Sowjetkongreß Ende Dezember 1920, der den GOELRO-Plan zur Elektrifizierung des Landes beschloß, und der X. Parteitag der KPR(B) im März 1921, der die unter Lenins Leitung ausgearbeitete Neue Ökonomische Politik bestätigte und weitreichende Beschlüsse faßte.

Im Beschluß des VIII. Sowjetkongresses über die Stiftung des Ordens des Roten Arbeitsbanners der RSFSR hieß es, daß mit diesem Orden Kollektive von Werktätigen und einzelne Bürger ausgezeichnet würden, die besondere Selbstlosigkeit, Initiative, Arbeitsliebe und Organisiertheit bei der Lösung der wirtschaftlichen Aufgaben zeigten.

Dem Namen und dem Charakter der Auszeichnung gemäß wird das Ordenszeichen beherrscht von der roten Fahne mit der Landesbezeichnung RSFSR und der Losung des Kommunistischen Manifestes, von Hammer und Sichel sowie der Inschrift ГЕРОЮ ТРУДА (Geroju truda/Dem Helden der Arbeit).

Die ersten Ordensverleihungen waren eng mit dem Beitrag der Werktätigen zum Sieg über den Feind verknüpft. So wurden am 25. April 1921 als erste das Tulaer Waffenwerk sowie die Ochtensker und die Schostkinsker Munitionsfabrik ausgezeichnet. Immer öfter wurde der Orden später (bis 1928) auch für Verdienste auf anderen volkswirtschaftlichen Gebieten verliehen.

In den 20er Jahren wurden auch in anderen Sowjetrepubliken Orden zur Ehrung von Verdiensten bei der Arbeit gestiftet. Dazu gehören die Orden des Roten Arbeitsbanners der Armenischen, der Aserbaidshanischen, der Belorussischen, der Tadshikischen, der Turkmenischen, der Ukrainischen und der Usbekischen SSR, der Transkaukasischen SFSR und der SVR Choresm. Darüber hinaus entstanden der Orden der Arbeit der Aserbaidshanischen SSR und der SRV Choresm. Zu diesen Ehrenzeichen können auch der Orden der Aratischen Republik Tuwa und der Rotbannerorden Tuwas (seit 1938) gerechnet werden; die heutige Tuwinische ASSR gehört erst seit 1944 der UdSSR an.

Die Ehrenzeichen für Verdienste in der Arbeit sind von großer Vielfalt, Originalität und Schönheit. Zur roten Fahne mit der Losung des Manifestes gesellen sich Darstellungen des Zahnrades und zahlreicher Arbeitsgeräte wie Beil, Sichel, Hammer, Amboß, Pflug und Spaten, von Industriebauten, Fördertürmen, Fabrikgebäuden, Schornsteinen und Traktoren, aber auch von Landschaften, Korngarben, Baumwollblüten, Pferd und Reiter, Rindern usw.

September 1935: Die ersten Marschälle der Sowjetunion M. N. Tucha-tschewski, K. J. Woroschilow, A. I. Jegorow (von links nach rechts), S. M. Budjonny und W. K. Blücher (stehend)

Im Zentralen Lenin-Museum in Moskau ist der Orden der Arbeit der Sowjetischen Volksrepublik Choresm ausgestellt, mit dem W. I. Lenin 1922 ausgezeichnet wurde.

Am 30. Dezember 1922 trat im Moskauer Bolschoitheater der I. Sowjetkongreß der UdSSR zusammen. Die Deputierten beschlossen, die Bildung der UdSSR zu proklamieren. Vier Sowjetrepubliken vereinten sich zur Union: die RSFSR, die Ukrainische SSR, die Belorussische SSR und die Transkaukasische SFSR, die aus der Armenischen, der Aserbaidshanischen und der Georgischen SSR bestand. Später traten weitere Republiken dem Bund bei. Die auf freiwilliger Grundlage in der UdSSR vereinten Völker entwickelten sich in der Folgezeit unter Führung der marxistisch-leninistischen Partei zu einer neuen sozialen und internationalen Gemeinschaft von Menschen – zum Sowjetvolk. Dieser geschichtlich bedeutsame Vorgang drückte auch der weiteren Entwicklung des sowjetischen Auszeichnungswesens seinen Stempel auf.

So deklarierte am 1. August 1924 das Präsidium des Zentralexekutivkomitees der UdSSR den Rotbannerorden zum gemeinsamen Orden aller Republiken der Sowjetunion. Das Recht, Bürger des Landes mit dem Orden auszuzeichnen, war einzig dem ZEK der UdSSR vorbehalten. Die Verleihung des Rotbannerordens der einzelnen Sowjetrepubliken wurde in den darauffolgenden Jahren schrittweise eingestellt. Die mit diesen Orden Geehrten durften sie jedoch auch weiterhin tragen.

Am 7. September 1928 wurde auf Beschluß des ZEK und des Rates der Volkskommissare der UdSSR der Orden des Roten Arbeitsbanners der UdSSR gestiftet. Auch die Verleihung der Arbeitsauszeichnungen der Republiken wurde nach und nach eingestellt. Auf dem Ordenszeichen war – sowohl in der ersten wie auch in der zweiten Ausführung – der Staudamm eines Wasserkraftwerkes dargestellt. Als erste erhielten die Werktätigen des Leningrader Putilow-Werkes, des heutigen Kirow-Werkes, den Orden.

Auf Beschluß des Präsidiums des ZEK der UdSSR wurden am 6. April 1930 zwei Orden gestiftet, der Lenin-Orden und der Orden des Roten Sterns. Der Lenin-Orden war der erste – und bis in die Jahre des Großen Vaterländischen Krieges hinein der einzige – sowjetische Orden, dessen Name mit einer großen Persönlichkeit der Geschichte verbunden war. Er ist bis heute der höchste Orden der Sowjetunion. Er war die erste universelle Auszeichnung zur Würdigung hervorragender Leistungen auf allen Gebieten des gesellschaftlichen Lebens der UdSSR. Mit ihm wurden und werden Politiker und Wirtschaftsfunktionäre, Wissenschaftler und Techniker, Ärzte und Pädagogen, Schriftsteller, Künstler und Militärs gleichermaßen geehrt.

Den Lenin-Orden in der ersten Ausführung schuf der Künstler S. I. Dmitrijew, der auf Entwurfsarbeiten weiterer Bildhauer und Medailleure zurückgreifen konnte. Das Porträt Lenins im Zentrum des Ordens ist der Lenin-Skulptur I. D. Schadrs nachgestaltet. Es befindet sich in einem kreisrunden Feld, auf dem außerdem Industrieanlagen und ein Traktor dargestellt sind. Das Feld ist umgeben von Kornähren, die unterbrochen sind durch die Darstellung von Hammer und Sichel sowie die Staatsbezeichnung CCCP (SSSR/UdSSR). Die zweite Ausführung, die von jenem ersten Ordenszeichen beträchtlich abweicht und bereits weitgehend dem Lenin-Orden von heute entspricht, ist ein Hochoval mit der Lenin-Büste im Zentrum, umgeben von einem Ährenkranz und überhöht von einer roten Fahne mit der Inschrift ЛЕНИН (Lenin). Ein roter Stern sowie Hammer und Sichel ergänzen die Darstellung. Dieses Ordenszeichen wurde vom Präsidium des ZEK der UdSSR am 11. Juni 1936 bestätigt. Ausgeführt wurde es vom Leningrader Münzhof nach dem Modell, das Akademiemitglied A. F. Wasjutinski geschaffen hatte.

Marschall der Sowjetunion S. K. Timoschenko, zweifacher Held der Sowjetunion (1940, 1965), Träger des Siegesordens. Das Foto aus dem Jahre 1937 zeigt ihn mit dem Lenin-Orden, drei Rotbannerorden der UdSSR sowie der Jubiläumsmedaille «XX Jahre Rote Arbeiter-und-Bauern-Armee» in den Ausführungen bis 1943

Der Lenin-Orden Nr. 1 wurde dem Kollektiv der Jugendzeitung «Komsomolskaja Prawda» für seine hohen Verdienste bei der sozialistischen Erziehung der Jugend des Landes verliehen. Unter den ersten Trägern des Lenin-Ordens befanden sich Persönlichkeiten, die im ganzen Lande und auch über seine Grenzen hinaus bekannt waren, so der Bergmann Alexej Stachanow, der Theaterleiter und -theoretiker Konstantin Stanislawski, der Biologe und Pflanzenzüchter Iwan Mitschurin, der Schriftsteller Maxim Gorki und der Heerführer K. J. Woroschilow.

Der Lenin-Orden erlangte im Verlaufe der Geschichte eine immense gesellschaftliche Bedeutung. Er

18 dient der Ehrung von Bürgern der UdSSR wie auch von Persönlichkeiten der befreundeten sozialistischen Länder und Bruderparteien sowie anderer fortschrittlicher Persönlichkeiten in der Welt.

Die friedliche Aufbauarbeit in der Sowjetunion fand im Ausland jedoch nicht nur begeisterte Anerkennung, sondern rief auch Haß hervor, und es wurden Angriffspläne der imperialistischen Mächte gegen das Land der Sowjets geschmiedet. Die Werktätigen mußten das sozialistische Vaterland auch mit der Waffe in der Hand verteidigen können. So war der zweite Orden, der am 6. April 1930 gestiftet wurde, der Orden des Roten Sterns, eine militärische Auszeichnung.

Ähnlich wie der 16. September 1918, an dem der Rotbannerorden der RSFSR gestiftet wurde, und der 6. April 1930 mit dem Beschluß zur Stiftung des Lenin-Ordens war auch der 16. April 1934 ein Markstein in der Geschichte des sowjetischen Auszeichnungswesens. An diesem Tage wurde auf Beschluß des ZEK der UdSSR der Ehrentitel «Held der Sowjetunion» geschaffen. Er ist zur Würdigung von Bürgern und Kollektiven bestimmt, die für den Sowjetstaat und die sozialistische Gesellschaft Heldentaten vollbracht haben. Mit der Stiftung dieses Ehrentitels hatte es eine besondere Bewandtnis:

Am 13. Februar des Jahres 1934 begann eine dramatische Rettungsaktion, die nicht nur in der Sowjetunion, sondern in der ganzen Welt größtes Aufsehen erregte. Der sowjetische Eisbrecher «Tscheljuskin», seit September 1933 im Eis der Arktis eingeschlossen, war, von den Eismassen erdrückt, gesunken. Die Teilnehmer der Expedition unter der Leitung von Prof. O. J. Schmidt – 104 Männer, Frauen und Kinder – hatten auf dem Eis ein rauhes Quartier bezogen. Fachleute und die Presse von Paris bis New York gaben den kühnen Forschern keine Rettungschance. Viele Pioniere des Nordpols waren schon umgekommen, hinzu kam ein ungewöhnlich harter, stürmischer Polarwinter!

Zur Rettung brachen Flieger auf, demontierten ihre Maschinen, verluden sie auf Schiffe, strebten nach Norden, montierten, flogen weiter. Bekannte Polarflieger wie Wassili Molokow waren unter ihnen, aber auch unbekannte Militärflieger wie die der Lenin-Fliegerstaffel unter Nikolai Kamanin.

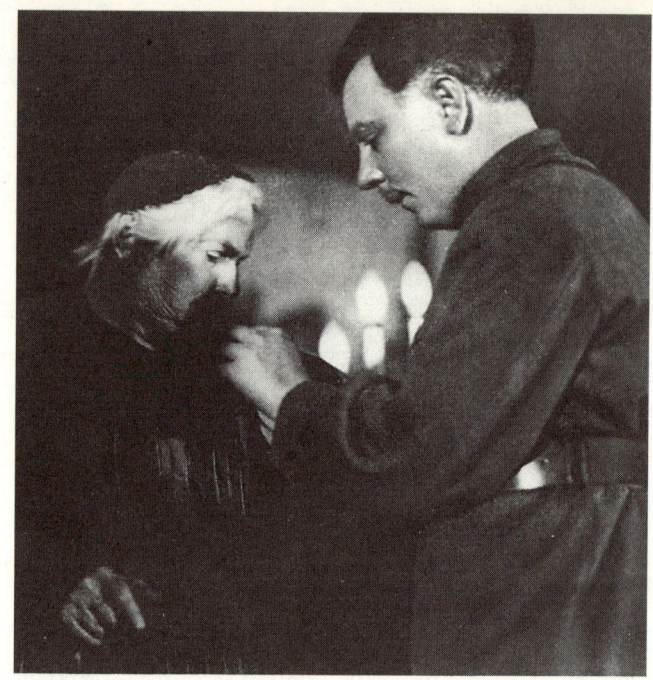

Clara Zetkin erhält aus den Händen K. J. Woroschilows den Rotbannerorden, Moskau 1927

Am 5. März erreichte die Welt eine erste Erfolgsmeldung: Der Flieger Anatoli Ljapidewski hatte mit seiner ANT-4 das «Tscheljuskin»-Lager erreicht, alle Frauen und Kinder an Bord genommen und sie nach Uëlen in Sicherheit gebracht. 28mal war er vergeblich gestartet, beim 29. Mal gelang es ihm, zum Lager vorzudringen. Unwetter und dadurch verursachte Havarien verhinderten weitere Flüge Ljapidewskis. So konnte nicht mit einer schnellen Rettung der übrigen Teilnehmer gerechnet werden. Nach und nach kämpften sich auch die anderen Flieger nach Norden durch. Am 3. April traf Kamanins Trupp in Uëlen ein. Eine Maschine nach der anderen – zumeist offene kleine Militärmaschinen vom Typ R-5 – flog, landete, nahm zwei, drei Expeditionsteilnehmer auf, kehrte zurück zur Basis. In der Polarnacht, bei Sturm und schwierigen Landebedingungen auf der Eisscholle dauerte es dennoch zehn Tage, bis der letzte Mann geborgen war.

Am 14. April erreichte die Retter ein Telegramm der Führung der KPdSU und der Sowjetregierung: «Sind von Ihrem heldenhaften Einsatz zur Rettung der Tscheljuskin-Besatzung begeistert ... Freuen uns,

daß Sie die besten Hoffnungen des Landes gerechtfertigt und sich als würdige Söhne unseres großen Heimatlandes erwiesen haben. Wir stellen beim Zentralexekutivkomitee den Antrag:
1. als höchste Auszeichnung für eine heroische Tat den Titel ‹Held der Sowjetunion› zu stiften,
2. den Fliegern Ljapidewski, Lewanewski, Molokow, Kamanin, Slepnjow, Wodopjanow und Doronin ... den Titel ‹Held der Sowjetunion› zu verleihen ...»

Das also waren die ersten sieben Helden der Sowjetunion, ausgezeichnet am 20. April 1934. Auch die Navigatoren, die Bordmechaniker und andere an der Rettung Beteiligte sowie die Mitglieder der «Tscheljuskin»-Expedition wurden mit Orden ausgezeichnet.

Die Helden der Sowjetunion dieser Jahre erhielten noch nicht die Medaille «Goldener Stern» – sie wurde erst fünf Jahre später gestiftet. Ein Foto aus jener Zeit zeigt die Helden, dekoriert mit dem Lenin-Orden, dem Ordenszeichen in der ersten Version.

Der letzte Orden, der vor dem zweiten Weltkrieg geschaffen wurde, war der Orden «Zeichen der Ehre». Stiftungstag war der 25. November 1935. Mit ihm wurden einzelne Bürger und Kollektive für Erfolge in der Volkswirtschaft, in Wissenschaft und Technik, in der Kunst, im Sport und für Verdienste bei der Erhöhung der Gefechtsbereitschaft der Roten Armee und der Stärkung der Verteidigungskraft des Landes ausgezeichnet. Das Ordenszeichen wird beherrscht von zwei roten Fahnen und den Skulpturen einer Frau und eines Mannes, die Seite an Seite schreiten.

Alle Orden, die bis dahin gestiftet wurden, hatten die Form von Abzeichen, die gewöhnlich mit einem Gewindestift und einer Mutter an der Kleidung befestigt wurden. Tragespangen waren noch nicht gebräuchlich.

Das Jahr 1936, das eine Zäsur in der Entwicklung der Sowjetgesellschaft darstellt, gibt Anlaß zu einer Zwischenbilanz: 1937 belegte die UdSSR in der Industrieproduktion bereits den ersten Platz in Europa und den 2. Platz in der Welt. Die Wirtschafts- und Sozialstruktur des Landes hatte sich von Grund auf gewandelt, das Analphabetentum war beseitigt. Die Nationen und Völkerschaften der UdSSR hatten durch ihr freundschaftliches, gleichberechtigtes Zusammenleben und gemeinsames Streben einen großen Schritt hin zum multinationalen Sowjetvolk getan. 1936 hatte der

Der deutsche Arbeiterführer Max Hölz, Träger des Rotbanner-Ordens, 1930 in Welikije Luki

Sozialismus in der UdSSR gesiegt – erstmals in einem Lande auf der Welt. Eine neue Verfassung, die den erzielten Veränderungen Gesetzeskraft verlieh, wurde im Dezember 1936 vom Außerordentlichen VIII. Sowjetkongreß angenommen.

Das Jahr 1936 war auch das Jahr der ersten Verfassung für das Auszeichnungswesen der UdSSR: der Allgemeinen Verordnung über die Orden der UdSSR. Sie wurde bestätigt durch den Beschluß des ZEK und des Rates der Volkskommissare der UdSSR vom 7. Mai 1936. Bis dahin gab es kein einheitliches Grundsatzdokument, das alle Fragen regelte, die die Orden und Ehrenzeichen betrafen. Bisher waren fünf Orden und ein Ehrentitel gestiftet und ihre Einzelbestimmungen bzw. -statuten bestätigt worden.

Die Allgemeine Verordnung legte fest:
Orden sind die höchsten Auszeichnungen des Landes. Sie können Einzelpersonen ebenso verliehen werden wie Truppenteilen und Einheiten, Betrieben, Institu-

tionen und Organisationen. Diese können für weitere Verdienste erneut mit dem gleichen oder einem anderen Orden geehrt werden. Die Ausgezeichneten werden aufgefordert, bei der Erfüllung ihrer staatsbürgerlichen Pflichten stets mit gutem Beispiel voranzugehen. Den Ausgezeichneten stehen besondere Rechte zu – monatliche Geldsummen, Miet- und Fahrpreisermäßigungen, Erlaß der Einkommenssteuer, Herabsetzung des Rentenalters.

Diese Rechte wurden später mehrmals geändert und neu festgelegt. Die Allgemeine Verordnung galt jedoch in ihren Grundzügen über einen Zeitraum von mehr als 40 Jahren.

In der Sowjetunion war ein Auszeichnungswesen entstanden, das es bisher in der Geschichte noch nicht gegeben hatte. Von fünf Orden waren zwei ausschließlich und der dritte überwiegend zur Würdigung von Verdiensten in Politik und Wirtschaft, Sozialwesen, Kultur und Sport bestimmt. In den ersten knapp 20 Jahren sowjetischer Geschichte wurden etwa 153 000 Orden verliehen. Diese Art der öffentlichen Ehrung, der moralischen und materiellen Stimulierung, hatte einen festen Platz im gesellschaftlichen Leben der UdSSR erhalten.

AUSZEICHNUNGEN DER UDSSR AM VORABEND DES GROSSEN VATERLÄNDISCHEN KRIEGES

Gemäß der sozialistischen Verfassung der UdSSR von 1936 war der Oberste Sowjet der UdSSR die einzige gesetzgebende Körperschaft in der Sowjetunion. Das Präsidium des Obersten Sowjets entschied über alle wichtigen Auszeichnungsangelegenheiten. (Deshalb werden im folgenden nur noch die Daten der Stiftung von Auszeichnungen bzw. der Annahme diesbezüglicher Gesetze genannt, nicht mehr die gesetzgebende Körperschaft.)

1938 wurde ein neuer Typ von Ehrenzeichen in das Auszeichnungswesen der UdSSR eingeführt – die Medaillen. Alle 1938 gestifteten Medaillen dienten der Würdigung militärischer Verdienste – und das nicht ohne Grund.

Nach Machtantritt der Faschisten war der deutsche Imperialismus zum Stoßkeil der internationalen Konterrevolution und zum Hauptkriegsbrandstifter geworden. Mit Terror und Vernichtung ohnegleichen ging er gegen alle revolutionären und demokratischen Kräfte nach innen vor, um sich die Hände nach außen frei zu machen. 1936/37 fanden sich Deutschland, Japan und Italien im Antikominternpakt zum Kreuzzug gegen den Sozialismus zusammen.

Großbritannien, Frankreich und die USA hatten mit Krediten, Patenten und Rohstofflieferungen den deutschen Militarismus samt Gewaltinstrumenten wiedererstehen lassen und durch eine Politik der «Nichteinmischung» und der «Neutralität» das faschistische Deutschland zu einer Folge von Aggressionen ermuntert, die 1941 im Überfall auf die Sowjetunion gipfelten.

Dennoch: Die Vorgeschichte des zweiten Weltkrieges lehrt, daß es in der neuen, von der Großen Sozialistischen Oktoberrevolution eingeleiteten Geschichtsepoche möglich ist, imperialistische Kriege durch kollektive Anstrengungen der Staaten und Völker zu verhindern. Die Sowjetunion führt seit ihrer Existenz einen beharrlichen Kampf um Frieden und Sicherheit der Völker. In der Periode vor Ausbruch des zweiten Weltkrieges war sie bemüht, durch kollektive Sicherheitsmaßnahmen gegen die drohende gewaltsame Expansion des faschistischen deutschen Imperialismus wie auch durch konstruktive Vorschläge zur Reduzierung der Rüstungen und zur Abrüstung eine Barriere gegen den Krieg zu errichten.

Den zweiten Weltkrieg zu verhindern gelang jedoch nicht.

Seit Mitte der 30er Jahre hatte sich die internationale Lage rasch zugespitzt: Italien eroberte 1935 Äthiopien, 1939 fiel es in Albanien ein. Unterstützt von Deutschland und Italien, entfesselte die Reaktion in Spanien 1936 einen faschistischen Putsch, und es begann der national-revolutionäre Krieg des spanischen Volkes. Im März 1938 okkupierte Hitlerdeutschland Österreich. Im September desselben Jahres schlossen Großbritannien und Frankreich mit Deutschland und Italien das schändliche Münchener Abkommen. Es ebnete den Weg für die Liquidierung der Tschechoslowakei als Staat durch Hitlerdeutschland.

Die Sowjetunion unterstützte die spanische Volksfrontregierung in ihrem gerechten Kampf gegen den Faschismus. Sie bot der Tschechoslowakei ihren Bei-

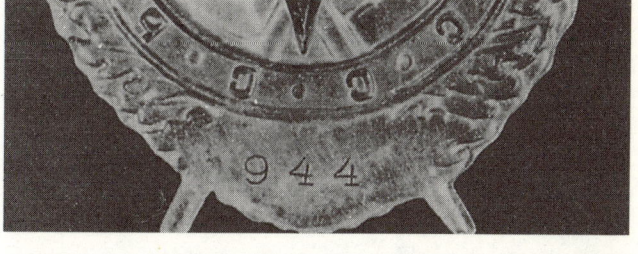

stand gegen die faschistische Bedrohung an – ohne damit auf positive Resonanz zu stoßen. Sie verstärkte ihre Bemühungen um die Beilegung internationaler Konflikte, zur Erhaltung des Friedens. Als einzige Großmacht trat sie gegen das Münchener Abkommen auf. Sie unterstützte konsequent alle Bestrebungen nach kollektiver Sicherheit in Europa und in der Welt.

Im Sommer 1938 hatte die Rote Armee den Überfall japanischer Truppen am fernöstlichen Chassansee abzuwehren. Einen zweiten militärischen Konflikt am Fluß Chalchin gol in der Mongolischen Volksrepublik, mit der die UdSSR durch ein Beistandsabkommen verbunden war, bereitete das militaristische Japan für das Frühjahr 1939 vor.

Indem sie die Lage real einschätzte, ergriff die Sowjetunion Maßnahmen zur Erhöhung der Verteidigungskraft des eigenen Landes und der Gefechtsbe-

reitschaft der Streitkräfte. Diese Maßnahmen spiegelten sich auch im Auszeichnungswesen der UdSSR wider. So wurde am 24. Januar 1938 die Jubiläumsmedaille «XX Jahre Rote Arbeiter-und-Bauern-Armee» gestiftet. Mit dieser Medaille wurden die Verdienste Zehntausender Rotarmisten und Roter Matrosen gewürdigt, die sie sich in den vergangenen 20 Jahren beim Schutz der sozialistischen Errungenschaften erworben hatten.

Am 17. Oktober 1938 wurde der Beschluß über die Stiftung der Medaillen «Für Tapferkeit» und «Für Verdienste im Kampf» gefaßt, die in den folgenden Jahren außerordentliche Bedeutung und Popularität erlangen sollten. Sie waren bestimmt zur Auszeichnung von Kämpfern und Kommandeuren für persönliche Tapferkeit, Erfolge im Kampf und kühnes Verhalten im Gefecht.

Diese ersten sowjetischen Medaillen wurden jeweils an rechteckigen, rahmenförmigen Spangen getragen. Sie waren im Mittelteil mit rotem Band bezogen und wurden mit einer Schraube an der Kleidung befestigt.

Aus dieser Zeit sind auch einige Abzeichen bekannt, die den militärischen Geschehnissen dieser angespannten Periode gewidmet waren: die Abzeichen «Teilnehmer an den Kämpfen am Chassansee», «Teilnehmer an den Kämpfen am Chalchin gol» und «Für Teilnahme an den Kämpfen auf der Karelischen Landenge», gestiftet in den Jahren 1939 und 1940.

Leistungen von Angehörigen der Roten Armee und Flotte wurden bereits zu dieser Zeit durch die Verleihung von Abzeichen gewürdigt: mit dem Fallschirmsprungabzeichen (1934), mit dem Abzeichen «Für Auszeichnung beim Artillerieschießen» (1936) und «Für ausgezeichnetes Schießen» (1938) sowie mit dem ersten Bestenabzeichen «Bester der Roten Arbeiter-und-Bauern-Armee» (1939).

In den Jahren 1938 bis 1940 wurde die Kategorie der höchsten Auszeichnungsgrade ergänzt; die erste Auszeichnung dieser Art war 1934 mit dem Ehrentitel «Held der Sowjetunion» geschaffen worden. Am 29. Juli 1936 wurde das Statut zum Ehrentitel beschlossen. Am 1. August 1939 wurde mit dem Erlaß «Über ergänzende Ehrenzeichen für Helden der Sowjetunion» die Medaille «Goldener Stern» in Gestalt eines fünfstrahligen goldenen Sterns gestiftet. Es wurde zugleich verfügt, daß einem Helden der Sowjetunion mit der Verleihung des Ehrentitels die Medaille «Goldener Stern», der Lenin-Orden und eine Urkunde des Präsidiums des Obersten Sowjets der UdSSR überreicht werden. Erlasse vom 16. Oktober 1939 und vom 19. Juni 1943 ergänzten diese Festlegungen.

Jene Persönlichkeiten, die bis zur Stiftung der Medaille «Goldener Stern» mit dem Ehrentitel ausgezeichnet worden waren, erhielten diese nachträglich.

So wurde Anatoli Ljapidewski, der fünf Jahre zuvor als erster Retter das «Tscheljuskin»-Lager erreicht hatte, mit der Medaille «Goldener Stern» Nr. 1 geehrt.

Im Großen Vaterländischen Krieg manifestierte sich der Massenheroismus des Volkes in der Verleihung des Titels an 11 603 Sowjetbürger, darunter 86 Frauen. 15mal wurde er an Internationalisten verliehen. 104mal wurde er zweifach, an G. K. Shukow, I. N. Koshedub und A. I. Pokryschkin dreifach vergeben. Bis 1982 wurde er mehr als 12 500mal, 141mal zweifach und 3mal dreifach sowie 91mal an Frauen verliehen.

Angesichts der beispiellosen Leistungen, die die Werktätigen der Sowjetunion in diesen Jahren bei der Entwicklung der Volkswirtschaft vollbrachten, wurde eine zweite Auszeichnung dieser höchsten Kategorie geschaffen – der Ehrentitel «Held der Sozialistischen Arbeit». Der Erlaß zur Stiftung des Titels und zur Bestätigung der dazugehörigen Bestimmungen wurde am 27. Dezember 1938 herausgegeben. Am 22. Mai 1940 wurde mit dem Erlaß «Über ergänzende Ehrenzeichen für ‹Helden der Sozialistischen Arbeit›» die Goldene Medaille «Hammer und Sichel» gestiftet, bestehend ebenfalls aus einem goldenen Stern, auf dem in der Mitte Hammer und Sichel dargestellt sind. Beide Goldene Sterne werden an mit rotem Band bezogenen, rahmenförmigen Spangen getragen.

Zur Würdigung von Arbeitsleistungen wurden am 27. Dezember 1938 zwei weitere Ehrenzeichen gestiftet: die Medaillen «Für heldenmütige Arbeit» und «Für Auszeichnung in der Arbeit». Die Hauptmotive sind der rote Stern auf ersterer sowie Hammer und Sichel auf letzterer Medaille.

Zur Ergänzung der «Allgemeinen Verordnung über die Orden der UdSSR» aus dem Jahre 1936 wurde am 2. Juni 1939 ein Beschluß gefaßt über die Auszeichnung von Kollektiven der Betriebe, die Stiftung von Orden und Medaillen der UdSSR und damit zusammenhängende organisatorische Fragen. Das war erforderlich geworden, weil sich das sowjetische Auszeichnungswesen in den vorangegangenen Jahren wiederum in erheblichem Maße weiterentwickelt und vervollständigt hatte. So existierten Ende 1940 zwei Auszeichnungen der höchsten Grade, fünf Orden, fünf Medaillen und weitere Ehrenzeichen, die hier nicht alle genannt werden können.

AUSZEICHNUNGEN DER UDSSR IM GROSSEN VATERLÄNDISCHEN KRIEG

Als im Sommer 1941 das faschistische Deutschland wortbrüchig die Sowjetunion überfiel, erhob sich das Sowjetvolk erneut, das sozialistische Vaterland zu verteidigen, wie schon im Bürger- und Interventionskrieg 1918 bis 1922 und wie auch bei der Abwehr der japanischen Aggressionsversuche Ende der 30er Jahre. Der faschistische deutsche Imperialismus hatte die Aggression gegen die Sowjetunion langfristig geplant und vorbereitet. Durch die Eroberung und Besetzung Polens, Dänemarks, Norwegens, der Niederlande, Belgiens, Luxemburgs und Frankreichs hatte er sich den Rücken frei gemacht und durch Einverleibung des Wirtschaftspotentials eines großen Teils Westeuropas einen Machtzuwachs verschafft, mit dem er seine Ziele zu realisieren gedachte. Die Eroberung Jugoslawiens und Griechenlands sollte an der Südflanke günstige Bedingungen schaffen. So war er sicher, das erste sozialistische Land der Welt nach einem brutal geführten Blitzfeldzug noch im Jahre 1941 zu erobern. Bekanntlich kam es anders. Das Sowjetvolk, seine Rote Armee und Seekriegsflotte brachten durch gewaltige Anstrengungen die hochtrabenden faschistischen Pläne zum Scheitern.

Während der ersten beiden Kriegsjahre wurden zunächst gesetzliche Grundlagen für eine höhere Operativität bei der Verleihung von Orden und Medaillen geschaffen. Bis zum Beginn des Großen Vaterländischen Krieges wurden Auszeichnungen nur auf Erlaß des Präsidiums des Obersten Sowjets der UdSSR vorgenommen, und die Ehrenzeichen wurden im Moskauer Kreml durch den Vorsitzenden des Präsidiums überreicht. Die Kriegsbedingungen erforderten eine Änderung dieses Verfahrens. Ende 1941, Anfang 1942 wurde das Recht der Auszeichnung von Kämpfern mit Ehrenzeichen der UdSSR und der Verleihung dieser Auszeichnungen im Namen des Präsidiums des Obersten Sowjets den Kriegsräten der Fronten, Flotten, Armeen und Flottillen übertragen. Das beschleunigte erheblich die operative Handhabung aller damit zusammenhängenden Fragen.

Armeegeneral D. D. Leljuschenko, zweifacher Held der Sowjetunion (1940, 1945), gehörte zu den ersten 23 Trägern des Suworow-Ordens 1. Klasse

Mit der Einführung der uneingeschränkten Einzelleitung in den Streitkräften der UdSSR im Oktober 1942 wurde die getroffene Regelung dahingehend geändert, daß nunmehr eine Reihe von Kommandeuren bestimmter Dienststellungen der Armeen und Flotten das Recht erhielten, Kämpfer ihres Personalbestandes mit Orden und Medaillen auszuzeichnen. Die gesetzliche Grundlage hierfür wurde am 10. November 1942 geschaffen. Die Befehle der Kommandeure zur Auszeichnung von Kämpfern mit Ehrenzeichen wurden später durch Erlasse des Präsidiums der Obersten Sowjets bestätigt. So wurde es in immer größerem Maße möglich, Soldaten, Unteroffiziere und Offiziere direkt auf dem Gefechtsfeld vor den Augen ihrer Kampfgefährten auszuzeichnen.

Während des Großen Vaterländischen Krieges wur-

Marschall der Sowjetunion W. I. Tschuikow, zweifacher Held der Sowjetunion (1944, 1945) und Träger weiterer hoher militärischer Auszeichnungen. Das Foto zeigt ihn im Jahre 1945 als Generaloberst

Der Held der Sowjetunion Unterfeldwebel I. P. Romanow, Träger des Lenin-Ordens, des Ruhmesordens 2. und 3. Klasse, des Ordens des Vaterländischen Krieges 2. Klasse und des Roten Sterns, des Bestenabzeichens für Scharfschützen, der Abzeichen für schwere und leichte Verwundung

den zur Anerkennung der heroischen Leistungen der sowjetischen Menschen auch eine große Anzahl neuer Auszeichnungen geschaffen: zehn Orden, der Ehrentitel «Heldenmutter», zwei Medaillen für militärische Verdienste in der Seekriegsflotte, die Medaille für Partisanentätigkeit, die Mutterschaftsmedaille, 15 Medaillen für die Teilnahme an Operationen des Krieges zur Verteidigung, Einnahme und Befreiung von Städten und Territorien, zwei Medaillen für den Sieg über Deutschland und über Japan und eine Medaille zur Würdigung heldenhafter Arbeitsleistungen im Kriege.

Den gewaltigen Anstrengungen und Opfern angemessen, die das Sowjetvolk in den vier Jahren des Krieges auf sich nahm, wurden in dieser Zeit sowohl

die neuen als auch die bereits vor dem Krieg entstandenen Auszeichnungen an Einzelpersönlichkeiten wie an Kollektive in großer Zahl verliehen.

Am 20. Mai 1942 wurde der erste Orden des Krieges gestiftet – der Orden des Vaterländischen Krieges 1. und 2. Klasse. Sein Name assoziiert auch den Gedanken an den Vaterländischen Krieg gegen Napoleon und seine Vasallen im Jahre 1812. Dieser Orden wird in der UdSSR als Symbol für den Großen Vaterländischen Krieg überhaupt verstanden und spielt in der angewandten Kunst eine große Rolle. Das beruht sowohl auf dem Namen des Ordens und auf seinem Charakter als ein Ehrenzeichen, das für vielfältige Verdienste verliehen wurde, als auch auf seiner einprägsa-

Marschall der Sowjetunion K. K. Rokossowski, zweifacher Held der Sowjetunion (1944, 1945), Träger des Siegesordens und weiterer hoher militärischer Auszeichnungen. Das Foto zeigt ihn im April 1944 als Oberbefehlshaber der Belorussischen Front

men Gestaltung mit dem Roten Stern, Hammer und Sichel sowie mit Säbel und Gewehr.

Von den bis zu dieser Zeit existierenden sowjetischen Orden war – wie bereits dargelegt – nur einer mit dem Namen einer großen Persönlichkeit der Geschichte verbunden – der Lenin-Orden. Jetzt wurden gleich sechs solcher Orden gestiftet: der Suworow-Orden am 29. Juli 1942 in drei Klassen, der Kutusow-Orden am 29. Juli 1942 in der 1. und 2. Klasse, am 8. Februar 1943 in der 3. Klasse, der Uschakow- und der Nachimow-Orden jeweils in zwei Klassen am 3. März 1944, der Bogdan-Chmelnizki-Orden in drei Klassen am 10. Oktober 1943 und der Alexander-Newski-Orden in einer Klasse am 29. Juli 1942.

Persönlichkeiten sehr unterschiedlichen Charakters haben diesen Orden ihre Namen gegeben – Heerführer, Admirale, Volksführer, Persönlichkeiten des 13., des 17., 18. und 19. Jahrhunderts. Sie eint der siegreiche Kampf gegen die Feinde Rußlands, der Ukraine und anderer befreundeter Völker. Die Ordenszeichen haben ausnahmslos die Form eines Sterns, in dessen Mittelmedaillon das Bildnis des Heer- oder Flottenführers, der dem Orden den Namen gab, steht. Rote Sterne, historische Waffen oder dekorative Anker und Ankerketten sind vorherrschende Gestaltungsmotive.

Die Orden wurden zunächst z. T. an rahmenförmigen Spangen getragen, die im Mittelteil mit rotem Band bezogen waren – ähnlich den Tragespangen der Medaillen «Goldener Stern» und «Hammer und Sichel» der Helden. Später entfielen die Tragespangen, und die Ordenszeichen wurden mit Hilfe von Schrauben an der Kleidung befestigt.

Der zweifache Held der Sowjetunion (1942, 1944) und Träger des Bogdan-Chmelnizki-Ordens 1. Klasse, Generalmajor S. A. Kowpak, einer der Organisatoren des Partisanenkampfes im Großen Vaterländischen Krieg der Sowjetunion

Konrad Wolf, Träger des Ordens des Vaterländischen Krieges 1. Klasse (1969). Auf dem Foto vom Dezember 1946 trägt er die Medaillen «Für Verdienste im Kampf», «Für die Befreiung Warschaus», «Für die Einnahme Berlins» und «Für den Sieg über Deutschland im Großen Vaterländischen Krieg 1941–1945»

Der deutsche Antifaschist und Partisan im Großen Vaterländischen Krieg der Sowjetunion Fritz Schmenkel (links), Träger des Rotbannerordens und Held der Sowjetunion (postum)

Der konstantinische St.-Georgs-Orden von Parma, gestiftet 1697, führte den Wahlspruch «In hoc signo vinces» («In diesem Zeichen wirst du siegen»). Auch die genannten sowjetischen Orden folgen dieser Devise: Kämpfe umsichtig, kühn und opfermutig wie diejenigen, deren Bild du auf der Brust trägst – und der Sieg wird dir, wird uns gehören!

Der 8. November 1943 ist ein denkwürdiges Datum in der Geschichte des sowjetischen Auszeichnungswe-

Mit Auszeichnungen beider Länder geehrt: die Angehörigen des sowjetisch-französischen Jagdfliegergeschwaders «Normandie-Njemen»

sens. An diesem Tage wurden zwei bedeutende Orden geschaffen: der höchste militärische Orden des Landes, der Siegesorden, in einer Klasse und der sogenannte Soldatenorden, der Ruhmesorden, in drei Klassen. Diese Stiftungen zeugen davon, daß Ende 1943 der Große Vaterländische Krieg schon in die Phase der Siege eingetreten war und sich die Kämpfer der Roten Armee und Flotte bereits Ruhm erworben hatten. Der fünfstrahlige Stern und der Spasskiturm des Moskauer Kremls gibt beiden Orden das besondere Gepräge.

Die Bedingungen für die Verleihung von Orden waren nicht mehr so einfach und allumfassend formuliert wie in den ersten 24 Jahren der Sowjetmacht. Sie wurden zunehmend differenzierter. Es gab Orden, die grundsätzlich jedem Soldaten zugänglich waren – neben dem Ruhmesorden war das vor allem der Orden des Roten Sterns. Es gab darüber hinaus Orden, die in der Regel an den mittleren Kommandeursbestand verliehen wurden – so der Alexander-Newski-Orden und der Kutusow-Orden 3. Klasse. Es existierten auch Orden, die nur großen Heerführern zugänglich waren – so der Siegesorden oder der Suworow-, der Kutusow-, der Uschakow- und der Nachimow-Orden jeweils in der 1. Klasse.

Prinzipiell galt jedoch nach wie vor, daß die Orden an jeden verliehen werden konnten, der die Verleihungsbedingungen erfüllte. Herkunft oder Nationalität spielten dabei keine Rolle. Die mit dem höchsten Militärorden, dem Siegesorden, geehrten sowjetischen Generale und Marschälle waren zumeist Söhne von Arbeitern und Bauern. So waren auch die höchsten sowjetischen Kriegsorden trotz ihrer Exklusivität echte sozialistische Orden.

Der deutsche Antifaschist Alfred Koenen, Träger des Ordens des Vaterländischen Krieges 1. Klasse, als Leutnant der Roten Armee mit der Medaille «Für Tapferkeit». Er war einer der ersten Angehörigen der NVA und leistete hier jahrelang seinen Dienst als Offizier

УДОСТОВЕРЕНИЕ

ЗА УЧАСТИЕ В ВЕЛИКОЙ
ОТЕЧЕСТВЕННОЙ ВОЙНЕ

Кёнен

Альфред

Генрихович

УКАЗОМ ПРЕЗИДИУМА ВЕРХОВНОГО
СОВЕТА СССР от 9 мая 1945 года
НАГРАЖДЕН МЕДАЛЬЮ

„ЗА ПОБЕДУ НАД ГЕРМАНИЕЙ
В ВЕЛИКОЙ ОТЕЧЕСТВЕННОЙ
ВОЙНЕ 1941—1945 гг.“

ОТ ИМЕНИ ПРЕЗИДИУМА ВЕРХОВНОГО
СОВЕТА СССР МЕДАЛЬ ВРУЧЕНА

„___“ __декабря__ 19__63__ г.

М. П.   (должность, воинское звание и подпись лица,

вручившего медаль)

Urkunde über die Verleihung der Medaille «Für den Sieg über Deutschland im Großen Vaterländischen Krieg 1941–1945» an Alfred Koenen

Die Ehrenzeichen des Großen Vaterländischen Krieges wurden prinzipiell nach strengen Maßstäben, Normen und eindeutig formulierten Leistungskriterien verliehen, so daß bei der Auszeichnung der Kämpfer mit Orden und Medaillen Subjektivität weitgehend ausgeschaltet war. Für die Angehörigen der Fliegerkräfte war beispielsweise festgelegt, wie viele und welcherart feindliche Flugzeuge im Luftkampf abgeschossen werden mußten, wie viele Frontflüge zu absolvieren waren, wie viele Flugzeuge beim Angriff auf einen Flugplatz, wie viele Panzer usw. zerstört werden mußten, damit Flugzeugführer und Besatzungsmitglieder mit dem Orden des Vaterländischen Krieges in der jeweiligen Klasse ausgezeichnet werden konnten.

Von 1939 bis 1943 wurden bereits einige Medaillen gestiftet – so die Medaillen für die Verteidigung Leningrads, Odessas, Sewastopols und Stalingrads am 22. 12. 1942. Sie trugen den Charakter von Teilnehmermedaillen, die grundsätzlich allen Kämpfern zuteil wurden, die den Sieg über den Feind erringen halfen. Hauptmotive ihrer Gestaltung waren kämpfende Soldaten, verbunden mit der Darstellung von Wahrzeichen der betreffenden Städte.

Am 2. Februar 1943 wurde die Medaille «Partisan des Vaterländischen Krieges» in zwei Klassen gestiftet. Alle Medaillen für Verdienste bei der Verteidigung von Städten und Territorien sowie für Verdienste im Partisanenkampf zeigen auf der Rückseite Hammer

Verleihung militärischer Auszeichnungen im Großen Vaterländischen Krieg der Sowjetunion

und Sichel sowie die Inschrift «ЗА НАШУ СОВЕТС-КУЮ РОДИНУ» (Za našu sovetskuju rodinu/Für unsere sowjetische Heimat).

Die einzigen Medaillen des Krieges, die die Namen von Persönlichkeiten der Geschichte tragen, waren die Uschakow- und die Nachimow-Medaille. Diese Medaillen wurden – wie auch der Uschakow- und der Nachimow-Orden – am 3. März 1944 gestiftet.

Eine in den Streitkräften der UdSSR neue, besonders wirksame Würdigung hoher kollektiver Leistungen war die Verleihung des Gardetitels an Einheiten, Truppenteile, Verbände, Vereinigungen und Schiffe. Am 18. September 1941 wurden die ersten Divisionen der Roten Armee auf diese Weise geehrt. Sie erhielten die Gardefahne und durften dem Namen ihrer Einheit den Gardetitel hinzufügen. Im Sommer 1942 wurden

die Garde-Seekriegsflagge gestiftet und die «Verordnung über die Garde in der Seekriegsflotte der UdSSR» in Kraft gesetzt. Für Angehörige von Gardeeinheiten und -truppenteilen der Roten Armee wurde am 21. Mai 1942 das in seiner Gestalt bis heute nahezu unverändert Gardeabzeichen eingeführt – ein hochovales Abzeichen, auf dem ein roter Stern, ein Lorbeerkranz und eine entfaltete rote Fahne mit der Inschrift ГВАРДИЯ (Gvardija/Garde) vorherrschen. Viele Soldaten trugen dieses verpflichtende Zeichen auf ihrer Uniform bis nach Berlin. Das entsprechende Abzeichen für die Besatzungen von Gardeschiffen hatte die Gestalt einer rechteckigen Spange, die in ihrem Mittelteil mit orangefarbenem Band mit drei senkrechten schwarzen Streifen bezogen war. Damit war der kollektiv verliehene Gardetitel auch zu einer persönlichen Ehrung aller Gardisten geworden.

In den Jahren 1942 und 1943 wurde das allgemeine

Die 150. Idritzker Schützendivision wird während des Großen Vaterländischen Krieges mit dem Kutusow-Orden 2. Klasse ausgezeichnet

Abzeichen «Bester der Roten Arbeiter-und-Bauern-Armee» Schritt um Schritt durch neuartige Bestenabzeichen ersetzt, die speziell für ausgezeichnete Leistungen in einzelnen Waffengattungen, Spezialtruppen und Diensten verliehen wurden und unterschiedlich gestaltet waren. Die Bestenabzeichen hatten eine große Bedeutung für die Auszeichnung von Soldaten, Unteroffizieren und Hauptfeldwebeln für hohe Ergebnisse in der Ausbildung und in ihrem gesamten Dienst. Das gilt für die in ihrer Form gewandelten Bestenabzeichen der sowjetischen Streitkräfte bis heute.

So war – in Abhängigkeit vom Verlauf des Krieges – das sowjetische Auszeichnungswesen bis Mitte 1943 bereits wieder beträchtlich ergänzt worden, so daß aufs neue generelle Regelungen erforderlich wurden. Am 19. Juni 1943 wurden die «Festlegungen über die Einführung von Ordens- und Medaillenbändern und die Trageweise der Orden, Medaillen, Ordensbänder und anderer Auszeichnungen» und am 26. Juni 1943 die «Festlegungen über die Trageweise ausländischer Orden, Medaillen und Ordensbänder» bestätigt.

Nach der bereits im Januar 1943 erfolgten Einführung von Dienstgraden und Schulterstücken wurden nun auch für jedes Ehrenzeichen unterschiedliche Ordens- bzw. Medaillenbänder und die für russische

Auszeichnungen typischen fünfeckigen (pentagonalen) Tragespangen generell eingeführt. Auch auf diese Weise wurden positive Traditionen der russischen Armee übernommen.

und – von roten Seitenstreifen gesäumt – für die Medaille «Für die Einnahme Berlins». Dieses Band war für den vorrevolutionären russischen

Vorbereitung auf die Siegesparade am 24. Juni 1945 in Moskau. Vorn I. Pankow, Träger aller drei Klassen des Ruhmesordens

Betrachtet man aufmerksam Fotos aus dem Großen Vaterländischen Krieg, so sieht man, daß die Kämpfer der ersten beiden Kriegsjahre Lenin- und Rotbannerorden direkt an der Uniform befestigt hatten, während die Ausgezeichneten späterer Jahre diese Orden an der Fünfeckspange trugen. Orden in Sternform wurden – mit Ausnahme des Ruhmesordens – seit Juni 1943 ohne Spange und Band getragen, und zwar auf der rechten Brustseite.

Für den Ruhmesorden wurde ein orangefarbenes Band mit drei schwarzen Längsstreifen festgelegt, ebenso für die 1945 gestiftete Medaille «Für den Sieg

Militärorden Georg des Siegbringers charakteristisch – und damit auch für das diesem Orden angeschlossene Kreuz für Mannschaften und Unteroffiziere. Einmal mehr wurde hier an die besten Traditionen der russischen Armee angeknüpft und an den Sieg der Russen über die Grande Armée Napoleons erinnert.

Am 8. Juli 1944 wurden ganz besondere Auszeichnungen geschaffen: der Ehrentitel «Heldenmutter» und der Orden gleichen Namens, der den mit dem Titel Geehrten überreicht wurde, der Orden «Mutterruhm» in drei Klassen und die Mutterschaftsmedaille in zwei Klassen. Der Ehrentitel «Heldenmutter» konnte Müttern mit 10 und mehr Kindern verliehen

Generaloberst N. E. Bersarin, Held der Sowjetunion (1945), im Kreise seiner Familie im August 1943

werden, der Orden »Mutterruhm« Frauen, die mindestens sieben Kinder geboren und großgezogen hatten, die Mutterschaftsmedaille für die Geburt und die Erziehung von fünf oder sechs Kindern.

Diese Orden und Medaillen sind farbenfroh gestaltet und werden – im Unterschied zu allen anderen sowjetischen Auszeichnungen – an mehrfarbig emaillierten Metallspangen getragen. Der Orden «Heldenmutter» ist – wie die Medaillen der bis dahin gestifteten Ehrentitel – geprägt durch einen goldenen Stern, der auf ein silbernes Fünfeck aufgelegt ist. Der Orden «Mutterruhm» und die Mutterschaftsmedaille zeigen vornehmlich die Darstellung von Mutter und Kind.

Diese im vorletzten Kriegsjahr gestifteten Auszeichnungen waren eigentlich nicht direkt mit dem Krieg verbunden, dennoch ist ihre Stiftung eng mit den beispiellosen Leistungen der Söhne und Töchter des Sowjetlandes im Großen Vaterländischen Krieg verknüpft, geboren und erzogen von Müttern, die nun für ihr selbstloses Wirken hoch geehrt wurden.

Erwähnt sei auch die Tatsache, daß seit 1944 Generale, Offiziere und Unteroffiziere, die lange Jahre in der Roten Armee und der Seekriegsflotte gedient hatten, für diese Dienstjahre – entsprechend ihrer Anzahl – mit verschiedenen Orden und Medaillen geehrt werden konnten. Diese Bestimmungen wurden nach dem Krieg wieder geändert, insbesondere im Zusammenhang mit der Stiftung der Medaille «Für einwandfreien Dienst» in den Streitkräften der UdSSR und in anderen bewaffneten Organen des Landes.

Vor allem 1944 und 1945 wurden nach und nach weitere Medaillen für Verdienste bei der Verteidigung, der Einnahme und der Befreiung von Städten und Territorien gestiftet – außer den vier bereits genannten weitere 11 Medaillen sowie die Medaillen für den Sieg über Deutschland und über Japan. An der Geschichte der Stiftung dieser Medaillen ist der Verlauf des Krieges deutlich abzulesen – von der Verteidigung Moskaus, Leningrads und Stalingrads bis zur Befreiung Warschaus und Prags und der Einnahme Wiens und Berlins. (Die Medaille «Für die Verteidigung Kiews» wurde erst 1961 gestiftet.)

Marschall der Sowjetunion I. S. Konew im April 1946, zweifacher Held der Sowjetunion (1944, 1945), Träger des Siegesordens und weiterer hoher militärischer Auszeichnungen

Treffen zwischen sowjetischen und amerikanischen Soldaten, Verbündeten in der Antihitlerkoalition

titel «Held der Sowjetunion», 41 000 Lenin-Orden, 238 000 Rotbannerorden, 930 000 Ruhmesorden 3. Klasse, 4 Millionen Medaillen «Für Tapferkeit», 14,9 Millionen Medaillen «Für den Sieg über Deutschland im Großen Vaterländischen Krieg 1941–1945».

Das Vaterland der Werktätigen dankte mit militärischen Auszeichnungen auch allen Internationalisten, die unter Einsatz des Lebens an der Seite der Roten Armee die Hauptlast des Krieges tragen halfen, der mit der Befreiung auch ihrer Völker vom Faschismus endete.

Die Menschen der UdSSR, die an den Fronten des Krieges wie an der Front der Arbeit in dieser schweren Zeit selbstlos ihre Pflicht taten, trugen in besonderem Maße dazu bei, das sozialistische Vaterland zu verteidigen und günstige Bedingungen für die weitere Entwicklung des Sozialismus zu schaffen.

AUSZEICHNUNGEN DER UDSSR SEIT 1945

Nach dem Sieg im Großen Vaterländischen Krieg – errungen im 28. Jahr nach der Oktoberrevolution – kehrte das Sowjetvolk zur friedlichen Arbeit zurück. Bis 1948 wurden 8,5 Millionen Soldaten demobilisiert. Vordringliche Aufgabe war die schnelle Wiederherstellung der im Kriege stark zerstörten Volkswirtschaft, von der die Verbesserung der Lebenslage der Bevölkerung und die Stärkung der internationalen Stellung der UdSSR entscheidend abhingen. Zugleich war der vom XVIII. Parteitag der KPdSU(B) 1939 beschlossene weitere sozialistische Aufbau fortzuführen. Die Schaffung der entwickelten sozialistischen Gesellschaft – unterbrochen durch den Krieg – wurde nun wieder, allerdings unter völlig anderen inneren und äußeren Bedingungen, unmittelbare praktische Politik der Kommunistischen Partei und Lebensinhalt des Sowjetvolkes.

Die Sowjetunion hatte im Krieg gewaltige Verluste erlitten, die sie in der Entwicklung ihrer materiell-technischen Basis um ein Jahrzehnt zurückgeworfen hatten. Bei ihrem Rückzug hatte die faschistische Wehrmacht die Taktik der «verbrannten Erde» angewandt. In den zeitweise besetzten Gebieten wurde der größte Teil der materiellen Werte vernichtet oder ge-

Am 6. Juni 1945 wurde die Medaille »Für heldenmütige Arbeit im Großen Vaterländischen Krieg 1941 – 1945« gestiftet. Mit ihr wurden Arbeiter, Genossenschaftsbauern, Wissenschaftler, Techniker, Pädagogen, Mediziner usw. ausgezeichnet, die mit ihrer angespannten Arbeit in besonderem Maße zur Erringung des Sieges beigetragen hatten. Diese Medaille ist mit mehr als 16 Millionen verliehenen Exemplaren die absolut häufigste Auszeichnung im Großen Vaterländischen Krieg der Sowjetunion.

Insgesamt kann festgestellt werden: Für Verdienste im Kampf gegen Hitlerdeutschland, Japan und deren Verbündete wurden 5,3 Millionen Kampforden und 7,6 Millionen militärische Verdienstmedaillen («Für Tapferkeit», «Für Verdienste im Kampf», die Uschakow- und die Nachimow-Medaille sowie «Partisan des Vaterländischen Krieges» 1. und 2. Klasse) verliehen. Noch nach dem Kriege, da manche Heldentat erst später bekannt geworden ist, wurden weitere Tausende Orden und Medaillen verliehen, so 1946 240 000, 1947 408 000, 1948 4 000. Während des Großen Vaterländischen Krieges oder kurz danach sind z. B. verliehen worden: 19 Siegesorden, 47 Uschakow-Orden 1. Klasse, 391 Suworow-Orden 1. Klasse, 11 663 Ehren-

Die Fliegerinnen im Großen Vaterländischen Krieg der Sowjetunion Marina Tschetschnewa (rechts) und Nadeshda Popowa, Heldinnen der Sowjetunion

raubt. Dort wurden über 1 700 Städte und 70 000 Dörfer ganz oder teilweise zerstört. Tausende von sozialen und kulturellen Einrichtungen wurden vernichtet. Millionen Menschen lebten in Erdlöchern, Kellern und Ruinen oder, zu mehreren Familien zusammengedrängt, in unversehrt gebliebenen Wohnungen. Zerstört wurden 31 850 Industriebetriebe, 65 000 km Eisenbahnstrecken, 4 100 Eisenbahnstationen, 15 800 Lokomotiven, 428 Waggons, 4 280 Schiffe, 98 000 landwirtschaftliche Kollektivwirtschaften, 1 876 Sowchose, 2 890 Maschinen-Traktoren-Stationen. Die Hälfte des Viehs war abtransportiert oder geschlachtet worden. Die Landwirtschaft war in ihrem Ausrüstungsstand auf das Niveau der ersten Hälfte der 30er Jahre abgesunken. Die Konsumgüterproduktion betrug bei Kriegsende nur knapp 60 Prozent des Vorkriegsstandes, es mangelte am Notwendigsten.

Die Verluste der UdSSR im Kriege betrugen 680 Milliarden Rubel oder 123 Milliarden Dollar – einschließlich Kriegsausgaben und Produktionsausfall mußte sogar mit der astronomischen Summe von 2 600 Milliarden Rubel gerechnet werden. Nicht in Werten meßbar waren die Verluste an Menschenleben – 20 Millionen Tote waren zu beklagen, Millionen waren krank oder verwundet. Die Zahl der Arbeiter und Angestellten war um 5,4 Millionen zurückgegangen, überall mangelte es an qualifizierten Arbeitskräften.

Das war die Ausgangssituation im Jahre 1945. Wieder war entsagungsvolle Arbeit des ganzen Volkes nötig, um die immensen Schäden und Verluste wettzumachen, um die dringendsten Aufgaben zu lösen. Im März 1946 wurde der «Vierte Fünfjahrplan zur Wiederherstellung und Weiterentwicklung der Volkswirtschaft der UdSSR für die Jahre 1946 – 1950» beschlossen.

In der Verleihung von Auszeichnungen und der Stiftung neuer Ehrenzeichen widerspiegelten sich die komplizierten Gegebenheiten dieser Zeit. So war für das Jahrzehnt von Mitte der 40er bis Mitte der 50er Jahre die Stiftung folgender Medaillen kennzeichnend: der Medaille «Für die Wiederherstellung der Kohlenschächte des Donbass» am 10. September 1947, der Medaille «Für die Wiederherstellung der Betriebe der Schwarzmetallurgie des Südens» am 18. Mai 1948 und der Medaille «Für die Erschließung von Neuland» am 20. Oktober 1956. Bei der Medaillengestaltung dominieren auf den Vorderseiten Motive der Arbeit entsprechend den Medailleninhalten.

Mit den Medaillen «Zum 800jährigen Jubiläum Moskaus», gestiftet am 20. September 1947, und «Zum 250jährigen Jubiläum Leningrads», gestiftet am 16. Mai 1947, wurde ein neuer, Städtejubiläen gewidmeter Medaillentyp hinzugefügt, der später durch die Stiftung der Medaille «Zum 1500jährigen Jubiläum Kiews» (10. Mai 1982) noch ergänzt wurde. Mit den ersten beiden Medaillen wurden in hohem Maße auch Verdienste bei der Beseitigung der Kriegsfolgen wie auch bei der unmittelbar daran anschließenden Entwicklung von Wirtschaft, Wissenschaft, Technik, Sozialwesen, Kunst und Kultur in diesen Städten gewürdigt. Die Medaillen zeigen auf Vorder- und Rückseite Silhouetten und Wahrzeichen der betreffenden Städte, das Bildnis des legendären Moskauer Stadtbegründers Juri Dolgoruki oder bekannte Lenin-Denkmale.

In den ersten schweren Nachkriegsjahren hatten viele der Ausgezeichneten vorgeschlagen, auf finanzielle Vorrechte zu verzichten, damit diese Mittel zur schnellen Wiederherstellung und Entwicklung der Volkswirtschaft verwendet werden konnten. Diesen Vorschlägen Rechnung tragend, wurde mit Erlaß des Präsidiums des Obersten Sowjets der UdSSR vom 10. September 1947 verfügt, ab 1. Januar 1948 Geldzahlungen für Orden und Medaillen, die Gewährung kostenloser Fahrten mit der Eisenbahn und dem Schiff, Freifahrten auf Nahverkehrsmitteln und Zahlungen für Wohnungsmieten einzustellen.

Das Präsidium des Obersten Sowjets der UdSSR verabschiedete auch eine Reihe von Gesetzen, die die Verleihung des Ehrentitels «Held der Sozialistischen Arbeit» sowie von Orden und Medaillen für Arbeitstaten nach ganz konkret formulierten Bedingungen er-

möglichten. Außerdem konnten von nun an die genannten Ehrenzeichen auch für langjährige Arbeit in besonders wichtigen volkswirtschaftlichen Bereichen verliehen werden.

Auch diese Maßnahmen trugen dazu bei, den vierten Fünfjahrplan in vier Jahren und drei Monaten zu erfüllen und 1950 den Vorkriegsstand der industriellen Bruttoproduktion um 73 Prozent zu übertreffen.

Mit der Stiftung der Medaille «30 Jahre Sowjetische Armee und Flotte» am 22. Februar 1948 wurde die Herausgabe von Auszeichnungsmedaillen aus Anlaß runder Jubiläen der sowjetischen Streitkräfte fortgesetzt. Diese Tradition lebt in den nächsten Jahrzehnten fort, und die vorerst letzte Medaille dieser Art wurde am 28. Januar 1978 gestiftet – die Medaille «60 Jahre Streitkräfte der UdSSR».

Eine Reihe von Medaillen dieser Zeit war zur Würdigung von Verdiensten auf anderen Gebieten der Landesverteidigung und für den Schutz der öffentlichen Ordnung und Sicherheit bestimmt. Dazu gehörten die Medaillen «Für Auszeichnung beim Schutz der Staatsgrenze der UdSSR», gestiftet am 13. Juli 1950, und die Medaille «Für ausgezeichneten Dienst beim Schutz der gesellschaftlichen Ordnung», gestiftet am 1. November 1950. Auch die Medaillen «Für Tapferkeit bei der Brandbekämpfung» (13. Oktober 1957) und die Medaille «Für die Rettung Ertrinkender» (16. Februar 1957) zählen im weiteren Sinne zu dieser Gruppe. Die beiden letzten Medaillen sind Ehrenzeichen, die als Feuerwehr- und Rettungsmedaillen auch in den meisten anderen Staaten existieren.

Die 1947 bis 1950 eingeführte Auszeichnung von Werktätigen des Landes mit Orden und Ehrenzeichen für konkrete Leistungen in der Landwirtschaft und für langjährige Arbeit in volkswirtschaftlich wichtigen Bereichen, die zunächst eine positive Rolle gespielt hatte, führte in den folgenden Jahren zu einer Vielzahl von Auszeichnungen und war Ende der 50er Jahre nicht mehr dazu angetan, bei den Werktätigen im erforderlichen Maße Schöpfertum und Initiative zu entwickeln. Ähnliches war in den Streitkräften der UdSSR zu beobachten, wo bis dahin Generale, Offiziere und längerdienende Unteroffiziere für geleistete Dienstjahre ebenfalls mit Orden und Medaillen geehrt werden konnten. Folgerichtig wurde diese Art der Auszeichnung abgeschafft. Die gesetzlichen Grundlagen hierfür

Marschall der Sowjetunion S. M. Budjonny im April 1963, dreifacher Held der Sowjetunion (1958, 1963, 1968) und Träger weiterer militärischer Auszeichnungen

Marschall der Sowjetunion G. K. Shukow, vierfacher Held der Sowjetunion (1939, 1944, 1945, 1956), zweifacher Träger des Siegesordens und weiterer hoher militärischer Auszeichnungen, im November 1971

wurden durch zwei Erlasse des Präsidiums des Obersten Sowjets der UdSSR geschaffen: durch den vom 14. Februar 1957 «Über die Ordnung der Auszeichnung von Angehörigen der Sowjetarmee und der Seekriegsflotte, der Truppen des Ministeriums für Innere Angelegenheiten der UdSSR sowie der Truppen und Organe des Komitees für Staatssicherheit mit Orden und Medaillen der UdSSR durch den Ministerrat der UdSSR» und den vom 11. Februar 1958 «Über die Ordnung der Auszeichnung mit Orden und Medaillen der UdSSR».

In diesem Zusammenhang wurden für die drei genannten Bereiche im Januar 1958 auch die entsprechenden Treuedienstmedaillen «Für einwandfreien Dienst» in der 1. Klasse für 20, in der 2. Klasse für 15

und in der 3. Klasse für 10 Dienstjahre gestiftet. Sie sind – obgleich in den Klassen durch bestimmte Farben und Bänder unterschieden – auf der Vorderseite einheitlich gestaltet, während auf den Rückseiten der jeweilige Bereich ersichtlich ist, in dem sie gestiftet und verliehen wurden.

Die opferreiche, harte Arbeit der Sowjetmenschen in den ersten 15 Jahren nach dem Krieg erbrachte Erfolge in allen Gesellschaftsbereichen wie auch in der Außen- und Sicherheitspolitik. Konzentrierter Ausdruck dessen, was erreicht wurde, ist der wissenschaftlich-technische Fortschritt. Hier sind zwei Daten für immer in die Annalen der Geschichte eingegangen: der 4. Oktober 1957, an dem «Sputnik 1», der erste künstliche Erdsatellit, auf eine Erdumlaufbahn gebracht wurde,

Marschall der Sowjetunion G. K. Shukow, Marschall der Flieger K. A. Werschinin und Marschall der Sowjetunion K. K. Rokossowski am 20. Jahrestag des Sieges 1965 im Moskauer Kreml (von rechts nach links)

und der 12. April 1961, an dem Juri Gagarin mit dem Raumschiff «Wostok 1» als erster Mensch ins Weltall aufstieg und die Erde in 90 Minuten umrundete. Das Sowjetland, das unter so widrigen Bedingungen seinen Weg begonnen hatte, eröffnete das kosmische Zeitalter, weltweit die enorme Kraft des Sozialismus demonstrierend. So konnte am 14. April 1961 der Ehrentitel «Fliegerkosmonaut der UdSSR» gestiftet werden. Der erste Träger des gleichnamigen Abzeichens war der Major der sowjetischen Luftstreitkräfte J. A. Gagarin. Das Abzeichen in Form eines Fünfecks wird an einer goldenen, mit rotem Band bezogenen Spange getragen, dominierende Motive sind der Erdball mit der Landkarte der UdSSR und ein startendes Raumschiff.

Ehrentitel, die nicht zur Kategorie der höchsten Auszeichnungsgrade gehörten, gibt es in der Sowjetunion bereits seit Mitte der 30er Jahre. So wurde am 6. September 1936 der Ehrentitel «Volkskünstler der UdSSR», vor allem für Theater- und Filmschaffende sowie für Musiker, geschaffen. Am 16. Juli 1943 folgte dem ein Ehrentitel, der ebenfalls als «Volkskünstler der UdSSR» übersetzt werden muß und vor allem für bildende Künstler geschaffen wurde. Ende der 50er und im Verlauf der 60er Jahre gesellten sich zu den genannten eine Reihe von Ehrentiteln auf dem Gebiet des Flugwesens. Zu ihnen gehören die Ehrentitel «Verdienter Testflieger der UdSSR» und «Verdienter Teststeuermann der UdSSR» (14. August 1948), «Verdienter Militärflieger der UdSSR» und «Verdienter Militärsteuermann der UdSSR» (26. Januar 1965), «Verdienter Pilot der UdSSR» und «Verdienter Steuermann der UdSSR» (30. September 1965). Die Abzeichen zu diesen Ehrentiteln werden an Spangen

Marschall der Sowjetunion A. M. Wassilewski, zweifacher Held der Sowjetunion (1944, 1945), zweifacher Träger des Siegesordens und weiterer hoher militärischer Auszeichnungen

Marschall der Sowjetunion W. G. Kulikow, Oberkommandierender der Vereinten Streitkräfte der Teilnehmerstaaten des Warschauer Vertrages, Held der Sowjetunion (1981), Träger weiterer hoher militärischer Auszeichnungen

getragen, die mit verschiedenfarbigem Band bezogen sind. Sie stellen unregelmäßig geformte Achtecke dar, tragen die Inschriften zum jeweiligen Ehrentitel und als beherrschendes Motiv ein aufsteigendes Flugzeug.

Darüber hinaus wurden von 1967 bis 1982 fünf weitere Ehrentitel gestiftet: «Architekt des Volkes der UdSSR» (12. August 1967), «Arzt des Volkes der UdSSR» (25. Oktober 1977), «Lehrer des Volkes der UdSSR» (30. Dezember 1977), «Verdienter Erfinder der UdSSR» (28. Dezember 1981) und «Verdienter Werktätiger der Landwirtschaft der UdSSR» (31. Mai 1982).

Der 20. Jahrestag des Sieges des Sowjetvolkes im Großen Vaterländischen Krieg war in zweifacher Hinsicht bedeutungsvoll für die Bereicherung des Aus-

zeichnungswesens der UdSSR. Zum einen wurde am 7. Mai 1965 die Medaille «20. Jahrestag des Sieges im Großen Vaterländischen Krieg 1941 – 1945» gestiftet. Diese Medaille war zugleich Auftakt zu einer neuen Serie von Jubiläumsmedaillen, die anläßlich runder Gedenktage des Sieges herausgegeben wurden, so am 25. April 1975 und am 12. April 1985. Zum anderen wurden am 8. Mai 1965 die Ehrentitel «Heldenstadt» und «Heldenfestung» – ausschließlich für Brest bestimmt – gestiftet und den Städten Moskau, Leningrad, Wolgograd (Stalingrad), Kiew, Sewastopol, Odessa und der Festung Brest verliehen. Damit wurde die Bevölkerung dieser Städte bzw. dieser Festung geehrt, die bei deren Verteidigung in ganz besonderem Maße Heroismus bewiesen hatte. Am 14. September

Generalleutnant I. W. Winigradow, Militärattaché der UdSSR in der DDR (1971–1975), bei der Auftaktveranstaltung des Pionierwettbewerbs «Salut Pobeda» im November 1974

1973 wurde der Titel auch den Städten Noworossisk und Kertsch, am 26. Juli 1974 Minsk, am 7. Dezember 1976 Tula und am 6. Mai 1985 Murmansk und Smolensk zuteil. Zugleich mit der Verleihung des Titels erhielten die Städte jeweils den Lenin-Orden, die Medaille «Goldener Stern» und eine Urkunde des Präsidiums des Obersten Sowjets der UdSSR über die Verleihung. Auch wurde ihnen das Recht zuerkannt, aus diesem Anlaß einen Obelisken in der Stadt zu errichten, der die Abbildung der genannten Ehrenzeichen trägt und den Verleihungstext wiedergibt. Diese Ehrentitel spielen im gesellschaftlichen Leben der UdSSR eine bedeutende Rolle. Sie sind Teil der vielseitigen Traditionspflege, insbesondere was die Leistungen des Sowjetvolkes im Großen Vaterländischen Krieg betrifft. Zugleich komplettieren die Ehrentitel «Heldenstadt» und «Heldenfestung» die Kategorie der höchsten Auszeichnungsgrade in der UdSSR und schließen diese vorerst ab.

Ein Ereignis von ähnlich hoher Bedeutung für das sowjetische Auszeichnungswesen war die Stiftung des Ordens der Oktoberrevolution am 31. Oktober 1967 anläßlich des 50. Jahrestages der Großen Sozialistischen Oktoberrevolution. Die Stiftung und die ersten Verleihungen des neuen Ordens fügten sich würdig in die Feierlichkeiten ein. Mehr als 23 Jahre waren vergangen, seit die letzten Orden in der Sowjetunion gestiftet worden waren – der Uschakow- und der Nachimow-Orden im März 1944, Orden des Krieges. Nun lagen bereits wieder mehr als zwei Jahrzehnte friedlicher Aufbauarbeit und beträchtlicher Erfolge hinter dem Sowjetvolk.

Der Orden der Oktoberrevolution genoß vom er-

Marschall der Sowjetunion W. I. Tschuikow und Delegierte aus der Ukrainischen SSR auf dem XXVI. Parteitag der KPdSU 1981

sten Tage seines Bestehens an hohes gesellschaftliches Ansehen. Er wird sowohl an hervorragende Persönlichkeiten des In- und Auslandes, die sich um die Sache der Revolution verdient gemacht haben, als auch an große Gemeinwesen, die untrennbar mit der Revolution und der revolutionären Umwälzung im Lande verbunden sind, verliehen. So gehörten zu denen, die bereits in den ersten Wochen nach der Stiftung mit dem Orden der Oktoberrevolution ausgezeichnet wurden, die Stadt Leningrad, der Kreuzer «Aurora» die Russische Sozialistische Föderative Sowjetrepublik und die Ukrainische Sozialistische Sowjetrepublik.

Der Orden steht in der Rangfolge unmittelbar nach dem Lenin-Orden an zweiter Stelle. Er wird geprägt durch einen fünfstrahligen roten Stern, eine rote Fahne mit der Inschrift ОКТЯБРЬСКАЯ РЕВОЛЮЦИЯ (Oktjab'rskaja Revoljucija/Oktoberrevolution) und die Darstellung des Kreuzers «Aurora».

Eine Medaille zur Ehrung der Angehörigen der so-

wjetischen Ordnungskräfte wurde am 20. November 1967 gestiftet, die Jubiläumsmedaille «50 Jahre Sowjetische Miliz». Die Medaille zeigt auf der Vorderseite einen Stern, Hammer und Sichel und einen Schild mit der Aufschrift 50 ЛЕТ (50 let/50 Jahre).

Anläßlich des 100. Geburtstages des Begründers des Sowjetstaates, W. I. Lenins, am 22. April 1970 wurde am 5. November 1969 die Jubiläumsmedaille «Für heldenmütige Arbeit (Für militärisches Heldentum). Zum Gedenken an den 100. Geburtstag Wladimir Iljitsch Lenins» gestiftet. Mit dieser Medaille wurde eine große Anzahl verdienter Persönlichkeiten aus allen Gesellschaftsbereichen des Landes sowie des Auslandes geehrt. Die «Lenin-Medaille» eröffnete die Geschichte des sowjetischen Auszeichnungswesens in den 70er Jahren.

Zwischen der Sowjetunion und den anderen sozialistischen Ländern hatten sich in den vorangegangenen Jahren Beziehungen auf vielen Gebieten herausgebildet. Das galt für die Politik genauso wie für die Wirtschaft, wo sich im Rahmen der sozialistischen ökonomischen Integration – sowohl auf der Basis der Programme des Rates für Gegenseitige Wirtschaftshilfe wie auch zweiseitiger Abkommen zwischen sozialistischen Ländern – eine Vielzahl von Kooperationsbeziehungen entwickelten. Das galt aber auch für andere Gesellschaftsgebiete, von der Kultur und der Kunst bis zum militärischen Bereich, wo zum Schutz der Arbeiter-und-Bauern-Macht in den sozialistischen Ländern enge Beziehungen der Freundschaft und Zusammenarbeit bestanden und bestehen. Als Beispiele seien hier genannt die gemeinsamen mehrseitigen Übungen und Manöver der Armeen und Flotten der Warschauer Vertragsstaaten, insbesondere seit Mitte der 60er Jahre; das enge Zusammenwirken der Streitkräfte im Diensthabenden System der Truppen der Luftverteidigung und im Gefechtsdienst auf See; die jährlich zwischen dem 23. Februar und dem 1. März – den Gründungstagen der Sowjetarmee und der Seekriegsflotte sowie der Nationalen Volksarmee – in der DDR veranstaltete Woche der Waffenbrüderschaft, die Tausende Angehörige beider Armeen und Flotten wie auch die Zivilbevölkerung zu freundschaftlichen Begegnungen zusammenführt.

Die Entwicklung dieser neuen, sozialistischen zwischenstaatlichen Beziehungen war Anlaß für die Stiftung zweier sowjetischer Auszeichnungen in den 70er Jahren: des Ordens der Völkerfreundschaft am 17. Dezember 1972 und der Medaille «Für die Festigung der Waffenbrüderschaft» am 25. Mai 1979. Im Zentrum des Ordenszeichens stehen das Staatswappen der UdSSR, ein roter Stern, ein Kranz aus ineinandergreifenden Händen sowie die Aufschriften CCCP (SSSR/UdSSR) und ДРУЖБА НАРОДОВ (Družba narodov/Völkerfreundschaft). Beide Auszeichnungen können sowohl Bürgern der UdSSR als auch des Auslands zuteil werden, der Orden wird an Einzelpersönlichkeiten wie an Kollektive verliehen. Auch eine Reihe von DDR-Bürgern, die sich um die Festigung der Freundschaft und Zusammenarbeit mit der UdSSR verdient gemacht haben, sind Träger der genannten Ehrenzeichen.

Am 18. Januar 1974 wurden der Orden des Arbeitsruhms in 3 Klassen und die Medaille «Veteran der Arbeit» gestiftet. Sie dienen der Würdigung der Verdienste der Werktätigen bei der Schaffung und Erhaltung der materiellen und geistigen Güter zum Wohle der Bevölkerung. Werksanlagen, Zahnrad, Hammer und Sichel, Landesname und Inschriften mit den Benennungen der Ehrenzeichen sind die vorherrschenden Gestaltungselemente.

Da in Friedenszeiten eine Reihe Orden und Medaillen nicht verliehen werden, bedurfte es zur Anerkennung der Verdienste beim Schutz des Vaterlandes anderer Ehrenzeichen. Aus diesem Grunde wurden am 28. Oktober 1974 der Orden «Für den Dienst am Vaterland in den Streitkräften der UdSSR» in 3 Klassen und die Medaille «Für Auszeichnung im militärischen Dienst» in 2 Klassen gestiftet. Zu diesen Ehrenzeichen kam – parallel zur entsprechenden Medaille im zivilen Bereich – am 20. Mai 1976 die Medaille «Veteran der Streitkräfte der UdSSR». Diese Orden und Medaillen sind weitere Zeichen dafür, daß der Sowjetstaat auch die Anstrengungen seiner Bürger zum Schutz der sozialistischen Errungenschaften im Lande hoch anerkennt und sie entsprechend würdigt.

Seit 1936 existierte – wie bereits erwähnt – die Allgemeine Verordnung über die Orden der UdSSR. Nun, Ende der 70er Jahre, da das Auszeichnungswesen der UdSSR in vielfältiger Weise ausgebaut wurde, brauchte das Land ein neues Dokument, das alle bis dahin aufgeworfenen Fragen umfassend regelte. Deshalb beschloß das Präsidium des Obersten Sowjets der UdSSR am 3. Juli 1979 die Allgemeine Verordnung über Orden, Medaillen und Ehrentitel der UdSSR. In der Präambel dieses Dokumentes wird die hohe moralisch-stimulierende Bedeutung der öffentlichen Ehrung verdienter Persönlichkeiten im entwickelten Sozialismus unterstrichen. Es wird ausgeführt, daß Orden, Medaillen und Ehrentitel staatliche Auszeichnungen der UdSSR sind, jeder Orden sein Statut hat sowie für jede Medaille und jeden Ehrentitel eigene Verordnungen existieren. Das Vorschlagsverfahren und die Ordnung der Verleihung staatlicher Auszeichnungen, die Rechte und Pflichten der Ausgezeichneten sowie andere wichtige Fragen des Auszeichnungswesens sind hier geregelt. Dieses Dokument wird für lange Zeit das sowjetische Auszeichnungswesen bestimmen.

Schließlich seien drei Medaillen erwähnt, die für Verdienste bei der Realisierung gewaltiger volkswirtschaftlicher Projekte in der UdSSR geschaffen wurden. Das sind die Medaillen «Für den Bau der Baikal-Amur-Magistrale», gestiftet am 8. Oktober 1976, die

Die erste Kosmonautin der Welt, Heldin der Sowjetunion Valentina Tereschkowa, im Gespräch mit Valentina Gagarina und Generalleutnant N. P. Kamanin, einem der ersten Helden der Sowjetunion (1934), Oktober 1963 in Berlin

Der erste Kosmonaut der Sowjetunion, J. A. Gagarin, Held der Sowjetunion (links), und der erste Held der Sowjetunion (1934), der Flieger A. Ljapidewski

Medaille «Für die Umgestaltung des Nichtschwarzerde-Gebietes der RSFSR» (30. September 1977) und die Medaille «Für die Erschließung der Bodenschätze und die Entwicklung des Erdgaskomplexes Westsibiriens» (28. Juli 1978). Die Medaillen zeigen auf der Vorderseite Symbole der Arbeit und der speziellen Arbeitsumwelt sowie junge Arbeiter.

Zahlreiche Internationalisten – unter ihnen viele deutsche Kommunisten und Bürger der DDR – sind in der Vergangenheit mit sowjetischen Auszeichnungen geehrt worden. Sie erhielten nicht nur den Orden der Völkerfreundschaft und die Medaille «Für die Festigung der Waffenbrüderschaft», die speziell zur Würdigung von Verdiensten bei der Festigung der Freundschaft und Zusammenarbeit zwischen den Völkern geschaffen worden sind. Bekanntlich gehörten mehr als 10 000 deutsche Internationalisten zu den Kämpfern der Großen Sozialistischen Oktoberrevolution und des Bürgerkrieges von 1918 bis 1922. Zahl-

reiche deutsche Kommunisten beteiligten sich an den verschiedensten Abschnitten des Aufbaus des Sozialismus in der Sowjetunion in den zwanziger und dreißiger Jahren, unter ihnen viele Emigranten. Im Großen Vaterländischen Krieg kämpften Tausende Deutsche in den Reihen der Roten Armee und an ihrer Seite ab 1943 im Nationalkomitee «Freies Deutschland». Eine ganze Reihe von Arbeitern, Wissenschaftlern und Technikern wirkte in der unmittelbaren Nachkriegszeit freiwillig in der Sowjetunion, um an der Wiederherstellung und der Entwicklung der Volkswirtschaft teilzunehmen. Heute sind Arbeiter und Techniker aus der DDR an der Baikal-Amur-Magistrale, am Bau von Erdgas- und Erdölleitungen sowie an anderen bedeutenden Projekten in der Sowjetunion beteiligt – insbesondere an den großen Integrationsobjekten des Rates für Gegenseitige Wirtschaftshilfe – und haben sich dabei Verdienste erworben. Aber auch DDR-Bürger, die im eigenen Lande für die Entwicklung der Freundschaft und Zusammenarbeit zwischen unseren Völkern wirken, sind mit sowjetischen Auszeichnungen geehrt worden.

Zu den Helden der Sowjetunion gehören der deut-

Fliegerkosmonaut der DDR Generalmajor Sigmund Jähn, Held der DDR und Held der Sowjetunion, Träger des Karl-Marx-Ordens der DDR und des Lenin-Ordens der UdSSR, mit Armeegeneral Heinz Hoffmann und dem zweifachen Helden der Sowjetunion, Fliegerkosmonaut der UdSSR Oberst Waleri Bykowski, Berlin 1978

sche Kundschafter Richard Sorge ebenso wie der erste Deutsche im All, Sigmund Jähn. Eine ganze Reihe von DDR-Bürgern sind Träger des höchsten sowjetischen Ordens, des Lenin-Ordens, an ihrer Spitze die hervorragenden Parteifunktionäre und Staatsmänner Walter Ulbricht und Erich Honecker. Die Schriftstellerin Anna Seghers wurde mit dem Internationalen Lenin-Friedenspreis sowie mit dem Orden der Oktoberrevolution ausgezeichnet, und der Physiker Manfred von Ardenne ist Laureat des Staatspreises der UdSSR. Die deutsche Kundschafterin im sowjetischen Auftrag Ruth Werner wurde zweimal mit dem Rotbannerorden der UdSSR geehrt. Zahlreiche Deutsche tragen Auszeichnungen des Großen Vaterländischen Krieges, na-

mentlich den Rotbannerorden, den Orden des Vaterländischen Krieges, den Orden des Roten Sterns sowie verschiedene Medaillen. Der Filmregisseur und langjährige Präsident der Akademie der Künste der DDR, Konrad Wolf, trug bereits unmittelbar nach dem Kriegsende eine Spange mit vier sowjetischen Kriegsauszeichnungen: den Medaillen «Für Verdienste im Kampf», «Für die Befreiung Warschaus», «Für die Einnahme Berlins» und «Für den Sieg über Deutschland im Großen Vaterländischen Krieg 1941 – 1945». Er erhielt diese Auszeichnungen als Angehöriger der Roten Armee. Ihm wie seinem Vater, dem Schriftsteller Friedrich Wolf, wurde 1969 – anläßlich des 25. Jahrestages des Sieges der Sowjetunion über Hitlerdeutschland – der Orden des Vaterländischen Krieges 1. Klasse verliehen. Friedrich Wolf war im Kriege bereits mit dem Orden des Roten Sterns geehrt worden.

Heute tragen zahlreiche Bürger der DDR auch Ehrenzeichen der UdSSR für allgemeine Verdienste

Armeegeneral Heinz Hoffmann, Spanienkämpfer und Angehöriger der Roten Armee (1941–1945), Minister für Nationale Verteidigung der DDR (1960–1985), wird am 21. März 1984 im Moskauer Kreml der Lenin-Orden überreicht. Er ist Träger weiterer hoher militärischer Auszeichnungen der DDR und der UdSSR

Armeegeneral Heinz Keßler, Minister für Nationale Verteidigung der DDR, Angehöriger des Nationalkomitees «Freies Deutschland» (1943–1945), Träger zahlreicher hoher militärischer Auszeichnungen der DDR und der UdSSR

ebenso wie spezielle Medaillen für Verdienste bei der Verwirklichung großer volkswirtschaftlicher Projekte in der UdSSR. Eine beträchtliche Anzahl von Offizieren der Nationalen Volksarmee der DDR trägt Absolventenabzeichen ziviler und militärischer Lehranstalten der UdSSR. So wird die Zusammenarbeit zwischen den Völkern der UdSSR und der DDR auch an den Auszeichnungen sichtbar, die Persönlichkeiten unseres Landes tragen.

Bis heute sind in der Sowjetunion 4 Ehrentitel der höchsten Auszeichnungsgrade, 20 Orden, 55 Medaillen und 14 weitere Ehrentitel als zentrale staatliche Auszeichnungen geschaffen worden. Hinzu kommen eine ganze Reihe anderer Auszeichnungen wie die Eh-

renwaffen, die Lenin- und Staatspreise der UdSSR und weitere Ehrentitel. Überdies haben staatliche und gesellschaftliche Organe und Organisationen eine beträchtliche Anzahl tragbarer Auszeichnungen, Ehrennadeln und Leistungsabzeichen geschaffen, die das System der staatlichen Auszeichnungen ergänzen. Zu diesen gehören die Aktivistenauszeichnungen ebenso wie die zahlreichen Ehrenabzeichen des Komsomol, der Pionierorganisation «W. I. Lenin» oder der Organisation für die vormilitärische Ausbildung und Erziehung DOSAAF. Dazu muß man auch die Ehren- und Leistungsabzeichen der Streitkräfte rechnen: Spezialisten- und Klassifizierungsabzeichen, Besten- und Militärsportabzeichen, Abzeichen für Längerdienende und

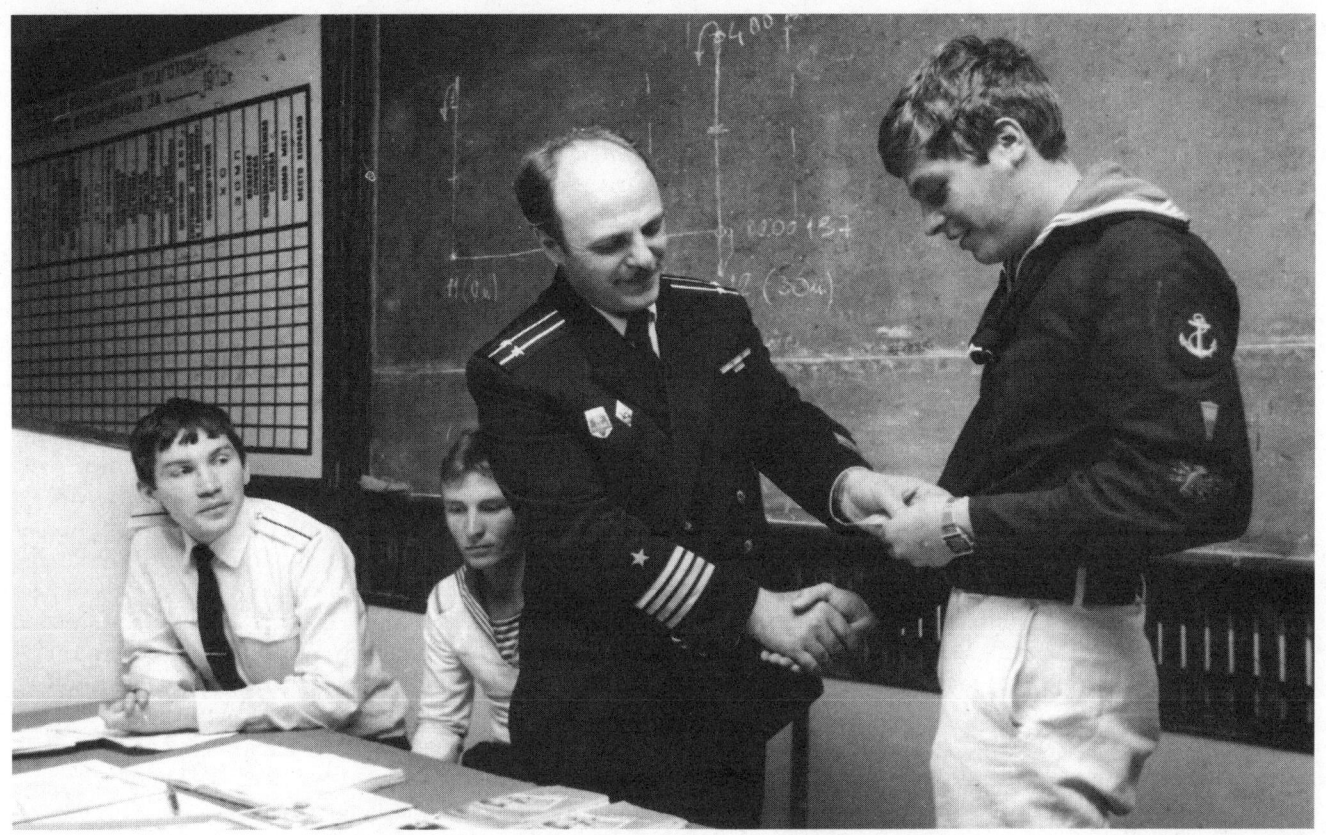

Auszeichnung eines FDJ-Sekretärs einer Volksmarineeinheit für vorbildliche Ergebnisse in der Gefechtsausbildung durch einen Offizier der Baltischen Rotbannerflotte

Absolventenabzeichen militärischer Lehranstalten der UdSSR.

Bei der Entwicklung von sozialistischen Orden und Medaillen, Ehrentiteln und Preisen, Ehren- und Leistungsabzeichen mußte die Sowjetunion als erstes sozialistisches Land der Erde Neuland beschreiten. Auch hierbei leistete sie Pionierarbeit. Das System staatlicher und gesellschaftlicher Auszeichnungen hat sich als ein wichtiges Instrument bei der moralischen und materiellen Stimulierung der Sowjetbürger bewährt. So ist es erklärlich, daß die anderen sozialistischen Länder, auf diesen Erfahrungen aufbauend, Auszeichnungssysteme entwickelt haben, die – bei allen nationalen Unterschieden – dem sowjetischen ähnlich sind. Die wichtigsten Kategorien der Auszeichnungen finden sich überall wieder, die allgemeinen Symbole wurden variiert übernommen – so der rote und der goldene fünfstrahlige Stern, die rote Fahne, Zahnrad, Kornähren usw. Hohe Orden anderer sozialistischer Staaten sind – wie der Lenin-Orden in der UdSSR – mit den Namen berühmter Persönlichkeiten verbunden – so der Dimitroff-Orden in der Volksrepublik Bulgarien, der Kossuth-Orden in der Ungarischen Volksrepublik, der Karl-Marx-Orden in der Deutschen Demokratischen Republik und der Klement-Gottwald-Orden in der Tschechoslowakischen Sozialistischen Republik. Andererseits haben die Erfahrungen der anderen sozialistischen Länder auch auf die Entwicklung des sowjetischen Auszeichnungswesens zurückgewirkt. Es sei nur daran erinnert, daß es in der DDR beispielsweise den Orden «Stern der Völkerfreundschaft» früher gegeben hat als den entsprechenden Orden in der UdSSR oder daß die VR Polen das erste sozialistische Land war, das eine Waffenbrüderschaftsmedaille gestiftet hat.

EHRENZEICHEN IM GESELLSCHAFTLICHEN LEBEN DER SOWJETUNION

Jahr für Jahr werden zahlreiche Sowjetbürger mit Ehrenzeichen ihres Vaterlandes ausgezeichnet. Die Ehrungen werden von den Ausgezeichneten wie von deren Arbeitskollegen, Genossen, Angehörigen und Freunden hoch geschätzt. Der Geehrte feiert die Ehrung, und er wird gefeiert. Die Sowjetbürger kennen die Auszeichnungen ihres Landes, sie wissen um deren Rang und haben erfahren, wie sparsam hohe Auszeichnungen verliehen werden.

Das Ansehen, das die Ehrenzeichen und deren Träger im Lande genießen, liegt in der historischen Leistung begründet, die mit diesen Auszeichnungen gewürdigt wird. Denn es werden nur die, die in höchstem Maße leidenschaftlich und selbstlos, nimmermüde und sachkundig das sozialistische Vaterland verteidigen und seinen Reichtum mehren, mit Ehrentiteln, Orden und Medaillen geehrt.

Die Gesetzgebung sorgt dafür, daß die sowjetischen Ehrenzeichen im gesellschaftlichen Leben eine bedeutende Rolle spielen. Wie bereits erwähnt, haben Heldenstädte das Recht, einen Obelisken mit den Abbildungen der entsprechenden Ehrenzeichen in der Stadt zu errichten. Wird heute von diesen Städten in Wort und Bild berichtet, erscheinen meist auch der Goldene Stern und der Lenin-Orden. Es ist zudem verfügt, daß für die zweifachen Helden der Sowjetunion in ihrer Heimat eine Bronzebüste mit den entsprechenden Inschriften aufgestellt wird. Bis Anfang 1982 gab es 141 zweifache Helden der Sowjetunion.

Detaillierte Bestimmungen regeln das Tragen von Ehrenzeichen, nicht nur für die Angehörigen der Streitkräfte und der anderen bewaffneten Organe. So ist beispielsweise festgelegt, daß die Deputierten der Sowjets zu den Sitzungen ihre Orden und Medaillen anlegen. Gleiches gilt für Teilnehmer an Kongressen und Konferenzen gesellschaftlicher Organisationen, an gesamtstaatlichen Feierlichkeiten und Festsitzungen. Bei anderen Gelegenheiten können je nach Belieben die Orden und Medaillen am Band oder die Interimszeichen getragen werden. Die Goldenen Sterne zu den Ehrentiteln der höchsten Auszeichnungsgrade sind – am Anzug oder am Kostüm – stets am Band zu tragen, für sie existieren keine Interimszeichen. Eine weitere Verfügung gewährleistet, daß Ordensverleihungen an Kollektive nachhaltig gewürdigt und popularisiert werden: Betriebe, Institutionen, Lehranstalten, Truppenteile usw. können ihrem Namen den Namen des Ordens, mit dem sie geehrt worden sind, hinzufügen.

Die Sowjetbürger, die mit Orden und Medaillen geehrt worden sind, tragen diese nicht nur – wie verfügt – an Staatsfeiertagen, sondern auch zu persönlichen Jubiläen. Sie fahren in die Hauptstadt und legen ihre Auszeichnungen an. Auf der Straße, im Kaufhaus, im Hotel begegnet man Sowjetbürgern, die ihre Auszeichnungen tragen. Ordensgeschmückte Menschen sind für bildende Künstler und Fotografen in höherem Maße als in anderen Ländern Motive ihres Schaffens. In sowjetischen Filmen agieren die Figuren nicht selten mit ihren Orden, und Ordensverleihungen werden ebenso wie in literarischen Werken als wichtige Ereignisse im menschlichen Leben gestaltet. An Menschen, die mit Orden und Medaillen ausgezeichnet worden sind, werden prinzipiell hohe Ansprüche gestellt. Wie bzw. ob sie diesen gerecht werden, ist Thema literarischer und journalistischer Arbeiten.

Es existiert in der Sowjetunion eine vielgestaltige, fundierte Sachliteratur über sowjetische Ehrenzeichen und ihre Geschichte. Bildbände, Bildwandzeitungen und Postkartenserien mit farbigen Abbildungen sowjetischer Ehrenzeichen werden herausgegeben. Überdies findet der Interessierte zahlreiche Monographien und Artikel über einzelne Auszeichnungen, über Menschen, die mit Orden und Titeln geehrt worden sind, über Heldenstädte usw. Es werden auch spezielle Darstellungen über militärische Ehrenzeichen, Komsomol-Auszeichnungen, Sportabzeichen, Ehrenzeichen der DOSAAF u. ä. in hohen Auflagen gedruckt und verkauft. Auch Jugend- und Kinderbücher sind der Darstellung einzelner Orden, ihrer Träger und deren Taten gewidmet.

Wie auch die Leser in der DDR wissen, haben sowjetische Heerführer in ihren Memoiren in vielfältiger Weise die anspornende Wirkung der Stiftung und Verleihung von Ehrenzeichen erwähnt. So finden sich umfangreiche Passagen über sowjetische militärische

Fliegerkosmonaut der UdSSR Generalleutnant G. T. Beregowoi und Dele-
gierte aus den Gebieten Fergana und Odessa auf dem XXVII. Parteitag der
KPdSU 1986

Auszeichnungen bei S. M. Schtemenko «Im Generalstab» (*Band 1, Berlin 1969, S. 385 ff.*). Eine ausführliche Betrachtung über die Entstehung des Uschakow-
und des Nachimow-Ordens gibt N. E. Kusnezow in
«Auf Siegeskurs» (*Berlin 1979, S. 83 ff.*).

In der angewandten Kunst begegnet man sehr häufig Darstellungen von Orden und Medaillen. Postkar-
ten, die zum Internationalen Kampf- und Feiertag der
Werktätigen am 1. Mai, zum Tag des Sieges am 9. Mai,
zum Jahrestag der Großen Sozialistischen Oktoberrevolution am 7. November und zum Jahreswechsel herausgegeben und verschickt werden, weisen oft die Darstellung von Orden und Medaillen auf, besonders häufig die des Sieges- und des Ruhmesordens, des Ordens
des Vaterländischen Krieges, des Ordens der Oktoberrevolution und des Ordens der Völkerfreundschaft.
Bei Plakaten, Agitationsmaterialien und Wandzeitun-
gen steht der Orden bzw. die Medaille häufig als grafi-
sches Symbol für bestimmte historische Ereignisse und
Vorgänge, so beispielsweise der Orden der Oktoberrevolution für die Große Sozialistische Oktoberrevolution. Da Gestalt und Inhalt der Orden den sowjetischen Menschen bekannt sind, tritt die gewünschte
Signalwirkung ein.

48   Auch auf Abzeichen, Medaillen, Ehrengaben, Urkunden usw., die von Städten, Betrieben, Institutionen, Truppenteilen herausgegeben werden, sind häufig die Orden abgebildet, mit denen diese geehrt worden sind.

Den Philatelisten und den Menschen, die mit sowjetischen Partnern im Briefwechsel stehen, ist bekannt, daß Orden und Medaillen, auch deren Bänder, in der UdSSR eine wichtige Rolle bei der Gestaltung von Briefmarken und postalischen Ganzsachen spielen. Das ist insbesondere seit Mitte der vierziger Jahre zu beobachten. Im Juli 1943 erschien die erste Briefmarkenausgabe «Orden und Medaillen der UdSSR» mit der Darstellung des Ordens des Vaterländischen Krieges und des Suworow-Ordens (beide noch in der ersten Form, in der sie bis Mitte 1943 existierten). Von 1943 bis 1953 sind zehn Ausgaben dieser Reihe mit insgesamt 71 Werten erschienen. Darüber hinaus ist aus verschiedensten Anlässen eine Vielzahl weiterer Postwertzeichen herausgegeben worden, die sowjetische Orden und Medaillen als Haupt- oder Nebenmotive aufweisen. Persönlichkeiten des öffentlichen Lebens werden auf Briefmarken mit ihren höchsten Ehrenzeichen dargestellt. Marken, die zu Ehren von Jubiläen erscheinen – Jubiläen der sowjetischen Streitkräfte, des Kommunistischen Jugendverbandes, von Sowjetrepubliken, Städten, Betrieben, Institutionen, Zeitungen usw. – zeigen häufig auch die Orden, mit denen sie ausgezeichnet worden sind. Diese Tradition bei der Emission von Briefmarken wird auch belegt durch die zur Zeit gültige Dauerserie. Von den ersten 12 Werten, die 1976 erschienen, waren allein fünf der Darstellung von Orden und Medaillen gewidmet – die Werte zu 1, 2, 10, 12 und 16 Kopeken zeigen in dieser Reihenfolge den Orden «Für den Dienst am Vaterland in den Streitkräften der UdSSR», die Medaillen «Goldener Stern» und «Hammer und Sichel», den Orden des Arbeitsruhms, die Gagarin-Medaille der Internationalen Astronautischen Föderation und die Medaille des Internationalen Lenin-Friedenspreises.

Schließlich sei erwähnt, daß Orden und Medaillen eine wichtige Bestandsgruppe musealer Sammlungen sind und bei der Gestaltung von ständigen und Sonderausstellungen sowie von Katalogen und Sonderpublikationen sowjetischer Museen eine bedeutende Rolle spielen. Die reichen Ordenssammlungen des Staatlichen Historischen Museums, des Zentralen Lenin-Museums und des Zentralen Museums der Streitkräfte der UdSSR in Moskau mögen dafür als Beispiele ebenso stehen wie die des Leningrader Museums der Geschichte der Artillerie, der Pionier- und der Nachrichtentruppen mit seiner umfangreichen Sammlung russischer und sowjetischer Ehrenzeichen. Bemerkenswert ist in diesem Zusammenhang auch das Historische Museum der Sowjetarmee in Berlin-Karlshorst, das den Besuchern eine umfangreiche Kollektion sowjetischer militärischer Orden und Medaillen präsentiert.

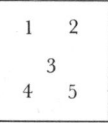

Tafel I 1 Medaille «Goldener Stern» zum Ehrentitel «Held der Sowjetunion», 2 Goldene Medaille «Hammer und Sichel» zum Ehrentitel «Held der Sozialistischen Arbeit», 3 Lenin-Orden, Ausführung seit 1943, 4 Lenin-Orden 1930–1936, 5 Lenin-Orden 1936–1943

Tafel II **1** Orden der Oktoberrevolution, **2** Orden der Völkerfreundschaft, **3** Abzeichen zum Ehrentitel
«Fliegerkosmonaut der UdSSR»

Tafel III Siegesorden. Aus dem Nachlaß des Marschalls der Sowjetunion A. M. Wassilewski

1	2	
3		
II		III

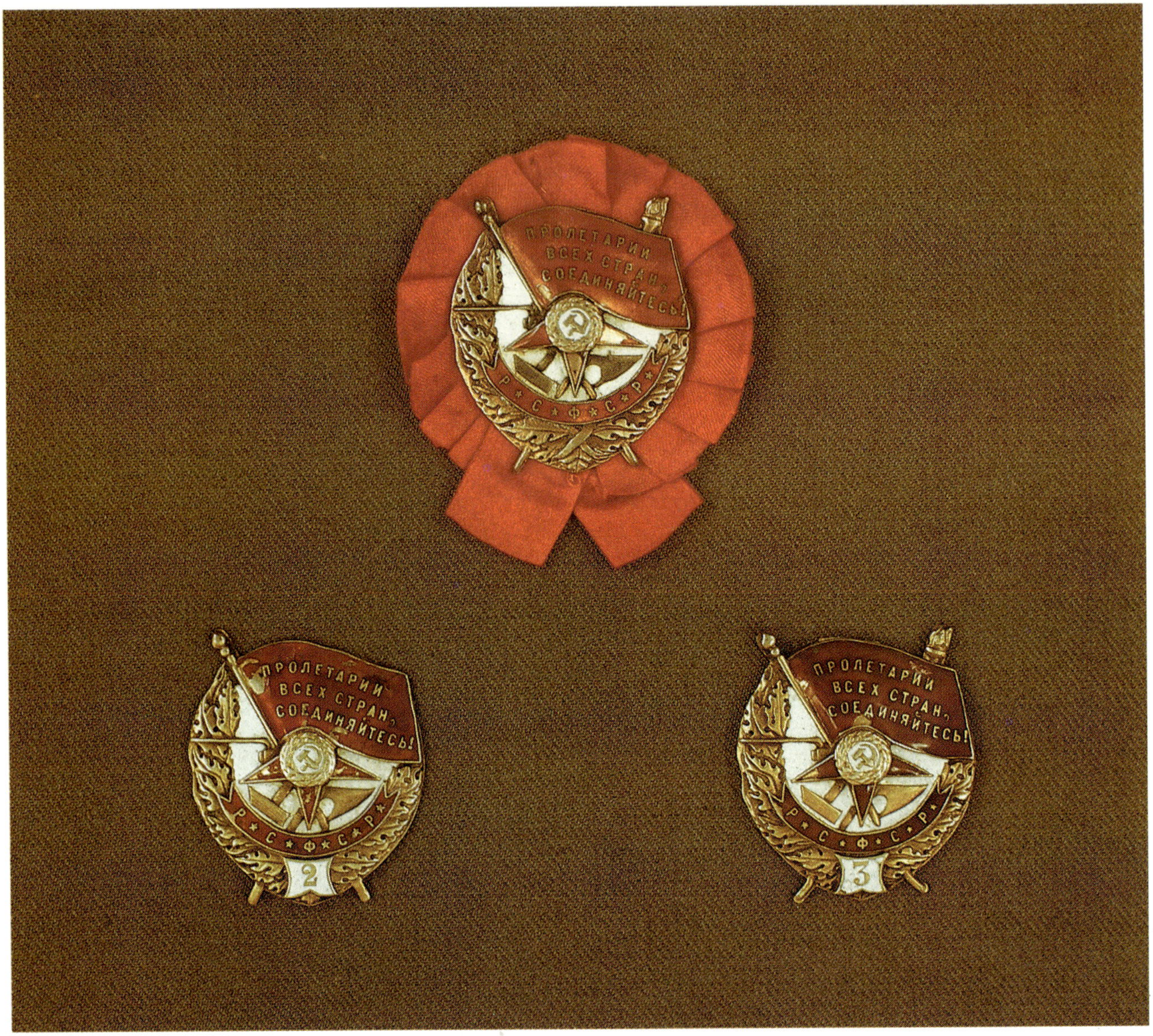
ПРОЛЕТАРИИ
ВСЕХ СТРАН,
СОЕДИНЯЙТЕСЬ!
Р С Ф С Р
ПРОЛЕТАРИИ
ВСЕХ СТРАН,
СОЕДИНЯЙТЕСЬ!
Р С Ф С Р
2
ПРОЛЕТАРИИ
ВСЕХ СТРАН,
СОЕДИНЯЙТЕСЬ!
Р С Ф С Р
3

Tafel IV Rotbannerorden der RSFSR. **1** Orden auf Bandrosette, **2** Ordenszeichen für zweimalige Verleihung, **3** Ordenszeichen für dreimalige Verleihung

Tafel V **1** Rotbannerorden der Aserbaidshanischen SSR, **2** der Armenischen SSR, **3** der Georgischen SSR, **4** Roter Militärorden der SVR Choresm, **5** Rotbannerorden der SSR Choresm

1		1 2 3
2 3		4 5
IV		V

1	2	1	2	3
	3	4	5	6

VI   VII

Tafel VI Orden des Roten Sterns der SVR Buchara. **1** Ordenszeichen 1. Klasse, **2** Ordenszeichen 2. Klasse, **3** Ordenszeichen 3. Klasse

Tafel VII Rotbannerorden der UdSSR. **1** Ordenszeichen 1924–1943, **2** Ordenszeichen seit 1943, **3** Ordenszeichen für zweimalige Verleihung, **4** Ordenszeichen für dreimalige Verleihung, **5** Ordenszeichen für viermalige Verleihung, **6** Ordenszeichen für fünfmalige Verleihung

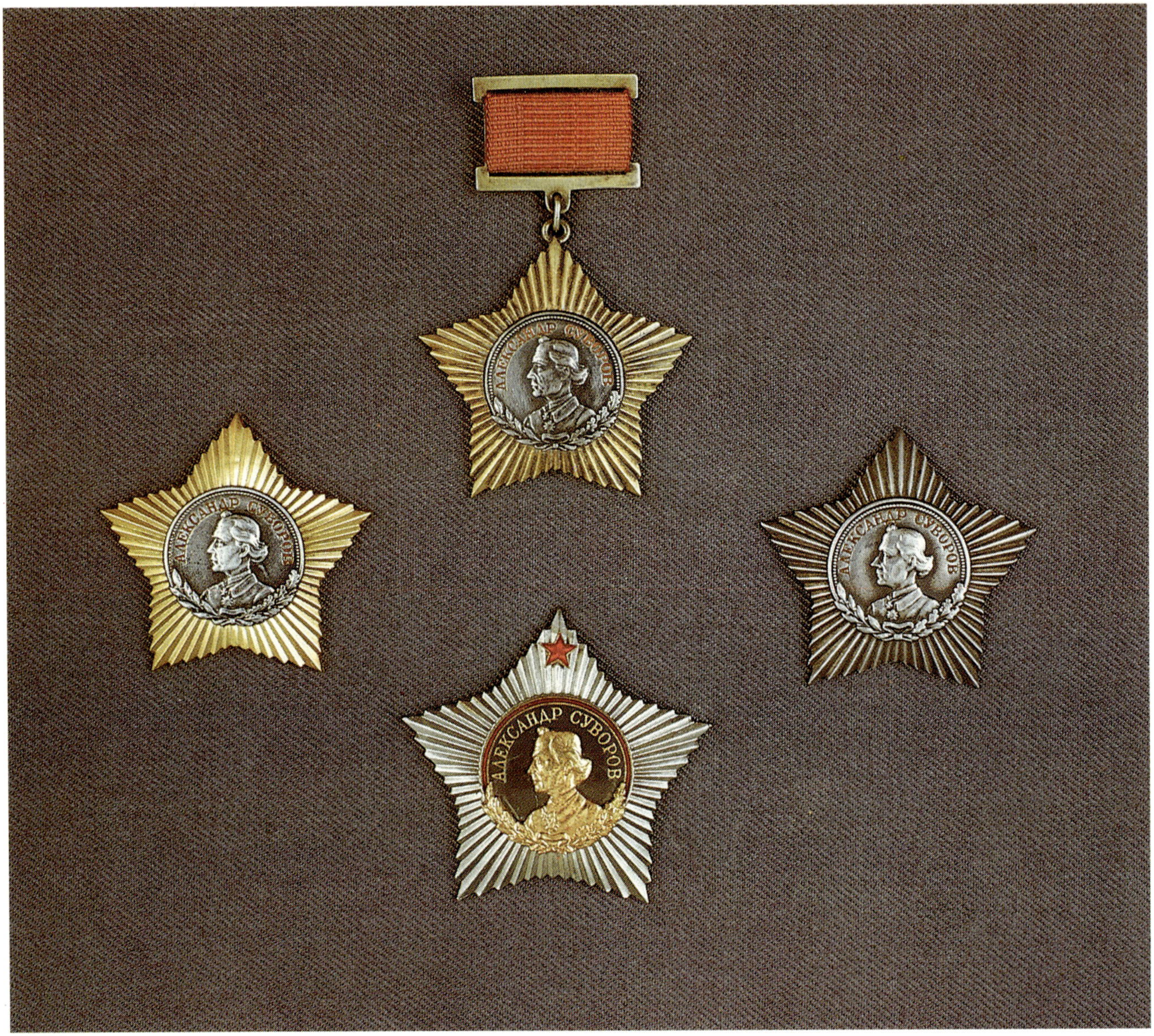

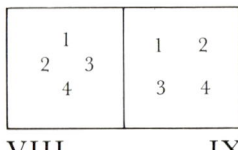

VIII   IX

Tafel VIII   Suworow-Orden. **1** Ordenszeichen 2. Klasse 1942/43, **2** Ordenszeichen 2. Klasse seit 1943, **3** Ordenszeichen 3. Klasse seit 1943, **4** Ordenszeichen 1. Klasse seit 1943

Tafel IX   **1** Uschakow-Orden 1. Klasse, **2** Uschakow-Orden 2. Klasse, **3** Nachimow-Orden 1. Klasse, **4** Nachimow-Orden 2. Klasse

Tafel X   Kutusow-Orden. **1** Ordenszeichen 1. Klasse 1942/43, **2** Ordenszeichen 1. Klasse seit 1943, **3** Ordenszeichen 2. Klasse seit 1943, **4** Ordenszeichen 3. Klasse seit 1943

Tafel XI   **1** Bogdan-Chmelnizki-Orden 1. Klasse, **2** Bogdan-Chmelnizki-Orden 2. Klasse, **3** Bogdan-Chmelnizki-Orden 3. Klasse, **4** Alexander-Newski-Orden 1942/43, **5** Alexander-Newski-Orden seit 1943

	1			1	2	3
2		3				
	4			4	5	
X					XI	

Tafel XII Orden des Vaterländischen Krieges. **1** Ordenszeichen 1. Klasse 1942/43, **2** Ordenszeichen 2. Klasse 1942/43, **3** Ordenszeichen 1. Klasse seit 1943, **4** Ordenszeichen 2. Klasse seit 1943

Tafel XIII **1** Orden des Roten Sterns, **2** Ruhmesorden 1. Klasse, **3** Ruhmesorden 2. Klasse, **4** Ruhmesorden 3. Klasse

1	2		1	
			2	4
3	4		3	
XII		XIII		

Tafel XIV Orden «Für den Dienst am Vaterland in den Streitkräften der UdSSR». **1** Ordenszeichen
1. Klasse, **2** Ordenszeichen 2. Klasse, **3** Ordenszeichen 3. Klasse

Tafel XV Medaillen. **1** «Für Tapferkeit» 1938–1943, **2** «Für Verdienste im Kampf» 1938–1943, **3** «Für
Tapferkeit» seit 1943, **4** «Für Verdienste im Kampf» seit 1943, **5** «Partisan des Vaterländischen Krieges»
1. Klasse, **6** «Partisan des Vaterländischen Krieges» 2. Klasse

1		1	2	
2	3	5		6
			3	4
XIV		**XV**		

1	2	3		1	2	3
4	5			4	5	6
XVI				XVII		

Tafel XVI   Medaillen. **1** Uschakow-Medaille, **2** Nachimow-Medaille, **3** «Für Auszeichnung beim Schutz der Staatsgrenze der UdSSR», **4** «Für Auszeichnung im militärischen Dienst» 1. Klasse, **5** «Für Auszeichnung im militärischen Dienst» 2. Klasse

Tafel XVII   Medaillen. **1** «Für die Verteidigung Leningrads», **2** «Für die Verteidigung Moskaus», **3** «Für die Verteidigung Odessas», **4** «Für die Verteidigung Sewastopols», **5** «Für die Verteidigung Stalingrads», **6** »Für die Verteidigung Kiews»

1 2 3	1 2 3
4 5 6	4 5 6
XVIII	XIX

Tafel XVIII   Medaillen. **1** «Für die Verteidigung des Kaukasus», **2** «Für die Verteidigung des sowjetischen Polargebietes», **3** «Für die Einnahme Budapests», **4** «Für die Einnahme Wiens», **5** «Für die Einnahme Königsbergs», **6** «Für die Einnahme Berlins»

Tafel XIX   Medaillen. **1** «Für die Befreiung Belgrads», **2** «Für die Befreiung Warschaus», **3** «Für die Befreiung Prags», **4** «Für den Sieg über Deutschland im Großen Vaterländischen Krieg 1941–1945», **5** »Für den Sieg über Japan», **6** «Für heldenmütige Arbeit im Großen Vaterländischen Krieg 1941–1945»

Tafel XX   Medaillen. **1** «Für heldenmütige Arbeit (Für militärisches Heldentum). Zum Gedenken an den 100. Geburtstag Wladimir Iljitsch Lenins», **2** «20. Jahrestag des Sieges im Großen Vaterländischen Krieg 1941–1945», **3** «30. Jahrestag des Sieges im Großen Vaterländischen Krieg 1941–1945», **4** «40. Jahrestag des Sieges im Großen Vaterländischen Krieg 1941–1945», **5** «Veteran der Streitkräfte der UdSSR», **6** «Für die Festigung der Waffenbrüderschaft»

Tafel XXI   Medaillen. **1** «XX Jahre Rote Arbeiter-und-Bauern-Armee» seit 1943, **2** «XX Jahre Rote Arbeiter-und-Bauern-Armee 1938–1943», **3** «30 Jahre Sowjetische Armee und Flotte», **4** «40 Jahre Streitkräfte der UdSSR», **5** «50 Jahre Streitkräfte der UdSSR», **6** «60 Jahre Streitkräfte der UdSSR»

	1			1	2	3
2	3	4				
5		6		4	5	6
XX					**XXI**	

1 2 3		1	
4		2	3
5 − 28		4	5
XXII		**XXIII**	

Tafel XXII 1 Medaille «Für einwandfreien Dienst» 1. Klasse, 2 Medaille 2. Klasse, 3 Medaille 3. Klasse, Interimsspangen militärischer Orden der UdSSR: 4 Siegesorden, 5 Rotbannerorden, 6−8 Suworow-Orden 1.−3. Klasse, 9, 10 Uschakow-Orden 1. und 2. Klasse, 11−13 Kutusow-Orden 1.−3. Klasse, 14, 15 Nachimow-Orden 1. und 2. Klasse, 16−18 Bogdan-Chmelnizki-Orden 1.−3. Klasse, 19 Alexander-Newski-Orden, 20, 21 Orden des Vaterländischen Krieges 1. und 2. Klasse, 22 Orden des Roten Sterns, 23−25 Orden «Für den Dienst am Vaterland in den Streitkräften der UdSSR» 1.−3. Klasse, 26−28 Ruhmesorden 1.−3. Klasse

Tafel XXIII Abzeichen der Roten Kommandeure aus der Zeit des Bürgerkrieges. 1 allgemeines Kommandeursabzeichen, 2 für Kommandeure von Maschinengewehreinheiten, 3 für Kommandeure von Nachrichteneinheiten, 4 allgemeines Kommandeursabzeichen, 5 für Kommandeure von Artillerieeinheiten

1	2	3	4		1		2
5	6	7	8		3	4	5
9	10	11	12		6	7	8

XXIV XXV

Tafel XXIV Bestenabzeichen ab 1942. **1** «Scharfschütze», **2** «Bester Maschinengewehrschütze», **3** «Bester Artillerist», **4** «Bester Panzerfahrer», **5** «Bester Granatwerferschütze», **6** «Bester U-Boot-Fahrer», **7** «Bester Pionier», **8** «Bester des Sanitätsdienstes», **9** «Bester Nachrichtensoldat», **10** «Bester Pontonier», **11** «Bester der Luftverteidigung», **12** «Bester Straßenbaupionier»

Tafel XXV Bestenabzeichen. **1** «Bester Traktorist», **2** «Bester Schütze», einheitliche Bestenabzeichen für **3** Landstreitkräfte, **4** Luftstreitkräfte, **5** Seekriegsflotte, **6** «Bester des Militärbauwesens», **7** «Bester der artilleristischen Ausbildung», **8** «Bester des Flottenbauwesens»

Tafel XXVI Abzeichen. **1** zum Ehrentitel «Verdienter Militärflieger», **2** Ehrenzeichen «Truppen der Luftverteidigung», **3** zum Ehrentitel «Verdienter Militärsteuermann», **4** zum Ehrentitel «Meisterflieger», **5** zum
Ehrentitel «Meistersteuermann», **6** «Für gefechtsmäßiges Minenräumen», **7** «Für Entminung»

Tafel XXVII Allgemeine Spezialistenabzeichen für Soldaten und Unteroffiziere. **1** «Meisterspezialist»,
2 »Spezialist 1. Klasse», **3** «Spezialist 2. Klasse», **4** «Spezialist 3. Klasse», **5** Gardeabzeichen, Klassifizierungsabzeichen für Offiziere und Fähnriche: **6** Meisterklasse, **7** 1. Klasse, **8** 2. Klasse, **9** 3. Klasse

1	2	3		1	2	3	4
4		5		6		5	9
6		7			7		8

| XXVI | XXVII |

Tafel XXVIII   Klassifizierungsabzeichen der Luftstreitkräfte und der Luftverteidigung. 1 «Militärflieger 1. Klasse», 2 «Militärflieger 2. Klasse», 3 «Militärflieger 3. Klasse», 4 «Militärsteuermann 1. Klasse», 5 «Militärsteuermann 2. Klasse», 6 «Militärsteuermann 3. Klasse», 7 der Offiziere der Funktechn. Truppen

Tafel XXIX   Klassifizierungsabzeichen des fliegenden Personals der Luftstreitkräfte und der Luftverteidigung des Landes. 1 «Militärflieger 1. Klasse», 2 «Militärflieger 2. Klasse», 3 «Militärflieger 3. Klasse», 4 «Militärsteuermann 1. Klasse», 5 «Militärsteuermann 2. Klasse», 6 «Militärsteuermann 3. Klasse», 7 Spezialistenabzeichen des Fliegeringenieurdienstes

1	4	1	4
2	5	2	5
3	6	3	6
7		7	

XXVIII   XXIX

Tafel XXX   Fallschirmsprungabzeichen der sowjetischen Streitkräfte. **1** Sprungabzeichen 1934, **2** Sprungabzeichen seit 1955, **3** Abzeichen «Bester Fallschirmspringer», **4** Abzeichen Fallschirmsprung-Instrukteur der ersten Form, **5** Abzeichen des heutigen Musters für Sprungzahlen über 100, **6** für Sprungzahlen über 300

Tafel XXXI   Abzeichen. **1** «Für große Fahrt» für Angehörige der Unterwasserkräfte 1961, **2** für Angehörige der Überwasserkräfte 1961, **3** für Angehörige der Unterwasserkräfte 1967, **4** für Angehörige der Überwasserkräfte 1967, **5** für Kommandanten von U-Booten und -Schiffen

1	2	3		1	2
4	5	6		3	4
				5	

XXX   XXXI

Tafel XXXII   Abzeichen für Längerdienende: **1** der Landstreitkräfte, **2** der Luftstreitkräfte, **3** der Seekriegsflotte, Panzerklassifizierungsabzeichen: **4** der Meisterklasse, **5** 1. Klasse, **6** 2. Klasse, **7** 3. Klasse

Tafel XXXIII   **1** Absolventenabzeichen einer Artillerieschule der Sowjetarmee, **2** der Akademie des Generalstabes «K. J. Woroschilow», **3** der Militärakademien, **4** der militärischen Hochschulen, **5** militärischer Fachschulen, **6** der Suworow-Militärschulen, **7** Ehrenzeichen des Komsomol «Für militärisches Heldentum», Militärsportabzeichen: **8** 1. Klasse, **9** 2. Klasse, **10** 3. Klasse

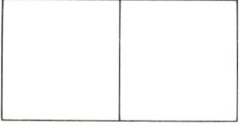

XXXIV   XXXV

Tafel XXXIV   Souvenirabzeichen mit der Darstellung von Orden und Ehrenzeichen. Heldenstädte Moskau, Leningrad, Wolgograd, Kiew, Smolensk, zum 40. Jahrestag der Befreiung Belorußlands, zum 35. Jahrestag der Befreiung von Smolensk, Heldenstadt Odessa, zum 50. Jahrestag der Gründung der Militärpolitischen Akademie «W. I. Lenin», allgemeines Souvenirabzeichen, Orlowsker Gebiet, zum 30. Jahrestag des Sieges

Tafel XXXV   Briefmarken der UdSSR mit der Darstellung von Helden der Sowjetunion bzw. der Medaille «Goldener Stern» zum Ehrentitel «Held der Sowjetunion» sowie der Rettung der Tscheljuskin-Expedition

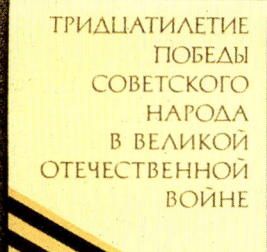

ORDEN FÜR MILITÄRISCHE VERDIENSTE

Die heute existierenden 20 verschiedenen sowjetischen Orden werden in insgesamt 37 Klassen oder Stufen verliehen. Darunter befinden sich sechs Orden für allgemeine und Arbeitsverdienste, zwei Orden zur Auszeichnung verdienter Mütter und zwölf Orden für militärische Verdienste, die insgesamt in 25 Klassen eingeteilt sind. Von diesen militärischen Orden wurden zwei – der Rotbannerorden und der Orden des Roten Sterns – in den ersten 23 Jahren der Sowjetmacht, neun Orden im Verlaufe des Großen Vaterländischen Krieges und ein Orden nach dem zweiten Weltkrieg gestiftet.

Millionen von Angehörigen der Sowjetarmee und der Seekriegsflotte wurden mit militärischen Orden geehrt, Hunderttausende auch mit Orden für allgemeine Verdienste – wie dem Lenin-Orden – oder mit Orden für hervorragende Arbeitstaten.

Im folgenden werden die militärischen Orden der UdSSR beschrieben und abgebildet, und zwar in erster Linie in der Reihenfolge ihres Ranges im sowjetischen Auszeichnungssystem. Die Erläuterung der einzelnen Orden basiert vor allem auf dem jeweiligen Erlaß des Präsidiums des Obersten Sowjets der UdSSR (bzw. der vor 1936 für Ordensangelegenheiten zuständigen Körperschaft) über die Stiftung, das Statut und die Beschreibung des Ordens. Diese Erlasse sind – wie bereits erwähnt – im Handbuch der gesetzgebenden Urkunden über staatliche Auszeichnungen der UdSSR («Sbornik») veröffentlicht und werden nach diesem zitiert. Weiteres Faktenmaterial – Gestalter von Orden, Verleihungszahlen, Ordensträger – wurde der sowjetischen Fachliteratur entnommen. Eine Reihe von Auskünften hat Herr W. A. Durow dem Autor dankenswerterweise direkt erteilt.

Die sowjetischen militärischen Orden haben – bis auf den Rotbannerorden und den Orden «Für den Dienst am Vaterland in den Streitkräften der UdSSR» – die Form eines fünfstrahligen Sterns. Auch die auf den Orden dargestellten Sterne sind grundsätzlich fünfstrahlig. Die Rückseiten der Orden sind ungestaltet – mit Ausnahme des Ruhmesordens, der auch an einer pentagonalen Bandspange getragen wird. Die übrigen sternförmigen Orden sind rückseitig mit einem Gewindestift und einer Mutter zur Befestigung an der Kleidung versehen. Darüber hinaus sind auf den Rückseiten meist zweizeilig die Produktionsstätte des Ordens МОНЕТНЫЙ ДВОР (Monetnyj dvor/ Münzhof) eingeschlagen und die Verleihungsnummer in der Regel eingraviert.

Die sowjetischen Orden sind mit großer Sorgfalt gefertigt und bestehen oftmals aus mehreren Teilen (Grundplatte, Stern, Medaillon, Brustbild oder Kopf). Diese Teile sind fest miteinander verbunden oder werden mit Schrauben zusammengehalten. Die Orden

Tafel XXXVI Briefmarken der UdSSR mit der Darstellung sowjetischer militärischer Orden

XXXVI

weisen jedoch, zumal wenn sie über lange Zeit hergestellt worden sind, in der Regel Produktions-, also auch Größenunterschiede auf, so daß es sich bei Maßangaben stets nur um Mittelwerte handeln kann.

Ist ein Orden in mehrere Klassen eingeteilt, ist die 1. Klasse stets die höchste.

Die Trageweise der sowjetischen Auszeichnungen wird in einem gesonderten Abschnitt behandelt (siehe S. 155 ff.). Darüber hinaus sei hier angemerkt: Der Rotbannerorden der UdSSR wurde beispielsweise bis Mitte 1943 mit einer Schraube direkt an der Kleidung befestigt, seit Einführung der speziellen Ordens- und Medaillenbänder und der pentagonalen Tragespangen für einige Orden ist er oben mit einer Öse versehen und wird mittels eines Zwischenrings in eine solche Fünfeckspange eingehängt. Die militärischen Orden, die vom Mai 1942 bis zum Sommer 1943 gestiftet worden sind, wurden zunächst an rechteckigen, rahmenförmigen Spangen getragen, die im mittleren Teil einheitlich mit rotem Band bezogen waren. Seit Juni 1943 werden die betreffenden Orden mit einer Schraube an der Kleidung befestigt. Die gleichzeitig eingeführten speziellen Bänder sind aus Seidenmoiré und 24 mm breit. Nur das Band des Siegesordens weicht davon ab und ist 46 mm breit. Die Tragespangen des Rotbanner- und des Ruhmesordens sowie alle Interimsspangen sind mit diesem Band bezogen und messen 8 mm × 24 mm.

Die Listen der mit Orden geehrten Persönlichkeiten werden bei der verleihenden Körperschaft geführt, also beim Präsidium des Obersten Sowjets der UdSSR. Die Orden müssen nach dem Tode der Geehrten an die verleihende Institution zurückgegeben werden.

Der Siegesorden
Орден «Победа»/Orden «Pobeda»

Das Ordenszeichen ist ein gewölbter Stern mit aufgelegtem Medaillon; der Raum zwischen den Strahlen des Sterns ist mit Strahlenbündeln gefüllt.

In einem Medaillon von 34 mm Durchmesser sind der Moskauer Kreml – der Spasskiturm und ein Teil der Mauer – sowie das Lenin-Mausoleum dargestellt; darüber befindet sich im hellblauen Feld die Inschrift CCCP (SSSR/UdSSR) in weißer Emaille; diese Darstellung ist umgeben von je einem Kranzteil aus Lorbeer- (links) und Eichenlaub (rechts); im unteren Kreisabschnitt befindet sich in einem rot emaillierten Feld die Inschrift ПОБЕДА (Pobeda/Sieg) in weißer Emaille; die Strahlen des Sterns sind mit Rubinen, die Ränder des Sterns und die Strahlenbündel der Platte mit Brillanten in einer Gesamtmasse von 16 Karat belegt

Platin, teilweise vergoldet

Maß zwischen zwei gegenüberliegenden Strahlen des Sterns: 72 mm

Band: in der Mitte befindet sich ein 15 mm breiter roter Streifen, es folgen – jeweils weiß gerändert – von innen nach außen ein grüner, dunkelblauer, roter, hellblauer und ein schwarz durchzogener orangefarbener Streifen

Nach Sbornik, S. 49 f.

Gestalter: A. I. Kusnezow

Der Siegesorden ist die höchste militärische Auszeichnung der UdSSR. Er wurde am 8. November 1943 in einer Klasse gestiftet. Aufgrund seiner strengen Verleihungsbedingungen und der Kostbarkeit der Ausführung des Ordenszeichens ist er ein außergewöhnliches Ehrenzeichen, das nur an höchste Militärs verliehen werden kann. Mit der Stiftung des Ordens wurden auch das Statut und die Beschreibung bestätigt. Das Muster und die Beschreibung des Ordensbandes wurden am 18. August 1944 bestätigt.

Der Orden wurde in einer Zeit geschaffen, da die Streitkräfte der UdSSR bereits beeindruckende Siege über die faschistischen deutschen Truppen und deren Hilfskontingente errungen hatten. Es lag nahe, neben den heldenhaft kämpfenden Soldaten und Unteroffizieren, Offizieren und Generälen auch die höchsten Heerführer auf ganz besondere Weise zu ehren, hatten sie doch besonders hohen Anteil an den Erfolgen der Roten Armee und der Seekriegsflotte. Das Statut legt fest, daß mit dem Siegesorden Persönlichkeiten des höchsten Kommandeursbestandes ausgezeichnet werden für die Führung militärischer Operationen einiger Fronten oder einer Front, die die militärische Lage grundlegend zugunsten der Sowjetarmee verändern. Die Auszeichnung mit dem Siegesorden erfolgt auf Erlaß des Präsidiums des Obersten Sowjets der UdSSR.

Der Siegesorden Nr. 1 wurde im Frühjahr 1944 an Marschall der Sowjetunion G. K. Shukow verliehen. Als Stellvertreter des Obersten Befehlshabers der Streitkräfte der UdSSR hatte Marschall Shukow in hohem Maße zum Gelingen der Offensive der Roten Armee im Winter 1943/44 und im Frühjahr 1944 westlich des Dnjepr beigetragen – sowohl als Koordinator der Handlungen der vier Ukrainischen Fronten wie auch als Oberkommandierender der 1. Ukrainischen Front. Am Ende der Offensive war die Rote Armee 250 bis 450 km nach Westen vorgedrungen, hatte dabei das Vorgebirge der Karpaten erreicht und die Front des Gegners im Süden aufgespalten, der jetzt nur noch Verbindungswege durch Rumänien besaß.

Im Großen Vaterländischen Krieg wurden insgesamt elf Bürger der UdSSR mit dem Siegesorden ausgezeichnet: neben G. K. Shukow der Oberste Befehlshaber der Streitkräfte der UdSSR, Generalissimus der Sowjetunion J. W. Stalin, die Marschälle der Sowjetunion A. M. Wassilewski, L. A. Goworow, I. S. Konew, R. J. Malinowski, K. A. Merezkow, K. K. Rokossowski, S. K. Timoschenko, F. I. Tolbuchin und Armeegeneral A. I. Antonow. Stalin, Shukow und Wassilewski erhielten den Orden zweimal. Darüber hinaus wurden in jener Zeit fünf ausländische Persönlichkeiten mit dem Siegesorden geehrt – der Oberste Befehlshaber der Volksbefreiungsarmee Jugoslawiens, Marschall J. Broz Tito, der Oberkommandierende der Polnischen Volksarmee, General M. Żimierski (Rola), der Oberbefehlshaber der britischen Truppen 1942 bis 1945 in Nordafrika, Italien, Frankreich und Deutschland, Feldmarschall B. L. Montgomery, der Oberkommandierende der USA-Truppen 1942 bis 1945 in Nordafrika und Westeuropa, General D. D. Eisenhower, und der rumä-

nische König Michael I. Danach wurde der Siegesorden nur noch einmal verliehen: am 20. Februar 1978 anläßlich des 60. Jahrestages der Streitkräfte der UdSSR an den Generalsekretär des Zentralkomitees der KPdSU, den Vorsitzenden des Obersten Sowjets und des Verteidigungsrates der UdSSR, Marschall der Sowjetunion L. I. Breshnew. Der Orden wurde ihm zuerkannt aufgrund seines großen Beitrages zum Sieg des Sowjetvolkes und seiner Streitkräfte im Großen Vaterländischen Krieg, seiner hervorragenden Verdienste bei der Stärkung der Verteidigungskraft des Landes, für die Durchsetzung der friedlichen Außenpolitik des Sowjetstaates und den zuverlässigen Schutz des Landes im Frieden.
Tafeln III, XXII, Abb. 4

Der Rotbannerorden
Орден Красного Знамени/Orden Krasnogo Znameni

Das Ordenszeichen ist hochoval geformt.
Im oberen Teil befindet sich eine geschäftete rot emaillierte Fahne mit der Inschrift ПРОЛЕТАРИИ ВСЕХ СТРАН, СОЕДИНЯЙТЕСЬ! (Proletarii vsech stran, soedinjajtes!/Proletarier aller Länder, vereinigt euch!); im Zentrum sind Hammer und Sichel, Teile eines Sterns, ein Gewehrlauf mit Bajonett sowie Hammer und Pflugschar auf weiß emailliertem Feld dargestellt; unter dem Stern kreuzen sich Fahnenstange und Fackel von je 47 mm Länge, die oben und unten aus dem Ordenszeichen herausragen; um das untere Drittel des weißen Feldes verläuft ein rot emailliertes Band mit den Buchstaben CCCP (SSSR/UdSSR); unter diesem Band steht für mehrfache Verleihung des Ordens im weißen Schild die entsprechende Ziffer 2, 3, 4 usw.; das Ordenszeichen ist zu zwei Dritteln von einem Eichenlaubkranz umgeben

Silber, vergoldet
Höhe: 40 mm, Breite: 36 mm
Tragespange (seit Juni 1943): pentagonal, 50 mm hoch, 45 mm breit
Band: rot mit einem 8 mm breiten weißen Mittel- und zwei je 1 mm
breiten weißen Randstreifen
Nach Sbornik, S. 51f.
Gestalter: W. W. Denisow

Der Rotbannerorden ist die älteste und traditions-
reichste sowjetische Auszeichnung und zugleich die erste tragbare Auszeichnung des staatlich organisierten
Sozialismus. Er ist ein einklassiger militärischer Orden, der an alle Angehörigen der bewaffneten Organe
ohne Unterschiede im Rang oder in der Dienststellung
verliehen werden kann.

Der Rotbannerorden der RSFSR wurde durch das
Dekret des Gesamtrussischen Exekutivrates vom
16. September 1918 «Über die Auszeichnung der Besten» gestiftet. In den folgenden Jahren wurden auch
in den anderen Sowjetrepubliken Rotbannerorden geschaffen, so in der Aserbaidshanischen SSR, in der Armenischen SSR, in der Georgischen SSR und in der
SSR Choresm.

Gut anderthalb Jahre nach der Bildung der UdSSR
wurde am 1. August 1924 auf Beschluß des Präsidiums
des Zentralexekutivrates der Rotbannerorden der
UdSSR gestiftet, mit dem die vorher geschaffenen
Rotbannerorden gleichgestellt wurden. Das Statut des
Ordens wurde am 11. Januar 1932 bestätigt, es wurde
später noch mehrmals ergänzt bzw. abgeändert, so
am 19. Juni 1943 und am 16. Dezember 1947. Am
28. März 1980 wurde das Statut in seiner jetzigen Fassung bestätigt. Der Rotbannerorden ist heute der
zweithöchste militärische Orden der UdSSR.

Wenige Wochen vor der Stiftung des Rotbannerordens der RSFSR, der ersten individuellen Auszeichnung Sowjetrußlands, war am 3. August 1918 bereits
das Revolutionäre Rote Ehrenbanner geschaffen und
am 20. August 1918 erstmals verliehen worden. Es
diente zur Würdigung hervorragender Leistungen von
Truppenteilen der Roten Armee, war also eine kollektive Auszeichnung.

Der mit dem Rotbannerorden der RSFSR Ausgezeichnete erhielt während des Bürgerkrieges neben
dem Ordenszeichen und der Urkunde ein Merkbuch
mit dem Titel «Was ist der Rotbannerorden und wer
trägt ihn?» Darin hieß es: «Der Rotbannerorden ist
der einzige Orden, mit dem das Gesamtrussische Exe-

kutivkomitee der Sowjets der Arbeiter-, Bauern-, Rot-
armisten- und Kosakendeputierten die Soldaten der
Revolution für Tapferkeit, für selbstlose Ergebenheit
gegenüber der Revolution und der Arbeiter-und-Bau-
ern-Regierung sowie für Organisationstalent auszeich-
net. Derjenige, der an seiner Brust diese hohe proleta-
rische Auszeichnung trägt, muß wissen, daß er sich
durch den Willen der werktätigen Menschen unter
gleichen heraushebt als der Würdigste und Beste unter
ihnen, daß er durch sein Auftreten immer und überall
ein Beispiel an Bewußtheit, Mut und Ergebenheit gegenüber der Sache der Revolution geben muß. Er soll
sich stets bewußt sein, daß andere auf ihn schauen als
ein Vorbild, daß man vom ihm uneigennützige Pflicht-
erfüllung lernt und daß dieses Rote Banner, das Symbol, welches er an der Brust trägt, für das Proletariat
ein wertvolles Symbol der mit Arbeiter- und Bauern-
blut getränkten Fahne aus den Tagen der Zarenherr-
schaft und der Fahne des Kampfes für die Ideale der
Werktätigen ist.» (*V. A. Durov, Der erste sowjetische Orden. In: Jahrbuch des Arbeitskreises Medaillenkunde, Berlin
1982, S. 69f.*)

Am 26. September 1918 beschloß das Zentralexekutivkomitee, die ersten drei Kommandeure mit dem Orden auszuzeichnen: W. K. Blücher – für den 40-Tage-
Feldzug seiner 10 000 Mann starken Partisanenarmee
über 1 500 km durch das Hinterland der Weißgardi-
sten im Uralgebiet; W. I. Panjuschkin, der mit seiner
Abteilung an verschiedenen Abschnitten siegreich
kämpfte – sie hatte dafür das Revolutionäre Rote Ehrenbanner erhalten – und sich insbesondere in den
Kämpfen um Kasan auszeichnete; F. K. Mironow, zunächst Kommandeur eines Regiments, dann einer Brigade und einer Division, zuletzt einer Reiterarmee, der
bei der Errichtung und Verteidigung der Sowjetmacht
Großes leistete.

Bereits im Mai 1919 faßte das ZEK den Beschluß
«Über die mehrfache Verleihung des Rotbannerordens
an Kämpfer der Roten Arbeiter-und-Bauern-Armee».
Begründet wurde der Beschluß mit der langen Dauer
und der außergewöhnlichen Härte der Kämpfe zur
Verteidigung der Revolution. Wörtlich hieß es im Beschluß: «In Anbetracht dessen, daß viele Kämpfer
schon mit dem Rotbannerorden, der zur Zeit die einzige revolutionäre Auszeichnung ist, geehrt wurden
und in dieser neuen Kampfperiode wieder Taten voll-

bringen, die würdig sind, anerkannt zu werden, hat das ZEK ... festgelegt: Für hervorragende Verteidiger des sozialistischen Vaterlandes, die schon für früher vollbrachte Taten mit dem Rotbannerorden ausgezeichnet wurden, wird – ohne eine Stufeneinteilung des Ordens vorzunehmen – die wiederholte Auszeichnung mit dem Orden eingeführt.» (*V. A. Durov, S. 71*)

Entsprechend dieser Festlegung, die später auch für andere sowjetische Orden übernommen wurde und typisch ist für das Auszeichnungswesen der UdSSR und anderer sozialistischer Länder, wurden während des Bürgerkrieges und der ausländischen militärischen Intervention vier Kommandeure viermal mit dem Rotbannerorden geehrt: W. K. Blücher, S. S. Wostrezow, J. F. Fabrizius und I. F. Fedko. Mehr als 30 Persönlichkeiten erhielten den Rotbannerorden dreimal und etwa 300 zweimal. Insgesamt wurden in dieser Zeit 15 000 Kämpfer mit dem Rotbannerorden geehrt, davon waren die Hälfte der Ausgezeichneten Soldaten und Kommandeure kleinerer Einheiten. Unter ihnen befanden sich auch 28 Frauen.

Zu den bekanntesten mit dem Rotbannerorden geehrten Helden des Bürgerkrieges gehörten weiterhin S. S. Kamenew, M. W. Frunse, S. M. Budjonny, K. J. Woroschilow, G. I. Kotowski, M. I. Tuchatschewski, S. K. Timoschenko, I. P. Uborewitsch und A. I. Kork sowie die Partei- und Staatsfunktionäre M. I. Kalinin, S. M. Kirow, G. K. Ordshonikidse, W. W. Kuibyschew.

Mit dem Dekret des ZEK vom 8. Mai 1919 wurde auch die Auszeichnung von Truppenteilen der Roten Armee mit dem Rotbannerorden beschlossen, ebenfalls eine Praxis, die sich in den Auszeichnungssystemen sozialistischer Länder bis heute fortsetzt. Es wurde festgelegt, Truppenteile für besondere Taten im Kampf gegen die Feinde der Republik auszuzeichnen und die Orden an den Revolutionären Bannern zu befestigen. Im Bürgerkrieg wurden drei Divisionen, 15 Regimenter und andere Truppenteile auf diese Weise geehrt. Den Rotbannerorden erhielten ebenso die Militärakademie der Roten Arbeiter-und-Bauern-Armee «M. W. Frunse», der Kreuzer «Aurora», die Politische Hauptverwaltung (GPU) und ihre Sonderabteilung. Auch einigen Arbeitskollektiven wurde der Militärorden des Roten Banners verliehen, vor allem für die direkte Unterstützung der Kampfhandlungen der Roten Armee. Als erste Stadt erhielt Petrograd, die

Wiege der Revolution, den Rotbannerorden. Diesen Beschluß hatte der VII. Sowjetkongreß gefaßt. Am 20. Dezember überreichte der Vorsitzende des ZEK, M. I. Kalinin, den Vertretern Petrograds das Ehrenbanner, an dem der Orden befestigt war.

Auch bei der Stiftung der Revolutionären Ehrenwaffe 1920 spielte der Rotbannerorden insofern eine Rolle, als das Ordenszeichen auf das Gefäß des Säbels bzw. des Offiziersdolches oder auf den Schaft der Ehrenfeuerwaffe aufgelegt wurde. Die Ehrenfeuerwaffe erhielten in dieser Zeit nur zwei Kämpfer – der Oberkommandierende aller bewaffneten Organe der Republik, S. S. Kamenew, und der legendäre Kommandeur der 1. Reiterarmee, S. M. Budjonny.

Die Gestaltung des Ordenszeichens hat sich bis heute wenig geändert, außer daß es zunächst die Inschrift РСФСР (RSFSR) statt der späteren – СССР (SSSR/UdSSR) – aufwies. Getragen wurde der Orden auf einer Rosette aus rotem Seidenband, aus der in der Regel unten die beiden Enden herausragten. Das Ordenszeichen wurde mit Hilfe von Gewindestift, Halteplatte und Mutter an der Kleidung befestigt. Ein Ordensband oder eine Spange gab es bis 1943 nicht. Für mehrfache Verleihungen wurden die Ordenszeichen später im unteren Teil mit Ziffern versehen, die in weiß emaillierten Feldern stehen. Die Größe der ersten Ordenszeichen schwankt beträchtlich.

Vom August 1924 bis zur Stiftung des Ordens des Roten Arbeitsbanners im September 1928 war der Rotbannerorden der UdSSR der einzige zentrale Orden der Sowjetunion. Mit seiner Existenz wurde die Stiftung und Verleihung von Rotbanner- und anderen Kampforden in den einzelnen Sowjetrepubliken Schritt für Schritt eingestellt. Dieser Prozeß umfaßte einen längeren Zeitraum. Es wurde beschlossen, die Rotbannerorden der Sowjetrepubliken nicht gegen den Rotbannerorden der UdSSR einzutauschen, da sie historische Sachzeugen der Kämpfe und Siege der revolutionären Streitkräfte Sowjetrußlands im Bürgerkrieg waren. Es war jedoch möglich, Personen, denen Rotbannerorden der Unionsrepubliken verliehen worden waren, mit dem Rotbannerorden der UdSSR auszuzeichnen, sofern sie für die auszeichnungswürdige Tat noch nicht mit dem Rotbannerorden der RSFSR geehrt worden waren.

Zu den ersten, die mit dem Rotbannerorden der

90 UdSSR ausgezeichnet wurden, gehörten im September 1924 die Tschekisten W. R. Menschinski, A. P. Fjodorow, G. S. Syrojeshkin, N. I. Demidenko, S. W. Pusitzki und R. A. Piljar. Sie hatten komplizierte Aufgaben im Kampf gegen Konterrevolutionäre mutig und geschickt gelöst. In den folgenden Jahren bis zum Beginn des zweiten Weltkrieges wurden zahlreiche Sowjetbürger für die Verteidigung des ersten sozialistischen Landes der Welt mit dem Rotbannerorden geehrt, namentlich auch für die Abwehr der militärischen Provokationen der japanischen Militaristen in den 30er Jahren im Fernen Osten.

Aber auch internationalistische Kämpfer anderer Länder, die die russische Revolution verteidigen halfen, erhielten die hohe Auszeichnung. So verlieh der Volkskommissar für Militär- und Marineangelegenheiten, K. J. Woroschilow, auf dem Weltkongreß der Freunde der Sowjetunion 1927 in Moskau den Rotbannerorden an die bewährte deutsche Kommunistin und Internationalistin Clara Zetkin. Auch die deutsche Kundschafterin im Dienste der sowjetischen Aufklärung Ruth Werner wurde 1937 das erste Mal mit dem Rotbannerorden ausgezeichnet, er trägt auf der Rückseite die Matrikelnummer 944. In bewegten Worten beschrieb die heutige Schriftstellerin in ihrem Buch «Sonjas Rapport» ihre Eindrücke bei der Verleihung des Ordens im Moskauer Kreml, wo sie den Orden aus den Händen des Staatsoberhauptes der UdSSR, M. I. Kalinin, erhielt.

Eine große Anzahl von Kämpfern – etwa 238 000 – wurde während des Großen Vaterländischen Krieges der Sowjetunion mit dem Rotbannerorden ausgezeichnet. Unter ihnen befanden sich alle bekannten Heerführer der Sowjetunion, und viele von ihnen erhielten den Rotbannerorden mehrmals. Am Ende des Krieges und in der Nachkriegszeit gab es sogar sechs- und siebenfache Verleihungen. Zu denen, die sechsmal mit dem Rotbannerorden ausgezeichnet worden sind, gehören die Marschälle der Sowjetunion S. M. Budjonny und K. K. Rokossowski, die Armeegenerale A. L. Hetman, I. G. Pawlowski und A. I. Radsijewski, die Marschälle der Fliegerkräfte I. I. Borsow und A. I. Koldunow und der Marschall der Nachrichtentruppen A. I. Leonow.

Der erste, der den siebenten Rotbannerorden erhielt, war der Generalmajor der Luftstreitkräfte M. I. Burzew. Er erhielt 1967 den Orden Nr. 1 mit der Ziffer 7 für hervorragende Erfolge in der politischen und Gefechtsausbildung, für die Gewährleistung der hohen Gefechtsbereitschaft der Truppen und die Einführung neuer, komplizierter Kampftechnik. Zu den weiteren siebenfachen Trägern des Ordens gehören der Marschall der Fliegerkräfte I. I. Pstygo, der Generaloberst der Panzertruppen K. G. Koshanow sowie die Generaloberste der Luftstreitkräfte S. D. Gorelow und I. I. Koshedub.

1943 wurde auch der deutsche Kommunist Fritz Schmenkel, der in den Reihen der Roten Armee kämpfte und vorwiegend im Hinterland des Feindes wirkte, mit dem Rotbannerorden geehrt. Darüber hinaus wurde ihm postum der Titel «Held der Sowjetunion» verliehen.

Nach dem 1980 neugefaßten Statut des Rotbannerordens kann dieser für besondere Tapferkeit und Selbstlosigkeit beim Schutz des sozialistischen Vaterlandes an Angehörige der Sowjetarmee, der Seekriegsflotte, der Grenztruppen sowie der Inneren Truppen, an Mitarbeiter des Komitees für Staatssicherheit der UdSSR und andere Bürger der UdSSR sowie des Auslands und an Verbände, Truppenteile, Kriegsschiffe sowie Einheiten verliehen werden. Die Auszeichnung erfolgt für Heldentaten, die im Kampf bei Gefahr für das eigene Leben vollbracht werden; für die hervorragende Führung von Gefechtshandlungen der Verbände, Truppenteile und Einheiten und dabei gezeigtem Mut; für besondere Tapferkeit bei der Erfüllung von Spezialaufgaben, beim Schutz der staatlichen Sicherheit des Landes und der Unverletzlichkeit der Staatsgrenzen der UdSSR unter Lebensgefahr; für erfolgreiche Gefechtshandlungen von Truppenteilen, Schiffen usw., die – ungeachtet ungünstiger Gefechtsbedingungen – den Sieg über den Gegner erringen, ihm beträchtliche Verluste zufügen und zum Erfolg der eigenen Truppen in einer großen Gefechtshandlung beitragen.

In Ausnahmefällen kann der Orden auch für besondere Erfolge bei der Aufrechterhaltung einer hohen Gefechtsbereitschaft der Truppen sowie für Heldentaten, die bei der Erfüllung der militärischen Pflichten unter Lebensgefahr vollbracht wurden, verliehen werden.

Bei wiederholter Verleihung des Rotbannerordens

wird dem Geehrten das Ordenszeichen mit der Ziffer 2, 3 usw. überreicht. Die Auszeichnung erfolgt auf Vorschlag des Verteidigungsministeriums, des Innenministeriums oder des Komitees für Staatssicherheit der UdSSR. Truppenteile, Schiffe usw., die mit dem Rotbannerorden geehrt wurden, führen rote Fahnen.

Insgesamt wurde der Rotbannerorden der UdSSR bis Anfang 1981 580 000mal verliehen.
Tafeln IV, V, VI, VII, XXII, Abb. 5

Der Suworow-Orden
Орден Суворова/Orden Suvorova

Das Ordenszeichen ist in allen drei Klassen ein gewölbter Stern mit mehrfach gebrochenen Strahlen, dem ein Medaillon aufliegt.
Im Zentrum des Medaillons von 27 mm (1. Klasse) bzw. 26 mm (2. und 3. Klasse) Durchmesser befindet sich das Brustbild Suworows (nach links gewandt); im oberen Teil weist es die Umschrift АЛЕКСАНДР СУВОРОВ (Aleksandr Suvorov) auf; das Feld des Medaillons ist in der 1. Klasse grau, der Rand rot emailliert; in der unteren Hälfte befinden sich links ein Lorbeer-, rechts ein Eichenzweig, die unten zusammengebunden sind; dem Stern der 1. Klasse ist auf dem oberen Strahl ein rot emaillierter Stern von 7 mm Durchmesser aufgelegt; in der 2. und 3. Klasse sind die Umschriften rot emailliert
1. Klasse: Platin (Stern) und Gold (Medaillon); 2. Klasse: Gold (Stern) und Silber (Medaillon); 3. Klasse: Silber
Maß zwischen zwei gegenüberliegenden Strahlen: 1. Klasse 56 mm; 2. und 3. Klasse 49 mm
Tragespange (bis Juni 1943): rechteckig, rahmenförmig, mit rotem Band bezogen
Band: grün mit orangefarbenen Streifen; 1. Klasse: mit einem 5 mm breiten Mittelstreifen; 2. Klasse: mit zwei je 3 mm breiten Randstreifen; 3. Klasse: mit einem Mittel- und zwei Randstreifen von je 2 mm Breite
Nach Sbornik, S. 54f.
Gestalter: P. I. Skokan

Der Suworow-Orden ist der dritthöchste Militärorden der UdSSR. Er wurde am 29. Juli 1942 in drei Klassen gestiftet und gehört zu den Orden des Großen Vaterländischen Krieges der Sowjetunion, die nur an

Offiziere, Generale und Marschälle verliehen werden. Er trägt den Namen eines der größten Heerführer der russischen Geschichte. Mit der Stiftung des Ordens wurden auch das Statut und die Beschreibung bestätigt. Im weiteren wurde das Statut am 8. Februar 1943 ergänzt, und die Beschreibung des Ordens wurde am 30. September 1942 und am 19. Juni 1943 ergänzt bzw. geändert.

Zur Zeit der Stiftung des Suworow-Ordens, im Juli 1942, begannen die Stalingrader Schlacht und ebenfalls im Juli 1942 die Schlacht um den Kaukasus. Die Kämpfer und Kommandeure der Roten Armee hatten ihre Qualitäten bereits in 13 Monaten Abwehrkämpfen gezeigt: Auf keinem Kriegsschauplatz war der faschistischen Militärmacht je ein derartiger Widerstand entgegengesetzt worden. In der Schlacht vor Moskau vom Dezember 1941 bis zum April 1942 hatte sie einen Rückzug von 300 bis 400 km antreten müssen.

So entsprach es der Kriegslage, für Kommandeure der Roten Armee eine Auszeichnung zu schaffen, die als Ehrenzeichen für hohe Feldherrenkunst, Entschlußkraft, Tapferkeit und Umsicht bei der Truppenführung diente.

Der Orden ist nicht ohne Grund mit dem Namen Alexander Wassiljewitsch Suworows verbunden, des bedeutendsten russischen Feldherrn der zweiten Hälfte des 18. Jahrhunderts. Suworow (1730 – 1800) gilt als einer der Begründer der russischen Kriegskunst. Seine militärische Laufbahn begann er im Siebenjährigen Krieg 1756 bis 1763. Als Kommandeur und Befehlshaber unterschiedlicher Kontingente nahm er an zahlreichen kriegerischen Auseinandersetzungen seiner Zeit teil. Im letzten Lebensjahrzehnt kommandierte er die russischen Truppen in Finnland, im Süden Rußlands, in Polen, in der Ukraine und in Italien, wo er die Streitkräfte der Koalition gegen die französischen Truppen führte. Suworow wird nachgesagt, in seiner ganzen Laufbahn keine Schlacht verloren zu haben. 1799 wurde ihm der höchstmögliche Dienstgrad, Generalissimus, verliehen.

Mit dem Suworow-Orden können Kommandeure der Roten Armee geehrt werden für herausragende Erfolge bei der Truppenführung, für die ausgezeichnete Organisation militärischer Operationen, bei denen der Sieg über den Feind errungen wird, und für dabei bewiesene Entschlossenheit und Standhaftigkeit. Der Orden wird auf Erlaß des Präsidiums des Obersten Sowjets der UdSSR verliehen.

Mit dem Suworow-Orden 1. Klasse können die Befehlshaber von Fronten und Armeen, ihre Stellvertreter, Stabschefs, Chefs der operativen Leitungen und Abteilungen sowie die Chefs der Waffengattungen (der Artillerie, der Luftstreitkräfte, der Panzer und der Granatwerfer) der Fronten und Armeen ausgezeichnet werden. Sie können geehrt werden für die ausgezeichnete Organisation und Durchführung einer Operation im Front- oder Armeemaßstab, in der ein zahlenmäßig überlegener Gegner besiegt wird; für geschickt durchgeführte Manöver zur Zerschlagung eines zahlenmäßig überlegenen Gegners und die völlige Vernichtung seiner Kräfte und Mittel; für Initiative und Entschlossenheit bei der Festlegung und Führung des Hauptschlages, wobei der Gegner zerschlagen wird, die eigenen Truppen jedoch ihre Kampffähigkeit zur Verfolgung des Gegners bewahren; für geschickt und überraschend ausgeführte Operationen, wobei der Gegner, der Möglichkeit beraubt, seine Truppen umzugruppieren oder Reserven heranzuführen, zerschlagen wird.

Der Suworow-Orden 2. Klasse kann an Korps-, Divisions- und Brigadekommandeure, ihre Stellvertreter und Stabschefs verliehen werden für die Organisation des Gefechtes zur Zerschlagung eines gegnerischen Korps oder einer Division, die mit unterlegenen Kräften durch einen überraschenden und entschlossenen Angriff erreicht wird; für den Durchbruch durch einen Verteidigungsstreifen des Gegners, die Ausweitung des Durchbruchs und die Organisation der unverzüglichen Verfolgung und Vernichtung des Gegners; für die Organisation des Kampfes zur Zerschlagung eines zahlenmäßig überlegenen Gegners sowie die Erhaltung der Kampffähigkeit der eigenen Truppe, der Waffen und der Kampftechnik; für den tiefen Stoß eines Panzerverbandes in den Rücken des Gegners, durch den dieser einen spürbaren Schlag erhält.

Der Suworow-Orden 3. Klasse kann verliehen werden an Regiments- und Bataillonskommandeure sowie deren Stabschefs und an Kompaniechefs für die Organisation des Gefechts und Initiative bei der Wahl des Zeitpunktes für einen kühnen Angriff auf einen kräftemäßig überlegenen Gegner, der dadurch vernichtet wird; für Beharrlichkeit und die vollständige Abwehr des Angriffs eines an Kräften überlegenen Gegners beim Rückzug auf vorbereitete Stellungen; für den geschickten Einsatz aller verfügbaren Kampfmittel und den entschlossenen Übergang zum Angriff.

Die ersten Verleihungen des Suworow-Ordens erfolgten in der 2. Klasse Ende Dezember 1942, in der 1. Klasse Ende Januar 1943. Die sowjetischen Marschälle und Generäle G. K. Shukow, A. M. Wassilewski, N. N. Woronow, N. F. Watutin, L. A. Goworow, F. I. Golikow, A. I. Jeremenko, K. K. Rokossowski, R. J. Malinowski, P. I. Batow, W. I. Kusnezow, D. D. Leljuschenko und K. S. Moskalenko gehörten zu den ersten 23 Heerführern, denen der Orden am 28. Januar 1943 in der 1. Klasse verliehen wurde. Marschall Shukow erhielt den Suworow-Orden 1. Klasse mit der Nr. 1.

Hervorragende Heerführer der UdSSR wurden mehrmals mit dem Orden in der 1. Klasse ausgezeichnet. A. I. Jeremenko, W. D. Sokolowski, W. I. Tschuikow, N. N. Woronow, K. A. Werschinin, A. E. Golowanow, W. I. Kasakow, P. I. Batow, W. J. Kolpaktschi, A. A. Lutschinski u. a. erhielten ihn dreimal. Zu den zweifachen Trägern des Suworow-Ordens in der höchsten Klasse gehören die Marschälle der Sowjetunion I. Ch. Bagramjan, L. A. Goworow, A. A. Gretschko, M. W. Sacharow, I. S. Konew, K. A. Merezkow, K. S. Moskalenko und F. I. Tolbuchin.

Mit dem Suworow-Orden 1. Klasse wurden auch einige bedeutende militärische Lehranstalten ausgezeichnet, so im Februar 1945 die Militärakademie «M. W. Frunse» und im Mai 1945 die Militärakademie des Generalstabes der Streitkräfte der UdSSR «K. J. Woroschilow».

Der Suworow-Orden wurde insgesamt in der 1. Klasse über 390mal, in der 2. Klasse mehr als 2 800mal und in der 3. Klasse mehr als 4 000mal verliehen. Unter denen, die mit dem Suworow-Orden 1. und 2. Klasse geehrt wurden, befinden sich auch über 1 500 Verbände und Truppenteile.

Tafeln VIII, XXII, Abb. 6–8

Der Uschakow-Orden
Орден Ушакова/Orden Ušakova

Das Ordenszeichen ist in beiden Klassen ein gewölbter Stern mit mehrfach gebrochenen Strahlen, dem ein Anker und ein Medaillon aufgelegt sind.

Das Medaillon von 23 mm Durchmesser zeigt das Brustbild Uschakows im blau emaillierten Feld sowie die Umschrift АДМИРАЛ УШАКОВ (Admiral Ušakov) und ist von einem seilförmigen Rand umgeben; Teile eines Ankers ragen unter dem Medaillon hervor; die Ankerkette umläuft, oben nach rechts beginnend, das Medaillon; das Ordenszeichen der 1. Klasse weist im unteren Teil einen Lorbeer- (links) und einen Eichenzweig (rechts) auf, am Kreuzpunkt der Zweige bzw. über der Ankerspitze befinden sich Hammer und Sichel

1. Klasse: Platin (Stern) und Gold (Medaillon); 2. Klasse: Gold (Stern) und Silber (Medaillon)

Maß zwischen gegenüberliegenden Strahlen: 56 mm

Band: weiß mit hellblauen Streifen; 1. Klasse: mit einem 5 mm breiten Mittelstreifen sowie je zwei 1,5 mm breiten Randstreifen; 2. Klasse: mit zwei je 5 mm breiten Seitenstreifen, je 1,5 mm vom Rand entfernt

Nach Sbornik, S. 60f.

Gestalter: B. M. Chomitsch

Der Uschakow-Orden ist die höchste spezielle Auszeichnung für Offiziere und Admirale der Seekriegsflotte der UdSSR. Er wurde am 3. März 1944 in zwei Klassen gestiftet und trägt den Namen des erfolgreichsten Flottenführers der russischen Geschichte. Mit der Stiftung des Ordens wurden auch das Statut und die Beschreibung bestätigt. Am 26. Februar und am 16. Dezember 1947 wurden verschiedene Bestimmungen noch einmal verändert.

Der Uschakow-Orden wurde zu einer Zeit gestiftet, da die sowjetische Seekriegsflotte bereits auf bedeutende Erfolge verweisen konnte. Insbesondere die Baltische, die Schwarzmeer- und die Nordflotte sowie die Asowkriegsflottille hatten dem Gegner bereits empfindliche Schläge beigebracht, die für den Kriegsver-

lauf von großer Bedeutung waren. Die Flotten trugen dazu bei, die gegnerischen Seewege zu stören und die eigenen Seeverbindungen zu schützen, was vor allem der erfolgreichen Entwicklung der eigenen Gefechtshandlungen in den nördlichen und südlichen Frontabschnitten auf dem Lande zugute kam.

Fjodor Fjodorowitsch Uschakow (1744 oder 1745–1817) war der berühmteste und erfolgreichste Admiral an der Wende vom 18. zum 19. Jahrhundert. Unter seinem Kommando errang die russische Schwarzmeerflotte im Russisch-Türkischen Krieg von 1787 bis 1791 mehrere Siege, die Rußland die Vorherrschaft im Schwarzen Meer sicherten. Er unterstützte 1798 bis 1800 vom Mittelmeer aus das Vordringen Suworows in Norditalien, so durch die Erstürmung der Festung Korfu. Uschakow erlitt als Befehlshaber der russischen Flotte keine Niederlage. Überdies war er ein hervorragender Neuerer der Seekriegskunst. So wird Admiral Uschakow zu Recht der «Suworow der Marine» genannt.

Der Uschakow-Orden kann an Offiziere und Admirale der sowjetischen Seekriegsflotte verliehen werden für die hervorragende Ausarbeitung, Durchführung und Sicherstellung aktiver Gefechtshandlungen auf See, wobei der Sieg über einen zahlenmäßig überlegenen Gegner errungen wird. Die Auszeichnung mit dem Orden erfolgt durch Erlaß des Präsidiums des Obersten Sowjets der UdSSR.

Mit dem Uschakow-Orden 1. Klasse können Offiziere und Admirale der Seekriegsflotte ausgezeichnet werden für die hervorragende Organisation und Durchführung von Operationen gegen einen Seegegner; für die Vernichtung gegnerischer Flottenkräfte und Küstenbasen, erreicht durch überraschende und entschlossene Schläge bei reibungslosem Zusammenwirken aller Flottenkräfte und -mittel; für eine ausgezeichnet organisierte und durchgeführte Operation gegen die Verbindungswege des Gegners, die zur Versenkung einer beträchtlichen Anzahl von Kampf- und Transportschiffen führt; für die initiativreiche und entschlossene Führung einer Operation oder eines Gefechts, bei der ein zahlenmäßig überlegener Gegner geschlagen, die eigene Kampffähigkeit jedoch erhalten und die übertragene Aufgabe vollständig erfüllt wird; für die geschickte und überraschende Organisation und Ausführung einer Landungsoperation, wobei die

Landungstruppen eine wichtige Aufgabe an der gegnerischen Küste bei geringen eigenen Verlusten erfüllen.

Mit dem Uschakow-Orden 2. Klasse können Offiziere und Generale der sowjetischen Seekriegsflotte geehrt werden für die ausgezeichnete Führung von Schiffsverbänden und die Durchführung von Gefechtshandlungen auf See gegen einen zahlenmäßig überlegenen Gegner bei Vernichtung beträchtlicher gegnerischer Kräfte; für kluge, zielstrebige und kühne Gefechtshandlungen an der Küste gegen Seebasen des Gegners, durch die erhebliche gegnerische Kräfte und Mittel vernichtet werden; für kühne Handlungen gegen Verbindungswege des Gegners, die bei zahlenmäßiger Überlegenheit des Gegners im Gefecht zur Vernichtung seiner wichtigsten Kriegsschiffe und Transportmittel führen; für ausgezeichnete Organisation und Führung von Flottenkräften, die an großen Landungsoperationen teilnehmen, bzw. für gute Organisation und Ausführung einer Operation zur Absetzung von Truppen einer taktischen Seelandung; für die erfolgreiche Lösung einer Gefechtsaufgabe; für das kluge und entschlossene Zusammenwirken aller Flottenkräfte und -mittel im Gefecht, was die Vernichtung beträchtlicher gegnerischer Kräfte zur Folge hat; für ausgezeichnete Führung bei der Sicherstellung von Operationen, die zu bedeutenden Ergebnissen im Kampf führen.

Die ersten Auszeichnungen mit dem Uschakow-Orden erfolgten am 10. April 1944 in der 2. und am 16. Mai desselben Jahres in der 1. Klasse. Zu den Flottenkommandeuren, die mit dem Uschakow-Orden 1. Klasse geehrt wurden, gehören Admiral I. S. Issakow, Vizeadmiral F. S. Oktjabrski, der Volkskommissar der Seekriegsflotte N. G. Kusnezow, der Chef einer U-Boot-Brigade der Schwarzmeerflotte, Konteradmiral P. I. Boltunow, sowie der Befehlshaber der Luftstreitkräfte der Schwarzmeerflotte, Generalleutnant W. W. Jermatschenkow. Mit dem Orden Nr. 1 wurde der Chef der Baltischen Flotte Vizeadmiral W. F. Tribuz ausgezeichnet.

Zweifache Träger des Uschakow-Ordens 1. Klasse sind die Admirale L. M. Galler, A. G. Golowko, I. S. Issakow, G. I. Lewtschenko, die Vizeadmirale N. G. Kusnezow, G. N. Cholostjakow sowie die Generale der Luftstreitkräfte Generaloberst M. I. Samochin und Generalleutnant W. W. Jermatschenkow.

Der Uschakow-Orden wurde äußerst sparsam verliehen; in der 1. Klasse etwa 50mal und in der 2. Klasse etwa 200mal. Mit dem Orden 2. Klasse wurden auch 12 Flottenverbände geehrt.
Tafeln IX, Abb. 1, 2, XXII, Abb. 9, 10

Der Nachimow-Orden
Орден Нахимова/Orden Nachimova

Das Ordenszeichen ist in beiden Klassen ein gewölbter Stern mit aufgelegtem Medaillon; die Räume zwischen den Strahlen des Sterns sind mit Strahlenbündeln gefüllt.

Das Medaillon von 29 mm Durchmesser zeigt den Kopf Nachimows (nach links gewandt) mit Mütze sowie im oberen Teil die Umschrift АДМИРАЛ НАХИМОВ (Admiral Nachimov) im dunkelblau (1. Klasse) bzw. nicht emaillierten Feld; von unten gehen zwei Lorbeerzweige aus, in deren Mitte Hammer und Sichel dargestellt sind; Perlkreis und Rand umschließen das Medaillon, das zudem von einer Ankerkette umgeben ist; die Strahlen des Sterns sind mit Rubinen belegt (1. Klasse) oder rot emailliert (2. Klasse) und von dunkel oxidierten Metallstegen eingefaßt, die in Ankerspitzen enden; die Strahlenbündel weisen keulenförmige Elemente auf
1. Klasse: Gold (Medaillon) und Silber (Stern); 2. Klasse: Silber
Maß zwischen zwei gegenüberliegenden Strahlen des Sterns: 56 mm
Band: goldgelb mit schwarzen Streifen; 1. Klasse: mit einem 5 mm breiten Mittel- und zwei je 1,5 mm breiten Randstreifen; 2. Klasse: mit zwei je 5 mm breiten Seitenstreifen, jeweils 1,5 mm vom Rand entfernt
Nach Sbornik, S. 62f.
Gestalter: A. L. Diodorow und B. M. Chomitsch

Der Nachimow-Orden ist die zweithöchste spezielle Auszeichnung für Offiziere und Admirale der sowjetischen Seekriegsflotte. Er wurde am 3. März 1944 in zwei Klassen gestiftet und trägt den Namen des überragenden russischen Flottenführers des 19. Jahrhunderts. Mit der Stiftung des Ordens wurden auch das Statut und die Beschreibung bestätigt. Am 26. Februar und am 16. Dezember 1947 wurden die Festlegungen teilweise verändert. Der Nachimow-Orden wurde zugleich mit dem Uschakow-Orden gestiftet, um die vielfältigen Verdienste der Kommandeure der sowjetischen Seekriegsflotte differenziert würdigen zu können.

Der russische Admiral und Flottenführer Pawel Stepanowitsch Nachimow (1802 – 1855) nahm 1822 bis 1825 als Wachoffizier auf der Fregatte «Krejser» (Kreuzer) an einer Fahrt um die Welt teil. 1827 befehligte er eine Batterie auf einem Linienschiff, 1828/29 war er Kommandant einer Korvette, danach einer Fregatte und seit 1834 eines Linienschiffs. Später kommandierte er Schiffsverbände unterschiedlicher Größe. Im Krimkrieg 1853 – 1856 befehligte er ein Geschwader der Schwarzmeerflotte. In der Seeschlacht von Sinope vernichtete er ein türkisches Geschwader. Bis Februar 1855 leitete er faktisch die heldenhafte Verteidigung Sewastopols. Er wurde im Kampf tödlich verwundet.

Der Nachimow-Orden kann an Offizere und Admirale der sowjetischen Seekriegsflotte verliehen werden für herausragende Erfolge bei der Ausarbeitung, Ausführung und Sicherstellung von Operationen auf See, bei denen eine Angriffshandlung des Gegners abgewehrt oder aktive Gefechtshandlungen der eigenen Flotte sichergestellt werden, dem Gegner Verluste beigebracht und die eigenen Hauptkräfte erhalten werden. Die Auszeichnung mit dem Nachimow-Orden erfolgt durch das Präsidium des Obersten Sowjets der UdSSR.

Der Nachimow-Orden 1. Klasse wird an Offizere und Admirale der sowjetischen Seekriegsflotte verliehen für eine klug ausgearbeitete und geschickt geführte Operation im Zusammenwirken aller Flottenkräfte aus einer Verteidigungslage heraus sowie für die Zerschlagung und Verfolgung der Kräfte eines zahlenmäßig überlegenen Seegegners; für die gute Organisation, die geschickte und entschlossene Führung von Gefechtshandlungen einzelner Flottenverbände, die an Seegefechten teilnehmen, wobei beträchtliche Kräfte des Gegners vernichtet, die Erfüllung seiner Aufgaben verhindert und die Kampffähigkeit des eigenen Verbandes erhalten wird; für eine gut organisierte und durchgeführte Operation zur Abwehr einer Seelandung des Gegners, bei der der Gegner große Verluste erleidet und gezwungen wird, das Absetzen der Landungskräfte aufzugeben; für aktive Handlungen zur

Sicherstellung einer Operation der Flotte auf See, die Sicherung der Verbindungswege und die Verteidigung der Seebasen und Küsten; für eine gut organisierte und durchgeführte Operation an der Flanke der Sowjetarmee, die durch aktive Gefechtshandlungen von Flottenkräften und Seelandungen an der Küste des Gegners unterstützt wird; für Sicherstellungsoperationen, die zu beträchtlichen Erfolgen im Kampf führen.

Der Nachimow-Orden 2. Klasse kann an Offizere und Admirale der sowjetischen Seekriegsflotte verliehen werden für geschickte und kühne Gefechtshandlungen sowie die vorbildliche Führung von Truppen bei der Sicherung der eigenen Verbindungswege, der Seebasen und Küsten, wodurch beträchtliche Kräfte des Gegners vernichtet werden und er daran gehindert wird, seine Aufgaben zu erfüllen; für gut organisiertes und kühn ausgeführtes Verminen gegnerischer Küstengebiete zur Sicherstellung der Operation der Flotte oder zum Versenken wichtiger Schiffe des Gegners; für das Räumen von Minensperren des Gegners an seinen Küsten, um aktive Handlungen der eigenen Flotte sicherzustellen; für die erfolgreiche Erfüllung von Gefechtsaufgaben zur Vernichtung von Schiffen und wichtigen Objekten des Gegners und dabei bewiesener Tapferkeit; für die geschickte Führung der Unterstellten im Kampf, der zum Sieg über einen zahlenmäßig überlegenen Gegner bei Erhaltung der Kampfkraft der eigenen Schiffe, Truppenteile und Einheiten führt; für die Sicherstellung von Operationen, bei denen bedeutende Erfolge im Kampf erzielt werden.

Zu denjenigen, die noch im Jahre 1944 mit dem Nachimow-Orden 1. Klasse ausgezeichnet wurden, gehören Konteradmiral N. E. Feldmann – er erhielt den Orden mit der Nr. 1 –, Generalleutnant P. A. Morgunow, Chef der Küstenverteidigung der Schwarzmeerflotte, Vizeadmiral F. S. Oktjabrski, Chef der Schwarzmeerflotte, sowie die Admirale A. G. Golowko, W. I. Platonow, W. A. Andrejew und S. G. Kutscherow.

Die ersten Kämpfer erhielten den Orden in der 2. Klasse bereits im April 1944. Unter den Ausgezeichneten befanden sich auch eine Reihe von Leutnanten und Kapitänleutnanten. So war der erste Ausgezeichnete der Flugzeugführer der Luftstreitkräfte der Nordflotte, Unterleutnant N. I. Wasin. In der Schwarzmeerflotte gehören zu den Ordensträgern Oberleutnant A. I. Shestkow sowie Unterleutnant I. G. Loktjuchin, in

96 der Baltischen Flotte Oberleutnant W. J. Alexandrow, der Held der Sowjetunion Kapitänleutnant A. I Afanasjew sowie Leutnant W. A. Buschujew.

Der Nachimow-Orden gehört neben dem Sieges- und dem Uschakow-Orden mit insgesamt 540 Verleihungen zu den am sparsamsten erteilten Ehrenzeichen. Von den 80 Nachimow-Orden 1. Klasse wurden fünf an Truppenteile der Seekriegsflotte der UdSSR, von den mehr als 460 Orden der 2. Klasse 2 an Truppenteile der Flotte verliehen.

Tafeln IX, Abb. 3, 4, XXII, Abb. 14, 15

Der Kutusow-Orden
Орден Кутузова/Orden Kutuzova

Das Ordenszeichen ist in allen drei Klassen ein gewölbter Stern mit aufgelegtem Medaillon; die Räume zwischen den Strahlen des Sterns sind mit Strahlenbündeln gefüllt.

Das Medaillon von 27 mm (1. und 2. Klasse) bzw. 25 mm (3. Klasse) Durchmesser zeigt den Kopf Kutusows (nach links gewandt) vor der Mauer und einem Turm des Moskauer Kremls und die Umschrift МИХАИЛ КУТУЗОВ (Michail Kutuzov) beiderseits vom Porträt – bei der 1. und 2. Klasse im weiß emaillierten Feld bzw. Ring; der Kremlturm wird von einem Stern überragt, der in den beiden oberen Ordensklassen rot emailliert ist; der Ring ist oben unterbrochen und unten als Band in Falten gelegt; in der 3. Klasse ist dieser Ring dunkel oxidiert; das Medaillon ist in der 1. Klasse zusätzlich mit einem weiß emaillierten Ring umgeben, dem ein Lorbeer- (links) bzw. Eichenlaubkranz (rechts) aufliegt, die im unteren Teil durch rot emaillierte Bänder zusammengehalten werden
1. Klasse: Gold (Stern) und Silber (Kreml und Strahlenbündel); 2. und 3. Klasse: Silber
Maße zwischen zwei gegenüberliegenden Strahlen des Sterns: 1. und 2. Klasse 50 mm; 3. Klasse 44 mm
Tragespange (bis Juni 1943): rechteckig, rahmenförmig, mit rotem Band bezogen
Band: dunkelblau mit orangefarbenen Streifen; 1. Klasse: mit einem 5 mm breiten Mittelstreifen; 2. Klasse: mit zwei je 3 mm breiten Randstreifen; 3. Klasse: mit einem Mittel- und zwei Randstreifen von je 2 mm Breite
Nach Sbornik, S. 56ff.
Gestalter: N. I. Moskalew

Der Kutusow-Orden ist ein hoher sowjetischer Militärorden, der am 29. Juli 1942 (1. und 2. Klasse) bzw. am 8. Februar 1943 (3. Klasse) gestiftet wurde. Er wird nur an sowjetische Offiziere, Generale und Marschälle verliehen. Er trägt den Namen eines der erfolgreichsten und populärsten Heerführer der russischen Geschichte. Mit der Stiftung des Ordens wurden auch das Statut und die Beschreibung bestätigt. Am 30. September 1942 sowie am 3. Mai und am 19. Juni 1943 wurden teilweise Veränderungen in der Beschreibung des Ordens vorgenommen. Weitere Veränderungen wurden am 26. Februar 1947 eingeführt.

Die ersten beiden Klassen des Ordens wurden zusammen mit dem Suworow-Orden 1942 geschaffen, zu einer Zeit, da die Wende im Großen Vaterländischen Krieg noch nicht erreicht worden war. Als die 3. Klasse geschaffen wurde, war mit dem Sieg in der Schlacht von Stalingrad diese Wende bereits eingeleitet worden.

Der Orden trägt den Namen Michail Illarionowitsch Kutusows (1745 – 1813), dessen Taten untrennbar mit dem Vaterländischen Krieg 1812 gegen Napoleons Grande Armée und der Befreiung des russischen Vaterlandes von der Fremdherrschaft zu Beginn des 19. Jahrhunderts verbunden sind. Kutusow war der berühmteste und begabteste Schüler Suworows. Er zeichnete sich im Russisch-Türkischen Krieg 1787 bis 1792 aus, befehligte 1805 die russischen Truppen gegen Napoleon, wobei er die russische Armee vor der Vernichtung bewahrte. 1812 wurde er Feldmarschall und Oberbefehlshaber der russischen Truppen im Vaterländischen Krieg, wo er in der Schlacht bei Borodino Napoleon energischen Widerstand leistete. 1813 befehligte er die vereinigten russisch-preußischen Truppen. Kutusow hob die russische Kriegskunst auf eine neue, höhere Stufe.

Der Kutusow-Orden kann an sowjetische Offiziere, Generale und Marschälle verliehen werden für die gut vorbereitete und ausgeführte Operation einer Front, einer Armee oder einzelner Verbände, bei der dem Gegner eine schwere Niederlage beigebracht wird, die eigenen Truppen jedoch ihre Kampffähigkeit bewahren. Der Kutusow-Orden wird auf Erlaß des Präsidiums des Obersten Sowjets der UdSSR verliehen.

Der Kutusow-Orden 1. Klasse wird an Befehlshaber von Fronten und Armeen, deren Stellvertreter und Stabschefs verliehen für eine gut ausgearbeitete und ausgeführte Front- oder Armeeoperation, bei der der Feind eine Niederlage erleidet; für einen gut ausgearbeiteten und ausgeführten Plan eines aufgezwungenen Rückzuges großer Verbände mit Organisation eines massierten Gegenschlages, wobei dem Feind schwere Verluste zugefügt werden und die eigenen Truppen – bei geringen Verlusten an Kräften und Mitteln – neue Stellungen beziehen; für die geschickte Organisation von Operationen großer Verbände im Kampf mit einem an Kräften überlegenen Gegner, wobei seine Truppen geschwächt werden, die eigenen Truppen jedoch die ständige Bereitschaft zum entschlossenen Angriff behalten.

Mit dem Kutusow-Orden 2. Klasse können Korps-, Divisions- und Brigadekommandeure sowie deren Stabschefs ausgezeichnet werden für besondere Hartnäckigkeit bei Gegenangriffen eines an Kräften überlegenen Gegners, die Behauptung der eingenommenen Stellungen bei Ausnutzung eines geschickt organisierten Feuersystems, des Geländes, von Gegenschlägen auf Kräfte und Mittel mit nachfolgendem Übergang zum entschlossenen, erfolgreichen Angriff; für gute Organisation des Kampfes und Führung der Truppen in einer schwierigen Phase, die Schaffung eines Kräfteübergewichts im entscheidenden Abschnitt und ein gutes Zusammenwirken bei harten Schlägen gegen den Gegner; für geschickte Kampfführung von Truppen, die durch überlegene Kräfte des Gegners eingeschlossen sind, und die Organisation des Durchbruchs, wobei die eigenen Truppen aus der Einkreisung bei voller Kampffähigkeit herausgeführt werden; für die Organisation von Gefechtshandlungen der Truppen, die Sicherstellung des Kampfes gegen Panzer- und Luftstreitkräfte des Gegners, wodurch diesem große Verluste zugefügt werden und er zum Rückzug gezwungen wird.

Mit dem Kutusow-Orden 3. Klasse können Regiments- und Bataillonskommandeure, Kompaniechefs sowie Stabschefs von Regimentern geehrt werden für Initiative in einem befohlenen Gefecht und das Führen von kühnen und überraschenden Angriffen auf den Gegner, mit denen ihm bedeutende Schläge versetzt werden; für die Eroberung eines bedeutenden Widerstandsknotens des Gegners bei geringen eigenen Verlusten, die Konsolidierung der eigenen Lage und die entschlossene Abwehr von Gegenangriffen; für die

Organisation einer geschickten Verfolgung des sich absetzenden Gegners, die Vernichtung seiner Kräfte und Mittel sowie für die schnelle Liquidierung von gegnerischen Sperrabteilungen; für kühne Schläge auf die Verbindungswege des Gegners und die Zerstörung seiner rückwärtigen Garnisonen und Basen; für die sachkundige Ausarbeitung eines Gefechtsplans, die Sicherung eines reibungslosen Zusammenwirkens aller Feuermittel und die erfolgreiche Ausführung des Plans.

Zu den Kommandeuren, die mit dem Kutusow-Orden 1. Klasse – verliehen erstmals Anfang 1943 – geehrt wurden, gehören die Frontoberbefehlshaber Armeegeneral I. W. Tjulenew und Generaloberst M. A. Purkajew, die Stabschefs einer Front Generalleutnant G. F. Sacharow und M. S. Malinin, die Armeebefehlshaber Generalleutnant K. N. Galitzki, A. S. Shadow, K. A. Korotejew, P. L. Romanenko, W. S. Romanowski und I. I. Fedjuninski. Der Kutusow-Orden 1. Klasse mit der Nr. 1 wurde dem Armeebefehlshaber Generalleutnant I. W. Galinin verliehen.

Dreimal mit der 1. Klasse des Ordens wurde Marschall der Sowjetunion W. D. Sokolowski ausgezeichnet. Zu den zweifachen Trägern des Ordens in der höchsten Klasse zählen die Marschälle der Sowjetunion A. A. Gretschko, M. W. Sacharow, I. S. Konew und K. S. Moskalenko.

Der Orden 1. Klasse wurde mehr als 660mal verliehen, mit den 2. und 3. Klassen wurden jeweils mehr als 3300 Kämpfer ausgezeichnet. Über 1570 Truppenteile und Verbände der Roten Armee, die sich im Großen Vaterländischen Krieg besonders ausgezeichnet haben, konnten den Kutusow-Orden an ihre Fahnen heften. So gehört auch dieser Orden mit seinen rund 7250 Verleihungen – gemessen am Umfang und der Dauer der Kampfhandlungen wie an der Anzahl der Kämpfer im Großen Vaterländischen Krieg – zu den sparsam erteilten sowjetischen Auszeichnungen.
Tafeln X, XXII, Abb. 11–13

Der Bogdan-Chmelnizki-Orden

Орден Богдана Хмельницкого/
Orden Bogdana Chmel'nickogo

Das Ordenszeichen ist in allen drei Klassen ein gewölbter Stern mit aufgelegtem Medaillon; die Räume zwischen den Strahlen des Sterns sind mit Strahlenbündeln gefüllt.
Das Medaillon von 24 mm (1. und 2. Klasse) bzw. 22 mm (3. Klasse) Durchmesser zeigt das Brustbild Chmelnizkis mit Pelzmütze und Streitkolben; im oberen Teil des Medaillons befindet sich in der 1. und 2. Klasse die Umschrift БОГДАН ХМЕЛЬНИЦКИЙ (Bogdan Chmel'nickij); das Medaillon ist von einem Ring umgeben, in dessen unterem Teil zwei gekreuzte Säbel und im oberen Teil Rankenornamente dargestellt sind; in der 3. Klasse befinden sich die Umschrift БОГДАН ХМЕЛЬНИЦКИЙ (Bogdan Chmel'nickij) im oberen Teil des Ringes, Rankenornamente nur in dessen unterem Teil zu beiden Seiten der Säbel; der Stern zeigt Strahlen und Strahlenbündel des gebrochenen Typs
1. Klasse: Gold (Stern und Medaillon) und Silber (Ring); 2. Klasse: Gold (Medaillon) und Silber (Stern und Ring); 3. Klasse: Silber
Maße zwischen zwei gegenüberliegenden Strahlen des Sterns: 1. und 2. Klasse 55 mm; 3. Klasse 45 mm
Band: blau mit weißen Streifen; 1. Klasse: mit einem 5 mm breiten Mittelstreifen; 2. Klasse: mit zwei je 3 mm breiten Randstreifen; 3. Klasse: mit einem Mittel- und zwei je 2 mm breiten Randstreifen
Nach Sbornik, S. 65 f.
Gestalter: A. S. Pastschenko

Der Bogdan-Chmelnizki-Orden ist ein relativ selten verliehener Orden, der am 10. Oktober 1943 in drei Klassen gestiftet wurde. Er wurde an Angehörige der Sowjetarmee und der Seekriegsflotte der UdSSR sowie an Kommandeure und Angehörige von Partisanenabteilungen verliehen, die sich im Kampf gegen die faschistischen Eindringlinge besonders ausgezeichnet hatten. Der Orden trägt den Namen eines bedeutenden ukrainischen Staatsmannes und Feldherrn des 17. Jahrhunderts. Mit der Stiftung des Ordens wurden auch das Statut und die Beschreibung bestätigt. Diese Bestimmungen wurden am 26. Februar 1947 noch einmal geändert.

Die Zeit der Stiftung des Ordens war dadurch gekennzeichnet, daß die sowjetischen Streitkräfte – insbesondere durch die Siege in der Stalingrader Schlacht 1942/43 und in der Kursker Schlacht im Sommer 1943 – die Wende im Großen Vaterländischen Krieg bereits erzwungen hatten. Die Smolensker Operation und die Operation von Noworossisk – Taman waren abgeschlossen, die Schlacht um den Kaukasus zugunsten der Verteidiger entschieden. Heiß umkämpft wurden der Dnjepr und Kiew. Die vollständige Befreiung der Ukraine war nahe. Immer stärker entwickelte sich auch die Partisanenbewegung im Rücken des Gegners. Im Spätsommer und im Herbst 1943 wurden heute schon legendären Partisanenaktionen «Schienenkrieg» und «Konzert» durchgeführt, bei denen faschistische Eisenbahntransportwege zerstört wurden. Organisiertheit und Umfang des Partisanenkampfes erreichten eine neue Stufe, er band beträchtliche militärische Kräfte des Gegners.

Bogdan Chmelnizki (1595 – 1657) war ein ukrainischer Kosakenhetman, der dem niederen Adel entstammte. Nach seiner Wahl zum Hetman 1648 wurde er zum Führer des ukrainischen nationalen Befreiungskampfes gegen die polnische Herrschaft. Er erfocht mehrere Siege gegen polnische Heere und betrieb eine kluge Bündnispolitik. Die endgültige Entscheidung des Kampfes wurde durch die Vereinigung der Ukraine mit Rußland herbeigeführt. Chmelnizki genießt in der Ukraine wie in Rußland große Verehrung.

Mit dem Bogdan-Chmelnizki-Orden können Kommandeure und Kämpfer der Roten Armee und der sowjetischen Seekriegsflotte, Führer von Partisanenabteilungen und Partisanen ausgezeichnet werden, die besondere Entschlossenheit und Klugheit in den Operationen zur Zerschlagung des Gegners, ein hohes Maß an Patriotismus, Tapferkeit und Selbstlosigkeit im Kampf zeigen. Die Auszeichnung mit dem Bogdan-Chmelnizki-Orden erfolgt auf Erlaß des Präsidiums des Obersten Sowjets der UdSSR.

Mit dem Bogdan-Chmelnizki-Orden 1. Klasse können ausgezeichnet werden Befehlshaber von Fronten, Flotten, Armeen und Flottillen, ihre Stellvertreter, Stabschefs, Chefs der Operativabteilungen, die Chefs der Waffengattungen der Fronten, Flotten, Armeen und Flottillen sowie die Kommandeure der Verbände von Partisanenabteilungen für erfolgreiche Operationen unter Anwendung geschickter Manöver, wobei ein Bezirk, eine Stadt oder eine bedeutende Ortschaft vom Gegner befreit und ihm beträchtliche Verluste an Kräften und Mitteln beigebracht werden; für eine von einem Partisanenverband durchgeführte Operation, bei der der Stab gegnerischer Truppen vernichtet wird; für die Einnahme einer militärischen Basis, die Vernichtung großer Transporte von Kräften und Mitteln des Gegners; für eine geschickte, gemeinsam mit Truppenteilen der Roten Armee durchgeführte Operation, wobei beträchtliche Teile sowjetischen Territoriums befreit werden.

Der Bogdan-Chmelnizki-Orden 2. Klasse kann verliehen werden an Kommandeure von Armeekorps, Divisionen, Brigaden und Regimentern, deren Stellvertreter und Stabschefs, die Kommandeure von Partisanenverbänden, deren Stellvertreter und Stabschefs sowie die Kommandeure von Partisanenabteilungen für den Durchbruch eines befestigten Verteidigungsstreifens des Gegners; für eine erfolgreiche Operation zur Forcierung eines Wasserhindernisses; für einen tiefen Stoß in den Rücken des Gegners, wodurch die Verbindungswege des Gegners unterbrochen werden und in seinen rückwärtigen Versorgungsbasen beträchtlicher Schaden angerichtet wird; für eine durch eine Partisanenabteilung geschickt organisierte und durchgeführte Operation, wobei ein Stützpunkt oder eine Garnison des Gegners zerschlagen oder zerstört wird; für die Befreiung von Sowjetbürgern, die vom Gegner zur Zwangsarbeit vertrieben wurden; für die Zerstörung von Verbindungswegen, Nachrichtenverbindungen und Transporten des Gegners.

Der Bogdan-Chmelnizki-Orden 3. Klasse kann verliehen werden an Soldaten, Unteroffiziere, Stabsfeldwebel und Offiziere bis Bataillonskommandeur und Gleichgestellte, an Kommandeure von Partisanenabteilungen und -einheiten sowie an Partisanen für Initiative und Entschlossenheit bei der Führung von Einheiten im Gefecht, bei der Einnahme einer Ortschaft oder eines wichtigen Abschnittes; für Kühnheit und Findigkeit, die Kommandeure einer Partisanenabteilung bei der Sicherstellung einer Gefechtshandlung beweisen, wobei dem Gegner schwere Verluste beigebracht und seine militärischen Maßnahmen vereitelt werden; für Initiative, Mut und Hartnäckigkeit bei der Erfüllung einer Gefechtsaufgabe, die den Erfolg der

Operation einer Partisaneneinheit oder -abteilung ermöglicht.

Bereits wenige Tage nach der Stiftung des Bogdan-Chmelnizki-Ordens wurden die ersten Verleihungen vorgenommen. So wurde am 26. Oktober 1943 Generalmajor A. I. Danilow mit dem Orden 1. Klasse geehrt, das Ordenszeichen trug die Nr. 1. Einige weitere Ordensträger sind Generaloberst A. A. Gretschko, die Generalleutnante N. A. Gagen, F. F. Shmatschenko, M. E. Katukow und N. P. Puchow. Zweifache Träger des Ordens 1. Klasse sind u. a. die Generale W. K. Baranow, N. A. Borsow, I. I. Bulytschew und F. F. Shmatschenko.

Die ersten Verleihungen mit dem Orden 2. Klasse erfolgten ebenfalls im Oktober 1943. Zweimal mit dem Orden dieser Klasse ausgezeichnet wurden u. a. die Offiziere W. S. Bisjarin, L. S. Gudkow, W. K. Shidkow, P. M. Sorkin, P. I. Kusnezow und G. A. Kurnosow.

Insgesamt wurden mit dem Bogdan-Chmelnizki-Orden in der 1. Klasse mehr als 320, in der 2. Klasse etwa 2400 und in der 3. Klasse mehr als 5700 Kämpfer ausgezeichnet. Für den erfolgreichen Kampf gegen die faschistischen Eindringlinge wurden mehr als 1000 Truppenteile und Verbände mit dem Orden geehrt.

Tafeln XI, Abb. 1, 2, 3, XXII, Abb. 16–18

Der Alexander-Newski-Orden
Орден Александра Невского/
Orden Aleksandra Nevskogo

Das Ordenszeichen ist ein gewölbter Stern mit aufgelegtem Medaillon; die Räume zwischen den Strahlen sind mit Strahlenbündeln gefüllt.

Das Medaillon in Form eines Schildes von 27 mm Durchmesser zeigt den behelmten Kopf Newskis (nach links gewandt), der von der Umschrift АЛЕКСАНДР НЕВСКИЙ (Aleksandr Nevskij) und von einem Ring, dem Rand des Schildes, umgeben ist; das Medail-

lon ist beidseitig von Lorbeerzweigen flankiert; auf deren Schnittpunkt liegt ein Wappenschild mit Hammer und Sichel auf, darunter kreuzen sich Schwert, Lanze, Bogen sowie ein Köcher mit Pfeilen; die Strahlen des Sterns sind rot emailliert; die Strahlenbündel weisen keulenförmige Elemente auf, im oberen Teil sind diesen zwei Streitäxte aufgelegt
Silber, teilweise vergoldet
Maß zwischen zwei gegenüberliegenden Strahlen des Sterns: 50 mm
Tragespange (bis Juni 1943): rechteckig, rahmenförmig, mit rotem Band bezogen
Band: hellblau mit einem 5 mm breiten roten Mittelstreifen
Nach Sbornik, S. 58 f.
Gestalter: I. S. Teljatnikow

Der Alexander-Newski-Orden ist eine Auszeichnung für Persönlichkeiten des Kommandeursbestandes der Sowjetarmee. Er wurde am 29. Juli 1942 gestiftet und trägt den Namen eines Helden des alten Rußlands. Mit der Stiftung des Ordens wurden auch das Statut und die Beschreibung bestätigt. Das Statut wurde am 10. November 1942 ergänzt, die Beschreibung des Ordens am 19. Juni 1943 teilweise abgeändert.

Der Orden wurde am selben Tag wie der Suworow- und der Kutusow-Orden 1. und 2. Klasse gestiftet. Der Alexander-Newski-Orden war der rangniedrigste Orden unter den genannten und diente der differenzierten Würdigung von Verdiensten der Kommandeure der Roten Armee.

Alexander Newski (1220 – 1263) war ein weitblickender Staatsmann und erfolgreicher Heerführer, dessen Wirken dem alten Rußland Macht und Ansehen verschaffte. Als Fürst von Nowgorod (1236 – 1251) und Großfürst von Wladimir (1252 – 1263) widersetzte er sich erfolgreich den Angriffen der schwedischen und deutschen Ritter auf Nordwestrußland. 1240 schlug er in der Schlacht an der Newa – daher der Beiname Newski – die Schweden, 1242 auf dem Eise des Peipussees das Heer des deutschen Schwertbrüderordens. Alexander paktierte mit den Tataren und verhinderte so ihren Einfall in die Rus. Er festigte die großfürstliche Zentralgewalt. Als Feldherr verstand er es, die sich entwickelnden Möglichkeiten des Kampfes schöpferisch zu nutzen, strebte nach Überraschung und Tempo im Angriff, berücksichtigte die Besonderheiten der Kräfte und Mittel sowie die Stärken und Schwächen beider Kampfparteien. Er war bestrebt, den Gegner Teil für Teil zu schlagen, um so den Sieg zu erringen. Bereits 1725 wurde in Rußland ein Alexander-Newski-Orden geschaffen, der dritthöchste des Landes, der zur Auszeichnung ausschließlich der Generalität diente. Er erlosch 1917.

Der einklassige Alexander-Newski-Orden der UdSSR dient zur Auszeichnung des Kommandeursbestandes der Sowjetarmee für hervorragende Verdienste bei der Organisation und Führung von Kampfhandlungen und dabei erreichten Erfolgen im Kampf für die Heimat, für dabei bewiesene Tapferkeit, Kühnheit und geschickte Führungstätigkeit bei erfolgreichen Gefechtshandlungen der eigenen Truppe. Der Alexander-Newski-Orden wird verliehen an Divisions-, Brigade-, Regiments- und Bataillonskommandeure sowie an Kompaniechefs und Zugführer für Initiative bei der Wahl des Zeitpunktes für einen überraschenden, kühnen Angriff auf den Gegner, wobei diesem beträchtliche Verluste zugefügt werden, die eigenen Verluste jedoch gering sind; für die Erfüllung einer Gefechtsaufgabe; für die ständige und exakte Organisation des Zusammenwirkens der Waffengattungen und die Vernichtung überlegener Kräfte des Gegners; für die Führung einer Abteilung oder eines Truppenteils der Artillerie bei der Bekämpfung der an Kräften überlegenen gegnerischen Artillerie oder bei der Vernichtung von Feuerpunkten des Gegners, die das Vorrücken der eigenen Truppe behindern, bei der Zerstörung einer Gruppe von Bunkern oder der Abwehr des Angriffs eines Panzerverbandes, dem schwere Verluste beigebracht werden; für die Führung einer Panzereinheit oder eines -truppenteils in einer Gefechtshandlung, bei der dem Gegner große Verluste an Kräften und Mitteln beigebracht werden und die eigenen Mittel vollständig erhalten bleiben; für die Führung einer Einheit oder eines Truppenteils der Luftstreitkräfte, bei deren Gefechtsflügen dem Gegner ständig schwere Verluste zugefügt werden, die eigenen Flugzeuge jedoch ohne Verluste zurückkehren; für zielstrebige Handlungen und Initiative bei der Zerstörung von Pionieranlagen des Gegners und die Sicherung des erfolgreichen Angriffs der eigenen Kräfte; für die Gewährleistung ununterbrochener Verbindungen, die den Erfolg umfangreicher Gefechtshandlungen sichern; für die geschickte und zielstrebige Erfüllung einer Landungsoperation bei geringen eigenen und beträchtlichen gegnerischen Verlusten, wodurch der Erfolg einer allgemeinen Gefechtsaufgabe gesichert wird.

Der erste, der mit dem Alexander-Newski-Orden ausgezeichnet wurde, war der Kommandeur eines Bataillons der Marineinfanterie, Oberleutnant I. N. Ruban. Mit seiner Einheit wehrte er den Angriff eines durch Panzer verstärkten Regiments der faschistischen Wehrmacht ab.

Insgesamt wurde der Alexander-Newski-Orden mehr als 42 000mal vergeben, davon mehr als 1470mal an Verbände und Truppenteile der Sowjetarmee und der Seekriegsflotte.

Tafeln X, Abb. 4, 5, XXII, Abb. 19

Der Orden des Vaterländischen Krieges
Орден Отечественной войны/ Orden Otečestvennoj vojny

Das Ordenszeichen ist ein gewölbter Stern mit aufgelegtem Medaillon; die Räume zwischen den Strahlen des Sterns sind mit Strahlenbündeln gefüllt.
Das Medaillon von 24 mm Durchmesser zeigt im rot emaillierten Zentrum Hammer und Sichel (aufgelegt); in einem weiß emaillierten Ring, der das Zentrum umschließt, befinden sich die Umschrift ОТЕЧЕСТВЕННАЯ ВОЙНА (Otečestvennaja vojna/Vaterländischer Krieg) sowie ein Stern; unter dem Medaillon kreuzen sich Säbel und Gewehr, von denen Gefäß und Klingenspitze sowie Schaft, Mündung und Bajonett sichtbar sind; die Strahlen des Sterns sind rot emailliert; zwischen ihnen befinden sich Strahlenbündel des gebrochenen Typs
1. Klasse: Gold; 2. Klasse: Gold (Hammer und Sichel) und Silber (Stern und Medaillon)
Maß zwischen zwei gegenüberliegenden Strahlen des Sterns: 45 mm
Tragespange (bis Juni 1943): rechteckig, rahmenförmig, mit rotem Band bezogen
Band: bordeauxrot mit roten Streifen; 1. Klasse: mit einem 5 mm breiten Mittelstreifen; 2. Klasse: mit zwei je 2 mm breiten Randstreifen
Nach Sbornik, S. 70f.
Gestalter: A. I. Kusnezow

Der Orden des Vaterländischen Krieges war der erste Orden, den die Sowjetunion im zweiten Weltkrieg

gestiftet hat (20. Mai 1942). Er ist eine außerordentlich populäre sowjetische Auszeichnung. Neben dem Siegesorden ist er in besonderem Maße Symbol für die beispiellosen Erfolge der sowjetischen Streitkräfte im Großen Vaterländischen Krieg. Mit der Stiftung des Ordens in zwei Klassen wurden auch das Statut und die Beschreibung bestätigt. Die Beschreibung des Ordens wurde am 19. Juni 1943 und das Statut am 16. Dezember 1947 verändert. Die Praxis, auch Zivilpersonen zur Auszeichnung mit diesem Orden vorzuschlagen, wurde am 15. Oktober 1947 abgeschafft.

Das Statut dieses Ordens ist im Vergleich zu dem anderer sowjetischer Orden sehr umfangreich und weist zahlreiche Einzelbestimmungen auf, die im folgenden nur zusammenfassend oder anhand von Beispielen wiedergegeben werden können. So ist festgelegt, daß mit dem Orden des Vaterländischen Krieges sowohl Soldaten und Unteroffiziere als auch Kommandeure der Roten Armee, der Seekriegsflotte, des Volkskommissariats des Innern und der Partisanenabteilungen ausgezeichnet werden können, die im Kampf Tapferkeit und Ausdauer bewiesen sowie durch ihre Taten den Erfolg der Truppe bei Gefechtshandlungen ermöglicht haben. Die Auszeichnung mit dem Orden erfolgt auf Erlaß des Präsidiums des Obersten Sowjets der UdSSR.

Mit dem Orden des Vaterländischen Krieges kann ausgezeichnet werden, wer ein besonders wichtiges Objekt im Hinterland des Gegners zerstört oder vernichtet hat, in einer Flugzeugbesatzung bei der Lösung einer Gefechtsaufgabe tapfer seine Pflicht erfüllt hat, für die der Navigator oder der Flugzeugführer mit dem Lenin-Orden geehrt wurden; im Luftkampf als Angehöriger der Besatzung 4 schwere Bombenflugzeuge, 5 Fern- oder 7 Nahbombenflugzeuge, 3 Schlacht- oder 3 Jagdflugzeuge abgeschossen hat; als Besatzungsmitglied zwischen 15 und 60 Gefechtsflüge absolviert hat (je nach Kategorie der Fliegerkräfte); eine exakte und pausenlose Führung von Truppenteilen der Luftstreitkräfte sowie eine exakte und planmäßige Arbeit des Stabes organisiert hat; nach einer Notlandung auf gegnerischem Territorium ein beschädigtes Flugzeug repariert und damit einen neuen Start gewährleistet hat; persönlich 2 schwere oder mittlere oder 3 leichte Panzer vernichtet hat; durch Artilleriefeuer nicht weniger als 3 gegnerische Flugzeuge vernichtet hat usw.

Die Festlegungen für die Verleihung des Ordens des Vaterländischen Krieges 2. Klasse sind genauso konkret, differenziert und vielgestaltig; sie unterscheiden sich von denen der 1. Klasse vor allem durch eine geringfügige Variierung der Bedingungen sowie durch die Festsetzung etwas niedrigerer Anzahlen der Gefechtsflüge, der zu vernichtenden Flugzeuge oder Panzer. Es ist überdies festgelegt, daß der Orden des Vaterländischen Krieges für neue Taten auch mehrmals verliehen werden kann.

Das Ordenszeichen der 1. Klasse mit der Nummer 1 erhielt postum für im Kampf bewiesenen Heldenmut der Oberpolitleiter W. P. Konjuchow. Der Orden und das Verleihungsdokument wurden gemäß Statut der Familie des Helden übergeben.

Zu den ersten Trägern des Ordens gehören die Artilleristen der Abteilung des Hauptmanns I. I. Krikli. Die Angehörigen der Abteilung vernichteten in zwei Tage während pausenlosen Kämpfen im Gebiet Charkow insgesamt 32 feindliche Panzer, der Kommandeur allein 5. Bei den Kämpfen schwer verwundet, erlag er bald darauf im Lazarett seinen Verletzungen. Gemäß Erlaß vom 2. Juni 1942 wurde Hauptmann Krikli mit dem Orden des Vaterländischen Krieges 1. Klasse geehrt. Mit ihm gemeinsam ausgezeichnet wurden der Unterpolitleiter I. K. Stazenko und der Oberfeldwebel A. W. Smirnow.

Unter den ersten, die mit dem Orden 2. Klasse ausgezeichnet wurden, befanden sich ebenfalls sowjetische Artilleristen, die in der Charkower Richtung eingesetzt waren, so die Feldwebel S. T. Sharko, M. G. Nemfira und P. W. Nesterenko sowie die Soldaten N. I. Grigorjew, A. I. Kulinez und I. P. Petrosch.

Zu den Angehörigen der Luftstreitkräfte, die mit dem Orden 1. und 2. Klasse – auch mehrmals – ausgezeichnet wurden, gehören die berühmten Jagdflieger und Kommandeure, die dreifachen Helden der Sowjetunion A. I. Pokryschkin und I. N. Koshedub ebenso wie die Fliegerinnen und Heldinnen der Sowjetunion N. Shigulenko, M. Tschetschnewa und N. Popowa.

Auch eine beträchtliche Anzahl internationalistischer Kämpfer, unter ihnen zahlreiche Deutsche, wurden für ihr verdienstvolles Wirken und ihren Kampf in den Reihen der Sowjetarmee, in der Partisanenbewegung oder im Nationalkomitee «Freies Deutschland» mit dem Orden des Vaterländischen Krieges

1. oder 2. Klasse geehrt. Dazu gehören die Kommunisten und Antifaschisten Heinz Hoffmann und Erich Mielke, Friedrich Dickel und Heinz Keßler, Konrad Wolf und Herbert Grünstein, Hanna Wolf und Eleonore Staimer, Josef Schütz und Paul Ludes – Persönlichkeiten, die später maßgeblich dazu beitrugen, die Deutsche Demokratische Republik zu schaffen, zu stärken und zu verteidigen.

Insgesamt wurde der Orden des Vaterländischen Krieges in der 1. Klasse etwa 350 000mal und in der 2. Klasse 1 028 000mal verliehen.
Tafeln XII, XXII, Abb. 20, 21

Der Orden des Roten Sterns
Орден Красной Звезды/Orden Krasnoj Zvezdy

Das Ordenszeichen ist ein gewölbter Stern mit aufgelegtem Medaillon.
Das hufeisenförmige Medaillon von 22 mm Höhe und Breite zeigt in der Mitte die Darstellung eines ausschreitenden Soldaten, der ein Gewehr in Kampfposition in den Händen hält; im oberen Teil eines Ringes befindet sich die Umschrift ПРОЛЕТАРИИ ВСЕХ СТРАН, СОЕДИНЯЙТЕСЬ! (Proletarii vsech stran, soedinjajtes!/Proletarier aller Länder, vereinigt euch!), im unteren Teil sind die Buchstaben CCCP (SSSR/UdSSR) angeordnet; der Stern ist rot emailliert; in seine Umrandung sind unten Hammer und Sichel einbezogen
Silber
Maß zwischen zwei gegenüberliegenden Strahlen: 47,5 mm
Band: bordeauxrot mit einem 5 mm breiten grauen Mittelstreifen
Nach Sbornik, S. 72
Gestalter: W. K. Kuprijanow und W. W. Golenezki

Der Orden des Roten Sterns wurde am 6. April 1930 in einer Klasse gestiftet. Er wurde vor allem während des Großen Vaterländischen Krieges in großer Anzahl verliehen, an Soldaten und Matrosen ebenso wie an Generale und Admirale. Das Statut wurde am 5. Mai 1930 bestätigt. Im weiteren wurden Verleihungsfragen des Ordens durch die Allgemeine Verordnung über die Orden der UdSSR, angenommen am

7. Mai 1936, präzisiert. Weitere Veränderungen wurden am 19. Juni 1943, am 26. Februar 1946 sowie am 15. Oktober und am 16. Dezember 1947 eingeführt. Am 28. März 1980 wurde das Statut des Ordens in der heutigen Fassung bestätigt.

Der Orden wurde – zugleich mit dem Lenin-Orden – in einer Periode des gewaltigen politischen, wirtschaftlichen, wissenschaftlichen, kulturellen und sozialen Aufschwungs in der UdSSR geschaffen. Der GOELRO-Plan war erfüllt, der erste Fünfjahrplan wurde in Angriff genommen. Die Stärkung der Streitkräfte und zahlreiche außenpolitische Aktivitäten zur Friedenssicherung waren darauf gerichtet, die Revolution wirksam zu schützen.

Mit dem Orden werden große Verdienste bei der Verteidigung der UdSSR und ihrer staatlichen Sicherheit im Krieg wie im Frieden gewürdigt. Damit können Angehörige der Sowjetarmee und der Seekriegsflotte, der Grenztruppen und der Inneren Truppen sowie Mitarbeiter des Komitees für Staatssicherheit und des Ministeriums des Innern, Truppenteile, Schiffe und Verbände, Betriebe, Institutionen und Organisationen ausgezeichnet werden. Der Orden kann auch Armeeangehörigen anderer Staaten verliehen werden.

Die Auszeichnung mit dem Orden erfolgt für Tapferkeit im Kampf, für ausgezeichnete Organisation und geschickte Führung von Gefechtshandlungen, die zum Erfolg der eigenen Truppen beitragen; für Gefechtshandlungen von Truppenteilen und Verbänden, bei denen dem Gegner beträchtliche Verluste beigebracht wurden; für Verdienste bei der Wahrung der staatlichen Sicherheit und der Unantastbarkeit der Staatsgrenzen der UdSSR; für die tapfere Erfüllung der militärischen oder dienstlichen Pflicht unter Lebensgefahr; für die vorbildliche Erfüllung von Sonderaufträgen des Oberkommandos und andere Heldentaten, die unter Friedensbedingungen vollbracht werden; für große Verdienste bei der Aufrechterhaltung einer hohen Gefechtsbereitschaft der Truppen sowie für ausgezeichnete Ergebnisse in der politischen und Gefechtsausbildung; für den Einsatz neuer Kampftechnik und andere Verdienste bei der Stärkung der Verteidigungskraft der UdSSR; für Verdienste bei der Entwicklung der Militärwissenschaft und -technik sowie bei der Ausbildung von Kadern für die Streitkräfte der UdSSR; für Verdienste bei der Stärkung der Verteidigungskraft der Staaten der sozialistischen Gemeinschaft.

Der erste Träger des Ordens des Roten Sterns war der bedeutende Feldherr und spätere Marschall der Sowjetunion W. K. Blücher. Die Auszeichnung erhielt er 1930 für die glänzend ausgeführte Operation bei den Kämpfen an der Ostchinesischen Eisenbahn im Jahre 1929.

Eines der ersten Kollektive, das mit dem Orden geehrt wurde, war die Redaktion der Armeezeitung «Krasnaja Swesda», die im Dezember 1933 für Erfolge bei der Gewährleistung der politischen und Gefechtsausbildung der Roten Armee ausgezeichnet wurde. Bis zum Beginn des Großen Vaterländischen Krieges im Jahre 1941 wurde der Orden des Roten Sterns mehr als 21 500mal verliehen. Zu den Geehrten gehören die Kämpfer am Chassansee und am Chalchin gol ebenso wie verdienstvolle Forscher, Flieger, Expeditionsteilnehmer, die unter Einsatz ihres Lebens Aufträge der sozialistischen Heimat ausgeführt haben.

Im Großen Vaterländischen Krieg der Sowjetunion wurde der Orden des Roten Sterns mehr als 2 860 000mal verliehen und war damit der am häufigsten erteilte sowjetische Kriegsorden. Er schmückt die Uniformen von Kämpfern aller Dienstgrade und Dienststellungen, aller Teilstreitkräfte, Waffengattungen und Dienste, aller Fronten und Kampfabschnitte. Unter denen, die ihn für Verdienste und Heldentum – häufig mehrmals – erhielten, befinden sich auch der Verteidiger von Stalingrad I. I. Korolkow, Mitglied einer Panzerbesatzung; der Verteidiger des Kaukasus, Held der Sowjetunion A. I. Migal; der Aufklärer A. Paschin, dreifacher Träger des «Roten Sterns»; die Komsomolzin W. Miljunas, die sich bei der Befreiung Lettlands auszeichnete; der Unterleutnant G. Polischtschuk, der mit seinem Geschütz acht feindliche Flugzeuge abschoß; die Heldin der Sowjetunion J. Shigulenko, Fliegerin des 46. Gardefliegergeschwaders «Taman», erhielt den Orden zweimal; der Kommandeur der ersten reaktiven Werferbatterie Hauptmann I. A. Flerow; der Stellvertreter des Regimentskommandeurs für Politische Arbeit Oberst Putrin; die Divisionskommandeure Generalmajor W. M. Schatilow und Oberst A. I. Negoda.

Auch zahlreiche internationalistische Kämpfer – unter ihnen viele deutsche – wurden mit dem «Roten

Stern» ausgezeichnet. Anläßlich des 40. Jahrestages der Großen Sozialistischen Oktoberrevolution erhielten 15, anläßlich des 50. Oktoberjubiläums 33 und am 25. Jahrestag des Sieges der Sowjetunion im Großen Vaterländischen Krieg fünf DDR-Bürger den Orden. Unter den Geehrten befinden sich auch die Mitarbeiterin des Kundschafters Richard Sorge, Anna Christiansen-Clausen, und die Widerstandskämpferin der Schulze-Boysen/Harnack-Organisation, Oda Schottmüller, die postum mit diesem Orden geehrt wurde.

Bis Anfang der 80er Jahre wurden mehr als 3 900 000 Auszeichnungen mit dem Orden des Roten Sterns registriert. Auch eine große Anzahl von Truppenteilen und Verbänden der Sowjetarmee und der Seekriegsflotte wurden mit dem Orden geehrt.
Tafeln XIII, Abb. 1, XXII, Abb. 22

Der Orden
«Für den Dienst am Vaterland
in den Streitkräften der UdSSR»
Орден «За службу Родине в Вооруженных Силах СССР»/
Orden «Za službu Rodine v Vooružennych Silach SSSR»

Das Ordenszeichen besteht aus einem zusammengesetzten gewölbten achtstrahligen Stern mit aufgelegtem Medaillon, Anker, Schwingen und Raketen.

Das Zentrum des Medaillons von 25 mm Durchmesser wird von einem goldenen Stern beherrscht, Symbol für die Landstreitkräfte der Sowjetarmee; dieser Stern im emaillierten bzw. getönten Feld ist unterlegt mit einem Eichenkranz; ein weiß emaillierter Ring, der das zentrale Motiv umschließt, enthält die Umschrift ЗА СЛУЖБУ РОДИНЕ В ВС СССР (Za službu Rodine v VS SSSR/Für den Dienst am Vaterland in den Streitkräften [abgekürzt] der UdSSR) sowie Hammer und Sichel; unter dem Medaillon ragen stilisierte Schwingen – Symbol für die Luftstreitkräfte – und die Enden eines

Ankers – Symbol für die Seekriegsflotte – hervor; diese Elemente sind einem vierstrahligen Stern mit nach innen gebogenen Seiten aufgelegt, dessen Oberfläche Strahlenstruktur aufweist; dem ist ein zweiter, blau emaillierter vierstrahliger Stern. unterlegt, dessen Seiten gleichfalls nach innen gebogen sind und in dessen Strahlen die Spitzen und Enden zweier gekreuzter Raketen hineinragen
1. und 2.. Klasse: Silber, teilweise vergoldet; 3. Klasse: Silber
Maße zwischen zwei gegenüberliegenden Strahlen des emaillierten Sterns: 65 mm; des Strahlensterns: 58 mm
Band: hellblau mit gelben Streifen; 1. Klasse: mit einem 6 mm breiten Mittelstreifen; 2. Klasse: mit zwei je 3 mm breiten Streifen, in 3 mm Abstand voneinander in der Mitte angeordnet; 3. Klasse: mit drei je 2 mm breiten, im Abstand von je 1,5 mm in der Mitte angeordneten Streifen
Nach Sbornik, S. 73 ff.
Gestalter: L. D. Pilipenko

Der Orden «Für den Dienst am Vaterland in den Streitkräften der UdSSR» ist der einzige Militärorden, der in der Sowjetunion nach dem zweiten Weltkrieg gestiftet wurde (28. Oktober 1974). Er wird in relativ geringer Zahl für militärische Verdienste verliehen. Mit der Stiftung des Ordens in drei Klassen wurden auch das Statut und die Beschreibung bestätigt.

Der Orden wurde also fast 30 Jahre nach dem Ende des Großen Vaterländischen Krieges geschaffen, in einer Zeit dynamischen Fortschreitens der Sowjetgesellschaft in allen Lebensbereichen. Auch in der Zusammenarbeit mit den sozialistischen Bruderländern sowie auf zahlreichen anderen Gebieten der Außen- und Sicherheitspolitik konnte die Sowjetunion bemerkenswerte Erfolge erringen. Angesichts der Bedrohung des Landes durch den Imperialismus mußten aber auch die Verteidigungsanstrengungen auf dem jeweils erforderlichen hohen Niveau gehalten werden. Die Angehörigen der Streitkräfte verrichteten unter Friedensbedingungen selbstlos und opferbereit ihren anstrengenden Dienst – oft fern der Heimat und mit großen Entbehrungen verbunden. Ihre Beharrlichkeit und ihre Taten verdienten hohe Anerkennung.

Mit dem Orden «Für den Dienst am Vaterland in den Streitkräften der UdSSR» können Angehörige der Sowjetarmee und der Seekriegsflotte, der Grenztruppen und der Inneren Truppen ausgezeichnet werden. Der Orden wird zuerkannt für Erfolge in der politischen und Gefechtsausbildung, für die Förderung einer hohen Gefechtsbereitschaft der Truppen und die Meisterung neuer Kampftechnik; für besonders beispielgebende Dienstverrichtung; für die erfolgreiche Erfüllung von Sonderaufträgen des Oberkommandos;

für Tapferkeit und Selbstlosigkeit bei der Erfüllung der militärischen Pflicht; für andere Verdienste gegenüber dem Vaterland während der Dienstzeit in den Streitkräften der UdSSR.

Wie beim Ruhmesorden ist hier verfügt, daß zuerst die 3., danach die 2. und erst dann die 1. Klasse verliehen wird.

Im Statut sind eine Reihe von Rechten der mit dem Orden Ausgezeichneten verbrieft – vom Anspruch auf Wohnraum in der ersten Kategorie bis zur kostenlosen Benutzung städtischer Nahverkehrsmittel, vom kostenlosen Aufenthalt in einem Sanatorium bis zur Erhöhung der Rente um 15 Prozent.

Der Orden wurde erstmals in der 3. Klasse am Vorabend des Tages der Sowjetarmee und der Seekriegsflotte, am 17. Februar 1975, verliehen. Ausgezeichnet wurde eine Gruppe von Angehörigen der Armee und Flotte, die besondere Erfolge in der politischen und Gefechtsausbildung sowie beim Einsatz neuer komplizierter Kampftechnik erreicht hatte.

Am Vorabend des 30. Jahrestages des Sieges, am 8. Mai 1979, wurden zahlreiche Angehörige der Streitkräfte mit dem Orden geehrt, die einen bedeutenden Beitrag zur erfolgreichen politischen und Gefechtsausbildung geleistet, und Veteranen des zweiten Weltkrieges, die auch nach 1945 in den Reihen der Sowjetarmee und der Seekriegsflotte gedient hatten. Zu diesen Ausgezeichneten gehören sowohl leitende Mitarbeiter des Ministeriums für Verteidigung der UdSSR wie auch die berühmten Heerführer des Großen Vaterländischen Krieges, die Marschälle der Sowjetunion I. Ch. Bagramjan, A. M. Wassilewski, I. I. Jakubowski, W. G. Kulikow, P. F. Batizki, K. S. Moskalenko, N. W. Ogarkow und F. I. Golikow, der Flottenadmiral der Sowjetunion S. G. Gorschkow, die Armeegenerale A. A. Jepischew, S. L. Sokolow, I. G. Pawlowksi, S. K. Kurkotkin, A. T. Altunin, P. I. Batow, A. S. Shadow, S. P. Iwanow, D. D. Leljuschenko, A. A. Lutschinski, W. F. Margelow, I. I. Fedjuninski und S. P. Wasjagin, die Marschälle der Fliegerkräfte S. A. Krassowski und A. I. Pokryschkin, der Hauptmarschall der Panzertruppen P. A. Rotmistrow, die Marschälle der Panzertruppen M. E. Katukow und P. P. Polubojarow. Bis Anfang 1981 wurden mit dem Orden «Für den Dienst am Vaterland in den Streitkräften der UdSSR» 3. Klasse nahezu 50 000 Persönlichkeiten geehrt.

Anläßlich des 60. Jahrestages der Sowjetarmee und der Seekriegsflotte der UdSSR im Februar 1978 wurden etwa 150 hervorragende Kommandeure von Verbänden und Truppenteilen sowie Politarbeiter der sowjetischen Streitkräfte mit dem Orden 2. Klasse ausgezeichnet. Der erste Träger des Ordens dieser Klasse war Generalleutnant I. W. Winogradow, ausgezeichnet am 30. Juli 1976 anläßlich seines 70. Geburtstages für seine bedeutenden militärischen Verdienste. Winogradow war geraume Zeit Militärattaché der UdSSR in der DDR.

Als erste mit dem Orden in der 1. Klasse wurden die Generale I. G. Sawjalow, I. K. Kolodjashni und W. P. Stscherbakow sowie der Kapitän 1. Ranges W. A. Poroschin geehrt. Sie sind damit die ersten vier Träger aller drei Klassen des Ordens. *Tafeln XIV, XXII, Abb. 23–25*

Der Ruhmesorden
Орден Славы/Orden Slavy

Das Ordenszeichen besteht aus einem leicht gewölbten Stern, in dessen Mitte sich ein Medaillon befindet.
Vorderseite: Das Medaillon mit einem Durchmesser von 23 mm zeigt den Spasskiturm des Moskauer Kremls, umgeben von Lorbeerzweigen; unten, innerhalb eines Bandes befindet sich die Inschrift СЛАВА (Slava/Ruhm); Band und Stern des Spasskiturms sind rot emailliert; das Ordenszeichen ist von einem erhabenen Rand bordiert
Rückseite: In einem Kreis von 19 mm Durchmesser befindet sich die Inschrift CCCP (SSSR/UdSSR), darüber oder darunter ist die Verleihungsnummer eingraviert

106 1. Klasse: Gold; 2. Klasse: Silber, Medaillon vergoldet; 3. Klasse: Silber
Maß zwischen zwei gegenüberliegenden Strahlen: 46 mm
Tragespange: pentagonal, 50 mm hoch, 45 mm breit
Band: in allen 3 Klassen orangefarben mit drei je 4 mm breiten, im Abstand von 4 mm angeordneten schwarzen Längsstreifen und 1 mm breiten orangefarbenen Kanten
Nach Sbornik, S. 78
Gestalter: N. I. Moskalew

Der Ruhmesorden – obgleich der rangniedrigste sowjetische Militärorden – genießt in der Sowjetunion außerordentlich hohes Ansehen. Zugleich mit dem Siegesorden am 8. November 1943 in drei Klassen gestiftet, ist er vor allem den Soldaten und Unteroffizieren vorbehalten, worauf sein Beiname «Soldatenorden» zurückzuführen ist. Mit der Stiftung des Ordens wurden auch das Statut und die Beschreibung bestätigt. Das Statut wurde am 26. Februar und am 16. Dezember 1947 sowie am 8. August 1957 teilweise abgeändert.

Der Orden wurde also fast zweieinhalb Jahre nach dem Beginn des Großen Vaterländischen Krieges geschaffen, als bereits unzählige Heldentaten zum Ruhme des Vaterlandes vollbracht waren. Die Schlachten um Moskau und Stalingrad, um Kursk und Charkow und die Schlacht um den Kaukasus waren zugunsten der Verteidiger entschieden. Es galt nun, die Blockade Leningrads zu durchbrechen, die Krim zurückzuerobern und den Feind Kilometer um Kilometer aus dem Lande zu vertreiben.

Mit dem Orden können Soldaten und Unteroffiziere der Sowjetarmee und in den Luftstreitkräften auch Offiziere mit dem Dienstgrad Unterleutnant ausgezeichnet werden, sofern sie in den Kämpfen für die Sowjetheimat Ruhmestaten vollbracht haben. Die Verleihung erfolgt zunächst in der 3., dann in der 2. und schließlich in der 1. Klasse.

Die Bestimmungen des Statuts sind umfangreich und detailliert. Sie besagen, daß mit dem Orden ausgezeichnet wird, wer als erster in eine Stellung des Gegners eingebrochen ist und durch seine Kühnheit zum Gelingen der Operation beigetragen hat; in einem brennenden Panzer weiter seine Gefechtsaufgabe erfüllt hat; im Augenblick der Gefahr die Fahne des Truppenteils vor der Eroberung durch den Feind bewahrt hat; mit seiner persönlichen Waffe durch gezieltes Feuer 10 bis 50 feindliche Soldaten und Offiziere vernichtet hat; im Gefecht durch Feuer aus dem Panzerabwehrgeschütz mindestens 2 gegnerische Panzer kampfunfähig geschossen hat; auf dem Gefechtsfeld oder im Hinterland des Gegners mit Handgranaten 1 bis 3 Panzer bzw. durch Artillerie oder Maschinengewehrfeuer mindestens 3 feindliche Flugzeuge vernichtet hat; als erster in einen Bunker oder Unterstand des Gegners eingedrungen ist und durch entschlossenes Handeln die Besatzung vernichtet hat; durch eigene Aufklärungsergebnisse Schwachstellen in der gegnerischen Verteidigung festgestellt und die eigenen Truppen ins Hinterland des Feindes geführt hat; einen gegnerischen Offizier gefangengenommen hat; nachts einen gegnerischen Posten, eine Streife oder einen Spähtrupp entdeckt oder unschädlich gemacht hat; sich findig und kühn zur gegnerischen Stellung durchgearbeitet und ein Maschinengewehr oder einen Granatwerfer vernichtet hat; während eines nächtlichen Ausfalls ein Lager des Gegners mit militärischem Gerät vernichtet hat; unter Einsatz seines Lebens im Gefecht seinen Kommandeur aus einer unmittelbar drohenden Gefahr gerettet hat; im Kampf ein gegnerisches Banner erobert hat; verwundet, nach dem Verbinden auf seinen Platz in der Gefechtsordnung zurückgekehrt ist; mit seiner persönlichen Waffe ein gegnerisches Flugzeug abgeschossen hat; mit Artillerie- oder Granatwerferfeuer Feuermittel des Gegners vernichtet und damit das erfolgreiche Handeln seiner Einheit gesichert hat; unter gegnerischer Feuereinwirkung der eigenen Einheit das Überwinden einer Drahtsperre des Gegners ermöglicht hat; unter Einsatz des Lebens bei gegnerischer Feuereinwirkung Verwundeten in einer Reihe von Kämpfen Hilfe geleistet hat; in einem angeschossenen Panzer mit dessen Bewaffnung die Gefechtsaufgabe weitererfüllt hat; mit seinem Panzer in eine gegnerische Panzerkolonne eingedrungen ist, sie gesprengt und danach seine Gefechtsaufgabe weiter erfüllt hat; mit seinem Panzer ein Geschütz oder einige Geschütze überwältigt oder mindestens 2 Maschinengewehrnester vernichtet hat; als Aufklärer zahlreiche Angaben über den Gegner beschafft hat; als Flugzeugführer eines Jagdflugzeuges im Luftkampf 2 bis 4 Jagdflugzeuge oder 3 bis 6 Bombenflugzeuge abgeschossen hat; als Flugzeugführer eines Jagdbombers in einem Einsatz 2 bis 5 gegnerische Panzer oder 3 bis 6 Lokomotiven oder einen militärischen Eisenbahntransport oder mindestens 2 Flugzeuge auf einem Flugplatz zerstört oder vernichtet hat usw.

Eine ganze Anzahl weiterer Bedingungen werden für Besatzungsmitglieder von Jagdbomben- und Bombenflugzeugen verschiedener Kategorien formuliert, die für die Auszeichnung mit dem Ruhmesorden festgelegt sind. Der Orden wird auf Erlaß des Präsidiums des Obersten Sowjets der UdSSR verliehen.

Ein Abschnitt des Statuts enthält Bestimmungen für diejenigen, die mit allen drei Klassen des Ordens ausgezeichnet wurden. Zunächst ist verfügt, daß Soldaten und Unteroffiziere zum Stabsfeldwebel, Stabsfeldwebel zu Unterleutnanten und Unterleutnante der Luftstreitkräfte zu Leutnanten befördert werden. Darüber hinaus haben Träger der vollen Spange des Ruhmesordens seit dem 6. September 1967 bzw. dem 30. April 1975 eine Reihe von Vergünstigungen – von bevorzugter Versorgung mit Wohnraum und der Erhöhung der Rente bis zu Erholungs- und Sanatoriumsaufenthalten und differenzierten Freifahrtregelungen.

Die Träger des Ruhmesordens in allen drei Klassen genießen in der Sowjetgesellschaft hohe Wertschätzung und werden in einem Atemzug mit denen genannt, die mit den höchsten Ehrentiteln ausgezeichnet wurden. Als Zeugen für diese Tatsache seien die Erlasse des Präsidiums des Obersten Sowjets der UdSSR aus den Jahren 1967 und 1975 angeführt, in denen zusätzliche Vergünstigungen für Helden der Sowjetunion, Helden der Sozialistischen Arbeit und Persönlichkeiten, die mit dem Ruhmesorden in drei Klassen ausgezeichnet worden sind, festgelegt sind.

Am 13. November 1943 wurde der Vorschlag zur Auszeichnung von Oberfeldwebel W. S. Malyschew mit dem Ruhmesorden 3. Klasse unterschrieben. Während des Kampfes hatte er sich an ein feindliches Maschinengewehr, das den Angriff der Einheit behinderte, herangearbeitet und es schließlich vernichtet. Wassili Malyschew konnte später auch mit dem Ruhmesorden 2. Klasse ausgezeichnet werden. Am 22. Juli 1944 wurden die ersten Ruhmesorden 1. Klasse an den Gefreiten M. T. Pitenin und den Oberfeldwebel K. K. Schewtschenko verliehen, die damit zu den ersten «vollständigen Rittern des Ruhmesordens» wurden.

Einmalig ist die Verleihung von Ruhmesorden an alle kämpfenden Soldaten, Unteroffiziere und Hauptfeldwebel eines Bataillons der Roten Armee im Großen Vaterländischen Krieg – des 1. Bataillons des 215. Regiments der 77. Gardeschützendivision. Am 14. Januar 1945 hatte es bei der Befreiung Polens am linken Weichselufer die tiefgestaffelte Verteidigung des Gegners durchbrochen, den eingenommenen Abschnitt heldenhaft verteidigt und damit den eigenen Hauptkräften den weiteren Angriff ermöglicht. Es sei hinzugefügt, daß die Zugführer des Bataillons für den Kampf mit dem Alexander-Newski-Orden, die Kompaniechefs mit dem Rotbannerorden und der Bataillonskommandeur mit dem Titel «Held der Sowjetunion» geehrt wurden.

Insgesamt sind etwa 2500 Kämpfer mit allen drei Klassen des Ordens ausgezeichnet worden, Kämpfer aller Waffengattungen und Dienste, Menschen fast aller Nationalitäten der UdSSR. Unter ihnen befanden sich auch vier Frauen: Fliegerschütze/Funker Gardestabsfeldwebel N. A. Shurkina, MG-Schütze Feldwebel D. J. Staniliene, Sanitätsinstrukteur Stabsfeldwebel M. S. Nosdratschewa und Scharfschütze N. P. Petrowa. Über 46000 Kämpfer erhielten den Ruhmesorden in der 2. und etwa 980000 in der 3. Klasse.
Tafeln XIII, Abb. 2, 3, 4, XXII, Abb. 26–28

MEDAILLEN
FÜR MILITÄRISCHE VERDIENSTE

Von den 54 Medaillen, die zu den staatlichen Auszeichnungen der UdSSR gehören, tragen 35 militärischen Charakter, hinzu kommt eine Treuedienstmedaille für die bewaffneten Kräfte. Diese 36 Medaillen sollen im folgenden Kapitel beschrieben und abgebildet werden, und zwar im wesentlichen in der Gliederung und Reihenfolge, wie sie auch in der neuesten faleristischen Literatur der Sowjetunion zu finden ist. Danach werden thematisch und zumeist auch historisch miteinander verbundene Medaillen zusammengefaßt und in den jeweiligen Abschnitten nach ihrer Rangfolge behandelt. Drei dieser Medaillen sind in Klassen oder Stufen eingeteilt.

Die aufgeführten Medaillen wurden auf Erlaß des Präsidiums des Obersten Sowjets der UdSSR gestiftet, mit dem Erlaß wurden jeweils auch die Verordnung und die Beschreibung bestätigt – mit Ausnahme der

Treuedienstmedaille «Für einwandfreien Dienst», die auf der Grundlage eines Erlasses des Präsidiums des Obersten Sowjets in drei Bereichen der bewaffneten Organe gestiftet wurde.

Zitiert wird wiederum nach dem Handbuch der gesetzgebenden Urkunden unter der Kurzbezeichnung «Sbornik».

Alle im folgenden beschriebenen Medaillen sind rund und mit einer Öse versehen, die mittels Zwischenring an der 50 mm hohen und 45 mm breiten Tragespange befestigt werden. Die Ende der 30er Jahre gestifteten sowjetischen Medaillen wurden jedoch zunächst an rechteckigen Spangen getragen, die – bis auf einen Metallbügel – einheitlich mit rotem Band bezogen waren. Diese rechteckigen Tragespangen wurden im Juni 1943 generell durch pentagonale abgelöst. Die Interimsspangen messen 8 mm × 24 mm.

Medaille und Öse sind entweder aus einem Stück geprägt, oder die Öse ist angelötet; dieser Unterschied tritt zuweilen auch bei der gleichen Medaille auf, z.B. bei der Medaille «Für die Einnahme Berlins». Bei den Ösen handelt es sich stets um «liegende», d.h. von oben nach unten gelochte Ösen.

Die auf den Medaillen befindlichen Aufschriften werden unterschieden nach Umschriften – diese folgen dem Rand, müssen jedoch die Darstellung im Zentrum nicht vollständig umschließen – und Inschriften – das sind alle anderen vorder- oder rückseitigen Aufschriften; überdies kennt die Medaillenkunde Randschriften. Diese sind senkrecht in den Rand geprägt.

Aufschriften und Darstellungen auf den im folgenden Teil beschriebenen Medaillen sind überwiegend erhaben ausgeführt; nur wo das nicht der Fall ist – etwa bei emaillierten Inschriften der Tapferkeits- oder der Militärverdienstmedaille –, ist dies besonders angemerkt. Sind die Medaillen sternförmig ausgeführt oder werden auf den Medaillen Sterne dargestellt, so sind sie stets fünfstrahlig.

Zu jeder Medaille gehört seit Juni 1943 ein spezielles Band aus Seidenmoiré von 24 mm Breite, mit dem Trage- und Interimsspange bezogen werden. Nach dem Tode der Geehrten verbleiben die Medaillen zur Erinnerung in den Familien.

Medaillen für Verdienste beim Schutz des sozialistischen Vaterlandes und für andere militärische Verdienste

Die Medaille «Für Tapferkeit»
Медаль «За отвагу»/Medal' «Za otvagu»

Vorderseite: Im oberen Teil sind drei Flugzeuge, in der unteren Hälfte ist ein Panzer dargestellt; in der Mitte befindet sich die Inschrift ЗА / ОТВАГУ (Za otvagu/Für Tapferkeit), unten die Inschrift СССР (SSSR/UdSSR), vertieft ausgeführt und jeweils rot emailliert; Randstab
Rückseite: glatt, unten Verleihungsnummer
Silber
Durchmesser: 37 mm
Tragespange: 1938–1943 rechteckig, mit rotem Band bezogen, unten Metallbügel 24 mm hoch, 33 mm breit; seit 1943 pentagonal
Band: hellgrau, mit zwei je 2 mm breiten dunkelblauen Randstreifen
Nach Sbornik, S. 91f.
Gestalter: S. I. Dmitrijew

Die Medaille «Für Tapferkeit» war die erste sowjetische Verdienstmedaille. Sie wurde am 17. Oktober 1938 gestiftet. Besonders in den Jahren des Großen Vaterländischen Krieges wurde sie millionenfach verliehen. Die Träger der Tapferkeitsmedaille sind im Volk hoch angesehen. Mit der Stiftung der Medaille wurden auch die Verordnung und die Beschreibung bestätigt. Letztere wurde am 19. Juni 1943 und am 16. Dezember 1947 verändert. Am 28. März 1980 wurde die Verordnung zur Medaille in der heute gültigen Fassung bestätigt.

Die Medaille wird verliehen für Mut und Kühnheit beim Schutz des sozialistischen Vaterlandes und bei der Erfüllung der militärischen Pflichten an Angehörige der Sowjetarmee, der Seekriegsflotte, der Grenztruppen, der Inneren Truppen und andere Bürger der UdSSR sowie des Auslands. Die Auszeichnung mit der Medaille «Für Tapferkeit» erfolgt für tapferes Verhalten in den Kämpfen gegen die Feinde des sozialistischen Vaterlandes, beim Schutz der Staatsgrenzen der UdSSR und bei der Erfüllung der militärischen Pflichten unter Bedingungen, die ein Risiko für das eigene Leben in sich bergen.

Unter den ersten, die am 22. Oktober 1938 mit der Medaille «Für Tapferkeit» ausgezeichnet wurden, befanden sich die Grenzsoldaten N. E. Galjajew und B. F. Grigorjew. Für ihre Taten zur Gewährleistung der Unantastbarkeit der sowjetischen Staatsgrenzen sowie für ihr vorbildliches Handeln während der militärischen Auseinandersetzungen mit den japanischen Militaristen am Chalchin gol (1939) und den Weißfinnen (1939/1940) wurden etwa 26000 Soldaten mit der Tapferkeitsmedaille ausgezeichnet. Mehr als 4 Millionen Kämpfer erhielten die Medaille in den Jahren des Großen Vaterländischen Krieges – Angehörige aller Teilstreitkräfte, Waffengattungen und Dienste, insbesondere des Soldaten- und Unteroffiziersbestandes. Aber auch nach dem zweiten Weltkrieg wurden zahlreiche Angehörige militärischer Einheiten mit der Tapferkeitsmedaille geehrt, die sich bei der Abwehr bewaffneter Angriffe auf das Vaterland ausgezeichnet haben. Die Medaille wurde bis Anfang 1981 insgesamt 4,5 Millionen Mal verliehen.
Tafel XV, Abb. 1, 3

Die Uschakow-Medaille
Медаль Ушакова/Medal' Ušakova

Vorderseite: Im Zentrum ist der Kopf Uschakows in einem Perlkreis von 21 mm Durchmesser dargestellt; zwischen Perlkreis und Medaillenrand befindet sich im oberen Teil die Umschrift АДМИРАЛ УШАКОВ (Admiral Ušakov), getrennt durch einen Stern sowie im

unteren Teil durch zwei Lorbeerzweige, die in der Mitte durch ein Band zusammengehalten werden; Randstab; die Medaille ist mit einem Anker unterlegt, dessen Oberteil sowie Arme und Spitzen über den Medaillenrand hinausragen; der Ring des Ankers ist zugleich die Medaillenöse zur Verbindung mit der fünfeckigen Tragespange
Rückseite: glatt, Rückseite des Ankers
Silber
Durchmesser: 36 mm
Tragespange: pentagonal, V-förmig mit einer Ankerkette belegt
Band: hellblau mit zwei je 2 mm breiten grauen Seitenstreifen und 2 je 1,5 mm breiten dunkelblauen Randstreifen
Nach Sbornik, S. 93f.
Gestalter: Kollektiv unter Leitung von B. M. Chomitsch

Die Uschakow-Medaille wurde zugleich mit dem Uschakow-Orden am 3. März 1944 gestiftet. Die relativ sparsam verliehene Medaille dient vor allem zur Auszeichnung von Matrosen und Maaten der sowjetischen Seekriegsflotte. Mit der Stiftung der Medaille wurden auch die Verordnung und die Beschreibung bestätigt. Änderungen wurden am 26. Februar und am 16. Dezember 1947 vorgenommen. Am 28. März 1980 wurde die Verordnung zur Medaille in der heute gültigen Fassung bestätigt.

Die Medaille wird für mutiges und kühnes Verhalten beim Schutz des sozialistischen Vaterlandes auf See, im Kriege wie in Friedenszeiten verliehen. Matrosen und Soldaten, Unteroffiziere und Stabsfeldwebel, Maate, Meister und Fähnriche der Seekriegsflotte und der Flottenkräfte der Grenztruppen erhalten sie für bewiesene Tapferkeit und Kühnheit im Kampf mit

dem Gegner auf See, beim Schutz der staatlichen Seegrenzen der UdSSR, bei der Erfüllung der militärischen Aufgaben durch Schiffe und Truppenteile der
Seekriegsflotte und der Grenztruppen sowie für die
Erfüllung der militärischen Pflicht unter Bedingungen, die Gefahr für das eigene Leben mit sich bringen.

Zu den ersten, die während des Großen Vaterländischen Krieges mit der Uschakow-Medaille geehrt wurden, gehörten am 20. April 1944 in der Schwarzmeerflotte die Fähnriche S. W. Gorochow und W. P. Stepa-
nenko sowie der Stabsfeldwebel W. I. Schewbunow, am
26. Mai in der Nordflotte der Stabsfeldwebel N. W. Fa-
dejew sowie am 26. Juni der Obermatrose A. K. Afanas-
sew, die Stabsfeldwebel N. W. Beljajew und E. A. By-
tschinski. Insgesamt wurden in den Jahren 1944 und
1945 mehr als 15 000 Auszeichnungen mit der Uschakow-Medaille vorgenommen.
Tafel XVI, Abb. 1

Die Nachimow-Medaille
Медаль Нахимова/Medal' Nachimova

Vorderseite: Im Zentrum ist der Kopf Nachimows (nach links gewandt) mit Mütze dargestellt; im oberen Teil befindet sich innerhalb eines Perlkreises die Umschrift АДМИРАЛ НАХИМОВ (Admiral Nachimov), im unteren Teil sind zwei Lorbeerzweige angeordnet, denen in der Mitte ein Stern aufliegt; Randstab
Rückseite: Im Zentrum befindet sich innerhalb eines seilförmigen
Kreises von 13 mm Durchmesser ein Linienschiff des 19. Jahrhunderts, ähnlich dem, das Admiral Nachimow im Kampf gegen die tür-
kische Flotte befehligte; unter dem inneren Kreis ragen Ringe und
Arme zweier gekreuzter Anker hervor, deren Enden durch eine Ankerkette – wiederum in Kreisform angeordnet – verbunden sind;

die Darstellungen sind von Perlkreis und Randstab umgeben
Rand: unten ist die Verleihungsnummer eingeschlagen
Öse: stilisierter Ring eines Ankers
Bronze
Durchmesser: 36 mm
Tragespange: pentagonal
Band: blau mit drei je 3 mm breiten weißen Streifen, die in der
Mitte im Abstand von je 2 mm angeordnet sind
Nach Sbornik, S. 95
Gestalter: Kollektiv unter Leitung von B. M. Chomitsch

Die Nachimow-Medaille wurde zusammen mit dem
Uschakow- und dem Nachimow-Orden sowie der
Uschakow-Medaille am 3. März 1944 geschaffen. Sie
dient der Würdigung von Verdiensten der Angehöri-
gen der sowjetischen Seekriegsflotte, insbesondere der
Matrosen und Maate, und wurde in relativ geringer
Zahl verliehen. Mit der Stiftung der Medaille wurden
auch die Verordnung und die Beschreibung bestätigt.
Veränderungen in diesen Dokumenten wurden am
26. Februar und 16. Dezember 1947 vorgenommen.
Am 28. März 1980 wurde die Verordnung zur Medaille
in der heute gültigen Fassung bestätigt.

Mit der Nachimow-Medaille werden hervorragende
Taten beim Schutz des sozialistischen Vaterlandes, ak-
tives Handeln zur erfolgreichen Erfüllung der Gefechtsaufgaben der Schiffe und Truppenteile der Seekriegsflotte und der Grenztruppen der UdSSR be-
lohnt. Matrosen und Soldaten, Maate und Unteroffiziere, Meister, Stabsfeldwebel und Fähnriche der
Seekriegsflotte und der Seekräfte der Grenztruppen
können mit dieser Medaille ausgezeichnet werden. Die
Medaille kann verliehen werden für geschickte, initiativreiche und kühne Taten, die die erfolgreiche Lösung der Gefechtsaufgaben der Schiffe und Truppenteile auf dem Seekriegsschauplatz unterstützen; für
tapferes Verhalten beim Schutz der Seegrenzen der
UdSSR; für selbstloses Handeln bei der Erfüllung der
militärischen Pflicht oder für andere Verdienste bei
der Ableistung des Wehrdienstes, die unter Gefahr für
das eigene Leben erworben wurden.

Eine relativ große Anzahl von Kämpfern der Seekriegsflotte der UdSSR wurde während des Großen
Vaterländischen Krieges mit der Nachimow-Medaille
geehrt. Dabei wurden die ersten Medaillen im Frühjahr bzw. Frühsommer 1944 verliehen: in der Nordflotte am 10. April an die Aufklärer Feldwebel
M. A. Kolossow und die Matrosen E. W. Tolstow und
F. G. Moschkow; in der Schwarzmeerflotte am 20. April

an den Matrosen N. D. Belik sowie den Obermeister G. I. Belikow und den Stabsobermeister I. F. Belkin; in der Baltischen Flotte am 26. Juni an die Matrosen N. G. Wawilkin und I. S. Gawrilow sowie den Obermeister W. A. Wassilew. Während des zweiten Weltkrieges wurden insgesamt etwa 12 800 Nachimow-Medaillen verliehen, bis Anfang 1981 mehr als 13 000.
Tafel XVI, Abb. 2

Die Medaille «Für Verdienste im Kampf»

Медаль «За боевые заслуги»/
Medal' «Za boevye zaslugi»

Vorderseite: Oben befindet sich die rot emaillierte Umschrift CCCP (SSSR/UdSSR) und im Zentrum die dreizeilige Inschrift ЗА / БОЕ-ВЫЕ / ЗАСЛУГИ (Za boevye zaslugi/Für Kampfverdienste); im unteren Teil sind Säbel und Gewehr gekreuzt dargestellt; Randstab
Rückseite: glatt, unten Verleihungsnummer (entfällt nach 1945)
Silber
Durchmesser: 31 mm
Tragespange: 1938 – 1943 rechteckig, mit rotem Band bezogen, unten Metallbügel – 24 mm hoch, 33 mm breit; seit 1943 pentagonal
Band: hellgrau mit zwei je 2 mm breiten gelben Randstreifen
Nach Sbornik, S. 96
Gestalter: S. I. Dmitrijew

Die Medaille «Für Verdienste im Kampf» wurde wie die Tapferkeitsmedaille am 17. Oktober 1938 gestiftet und in der Folgezeit in großer Zahl verliehen. Sie ist gleichfalls außerordentlich populär. Mit der Stiftung der Medaille wurden auch die Verordnung und die Beschreibung bestätigt. Die Beschreibung

wurde am 19. Juni 1943, die Verordnung am 16. Dezember 1947 und am 28. März 1980 verändert.

Mit der Medaille werden Kämpfer ausgezeichnet, die aktiv zu erfolgreichen Gefechtshandlungen sowie zur Festigung der Gefechtsbereitschaft der Truppen beigetragen haben. Es können Angehörige der Sowjetarmee, der Seekriegsflotte, der Grenztruppen, der Inneren Truppen und andere Bürger der UdSSR und des Auslands mit der Medaille geehrt werden. Sie wird verliehen für geschicktes, initiativreiches und kühnes Handeln im Kampf, durch das die erfolgreiche Erfüllung der Gefechtsaufgaben des Truppenteils oder der Einheit unterstützt worden ist; für tapferes Verhalten beim Schutz der Staatsgrenzen der UdSSR; für ausgezeichnete Ergebnisse in der politischen und Gefechtsausbildung, bei der Einführung neuer Kampftechnik und der Gewährleistung einer hohen Gefechtsbereitschaft der Truppenteile und Einheiten sowie für andere Verdienste während des Wehrdienstes.

Die Medaille «Für Verdienste im Kampf» wurde wenige Wochen nach den militärischen Auseinandersetzungen mit den japanischen Militaristen im Fernen Osten, die diese im Gebiet des Chassansees im Juli/August 1938 provoziert hatten, geschaffen. Mehr als 1 000 Angehörige der Roten Armee, die sich in diesen Kämpfen durch selbstloses, mutiges und kühnes Verhalten ausgezeichnet hatten, wurden mit der Militärverdienstmedaille geehrt. Annähernd 3 000 Kämpfer wurden für ihre Verdienste in den Kämpfen am Chalchin gol im August 1939 geehrt. Insgesamt wurde die Medaille «Für Verdienste im Kampf» bis zum Beginn des Großen Vaterländischen Krieges der Sowjetunion 21 000mal verliehen.

Eine außerordentliche Rolle spielte die Militärverdienstmedaille – ähnlich wie die Tapferkeitsmedaille – in den Jahren von 1941 bis 1945. So wurden Verdienste bei der Verteidigung des Landes, bei der Vertreibung der Faschisten vom sowjetischen Territorium wie bei der Befreiung zahlreicher Völker Europas in 3,32 Millionen Fällen mit der Verleihung der Militärverdienstmedaille gewürdigt. Sie wurde bis heute über 5 Millionen Mal verliehen.
Tafel XV, Abb. 2, 4

Die Medaille
«Partisan des Vaterländischen Krieges»
Медаль «Партизану Отечественной войны»/
Medal' «Partizanu Otečestvennoj vojny»

Vorderseite: Innerhalb eines durch Metallstege konturierten Ringes von 24 mm Innendurchmesser sind die Köpfe W. I. Lenins und J. W. Stalins (nach links gewandt) dargestellt; im Ring befindet sich – zwischen zwei Sternen – die Umschrift ПАРТИЗАНУ ОТЕЧЕСТВЕННОЙ ВОЙНЫ (Partizanu Otečestvennoj vojny/Dem Partisanen des Vaterländischen Krieges); im unteren Teil ist der Ring zu einem Band in Falten gelegt; dem sind die Buchstaben CCCP (SSSR/UdSSR) sowie ein Stern mit Hammer und Sichel aufgelegt

Rückseite: Unter dem Symbol Hammer und Sichel ist die dreizeilige Inschrift ЗА / НАШУ СОВЕТСКУЮ / РОДИНУ (Za našu Sovetskuju Rodinu/Für unsere sowjetische Heimat) angeordnet

1. Klasse: Silber; 2. Klasse: Messing

Durchmesser: 32 mm

Tragespange: pentagonal

Band: hellgrün mit einem 2 mm roten (1. Klasse) bzw. blauen (2. Klasse) Mittelstreifen

Nach Sbornik, S. 97 f.

Gestalter: N. I. Moskalew

Die Medaille «Partisan des Vaterländischen Krieges» wurde am 2. Februar 1943 in zwei Klassen gestiftet und sparsam verliehen. Mit der Stiftung der Medaille wurden auch die Verordnung und die Beschreibung bestätigt. Am 19. Juni 1943 und am 26. Februar 1947 wurde zunächst die Beschreibung, sodann die Verordnung noch einmal abgeändert.

Mit der Medaille werden Bedeutung und Erfolge der Partisanenbewegung im Großen Vaterländischen Krieg gewürdigt. Sie wurde geführt von der Kommunistischen Partei. Ihre Handlungen waren mit den Fronten der Roten Armee abgestimmt. Bereits im ersten Kriegsjahr hatte sie Massencharakter angenommen und ganz außerordentliche Erfolge erzielt. Sie führte empfindliche Schläge gegen Verbindungswege im Hinterland der Okkupanten, gegen Stäbe, Garnisonen und Lager des Feindes, leistete Aufklärungsarbeiten und vieles andere mehr. Vom November 1942 bis zum März 1943 unternahmen die Partisanen über 2500 Diversionsakte allein gegen die Eisenbahn, wobei etwa 750 Dampflokomotiven und 4000 Eisenbahnwagen unbrauchbar gemacht und über 100 km Eisenbahnstrecken zerstört wurden. In der Nacht zum 8. März 1943 wurde von 1100 Partisanen, die eng mit der sowjetischen Zentralfront zusammenwirkten, die strategisch überaus wichtige und stark bewachte Brücke über die Desna durch ein glänzend geführtes Unternehmen gesprengt. Bis dahin passierten täglich 30 bis 40 Transportzüge der Wehrmacht die Brücke. Ihre Sprengung unterbrach für 28 Tage den Verkehr auf der Strecke Brjansk – Gomel, womit ein empfindlicher Schlag gegen die deutsche Heeresgruppe Mitte geführt wurde (*Der zweite Weltkrieg 1939 – 1945. Kurze Geschichte, Berlin 1985, S. 367*).

Mit der Medaille «Partisan des Vaterländischen Krieges» können Partisanen des Großen Vaterländischen Krieges, Leitungskader von Partisanenabteilungen und Organisatoren der Partisanenbewegung, die im Partisanenkampf im Hinterland des Feindes Mut, Kühnheit und Standhaftigkeit bewiesen haben, geehrt werden. Die Medaille wird auf Erlaß des Präsidiums des Obersten Sowjets der UdSSR verliehen.

Mit der Medaille 1. Klasse wird der genannte Personenkreis für besondere Verdienste bei der Organisation der Partisanenbewegung, für Tapferkeit, Heldenmut und hervorragende Erfolge im Partisanenkampf ausgezeichnet. Die Medaille der 2. Klasse wird für persönliche Auszeichnung im Kampf bei der Erfüllung der Befehle und Aufgaben der jeweiligen Leitung und für aktive Mitwirkung im Partisanenkampf verliehen.

Insgesamt ist die Medaille «Partisan des Vaterländischen Krieges» 1. Klasse an mehr als 56000, die der 2. Klasse an etwa 71000 Kämpfer verliehen worden.

Tafel XV, Abb. 5, 6

Die Medaille «Für Auszeichnung beim Schutz der Staatsgrenze der UdSSR»

Медаль «За отличие в охране государственной границы СССР»/Medal' «Za otličie v ochrane gosudarstvennoj granicy SSSR»

Vorderseite: In der Mitte ist vor einem Grenzpfahl der UdSSR in einer Hochgebirgslandschaft ein Grenzsoldat mit einer Maschinenpistole im Anschlag erhaben dargestellt; Randstab

Rückseite: Es dominiert unter einem Stern die sechszeilige Inschrift ЗА / ОТЛИЧИЕ / В ОХРАНЕ / ГОСУДАРСТВЕННОЙ / ГРАНИЦЫ / СССР (Za otličie v ochrane gosudarstvennoj granicy SSSR/Für Auszeichnung beim Schutz der Staatsgrenze der UdSSR); darunter befinden sich zwei von Bändern zusammengehaltene Eichenzweige, in deren Mitte Hammer und Sichel dargestellt sind; Randstab

Neusilber

Durchmesser: 32 mm

Tragespange: pentagonal

Band: grün mit zwei je 3 mm breiten roten Randstreifen

Nach Sbornik, S. 99f.

Gestalter: P. M. Weremenko

Die Medaille «Für Auszeichnung beim Schutz der Staatsgrenze der UdSSR» wurde am 13. Juli 1950 gestiftet und vor allem an verdiente Angehörige der sowjetischen Grenztruppen – relativ sparsam – verliehen. Mit der Stiftung der Medaille wurden auch die Verordnung zur Medaille und ihre Beschreibung bestätigt. Am 11. Februar 1966, am 18. März 1977 und am 18. Juli 1980 wurden Veränderungen in beiden Dokumenten vorgenommen.

Mit der Medaille werden Angehörige der Grenztruppen, anderer bewaffneter Organe und weitere Bürger für Kampftaten und besondere Verdienste beim Schutz der Staatsgrenze der UdSSR ausgezeichnet. Die Ehrung erfolgt im Namen des Präsidiums des Obersten Sowjets der UdSSR durch den Vorsitzenden des Komitees für Staatssicherheit der UdSSR.

Die Medaille «Für Auszeichnung beim Schutz der Staatsgrenze der UdSSR» wird verliehen für Tapferkeit und Selbstlosigkeit bei der Festnahme von Grenzverletzern; für die geschickte Führung von Grenzeinheiten in Kampfhandlungen zum Schutz der Unantastbarkeit der Staatsgrenze der UdSSR; für hohe Wachsamkeit und initiativreiches Handeln bei der Festnahme von Grenzverletzern; für umsichtige Organisation des Grenzdienstes und beispielhaftes Wirken zur Festigung der Staatsgrenze der UdSSR; für tadellose Durchführung des Dienstes beim Schutz der Staatsgrenze der UdSSR; für aktive Unterstützung der Grenztruppen und ihres Dienstes beim Schutz der Staatsgrenze der UdSSR.

Erstmals wurde die Medaille am 22. August 1950 verliehen, u. a. an Oberleutnant D. W. Ignatew, Stabsfeldwebel G. A. Gordejew und den Kolchosbauern W. I. Agejtschenko. Insgesamt wurde die Medaille bis Anfang 1981 an mehr als 50 000 Persönlichkeiten verliehen.

Tafel XVI, Abb. 3

Die Medaille «Für Auszeichnung im militärischen Dienst»

Медаль «За отличие в воинской службе»/ Medal' «Za otličie v voinskoj službe»

Die Medaille ist ein gewölbter Stern mit aufgelegtem Medaillon.

Vorderseite: Im Medaillon von 23 mm Durchmesser sind die Brustbilder eines Soldaten, eines Matrosen und eines Fliegers (nach links gewandt) mit entsprechenden Kopfbedeckungen dargestellt; in einem durch Metallstege konturierten Ring von 16 mm Innendurchmesser befinden sich im oberen Teil die Umschrift ЗА ОТЛИЧИЕ В ВОИНСКОЙ СЛУЖБЕ (Za otličie v voinskoj službe/Für Auszeichnung im militärischen Dienst) und im unteren Teil zwei Lorbeerzweige, die in der Mitte durch ein schmales Band zusammengehalten werden; zwischen den gebrochenen Strahlen des Sterns sind auf fünf Schilden die Embleme von Teilstreitkräften der Sowjetar-

mee und der Seekriegsflotte sowie zweier bedeutender Waffengattungen der Landstreitkräfte (Artillerie und Panzertruppen) angeordnet

Rückseite: ungestaltet

1. Klasse: Messing; 2. Klasse: Neusilber

Maß zwischen zwei gegenüberliegenden Strahlen des Sterns: 38 mm

Tragespange: rechteckig, rahmenförmig, die sichtbaren Rahmenteile sind mehrfach geschweift; dem Band sind Sterne im Metall der Medaille aufgelegt

Band: rot mit zwei je 3 mm breiten grünen Seitenstreifen im Abstand von 3 mm vom Rand

Nach Sbornik, S. 101

Gestalter: A. B. Shuk

Die Medaille «Für Auszeichnung im militärischen Dienst» wurde gemeinsam mit dem Orden «Für den Dienst am Vaterland in den Streitkräften der UdSSR» am 28. Oktober 1974 in zwei Klassen gestiftet und wird für hervorragende militärische Leistungen und Verdienste im Frieden verliehen. Mit der Stiftung der Medaille wurden auch die Verordnung und die Beschreibung bestätigt. Am 18. Juli 1980 wurde die Verordnung dann noch einmal abgeändert.

Mit der Medaille können Angehörige der Sowjetarmee, der Seekriegsflotte, der Grenztruppen und der Inneren Truppen geehrt werden für ausgezeichnete Leistungen in der politischen und Gefechtsausbildung, bei Übungen und Manövern sowie im militärischen Dienst; für Tapferkeit, Selbstlosigkeit und andere Verdienste während des Wehrdienstes. Die Medaille wird im Namen des Präsidiums des Obersten Sowjets der UdSSR durch den Minister für Verteidigung der UdSSR, den Minister des Innern der UdSSR und den Vorsitzenden des Komitees für Staatssicherheit der UdSSR verliehen.

Der erste, dem die Medaille «Für Auszeichnung im militärischen Dienst» 1. Klasse verliehen wurde, war der Soldat W. A. Spirin. Durch den Befehl des Ministers für Verteidigung der UdSSR vom 24. März 1975 wurde er für sein tapferes Verhalten bei der Festnahme bewaffneter Verbrecher mit dieser Medaille geehrt. Durch den Befehl des Ministers für Verteidigung der UdSSR vom 3. März 1976 wurde der Soldat P. S. Aiglow gleichfalls mit der Medaille in der 1. Klasse geehrt, da er Tapferkeit und Selbstlosigkeit bei der Rettung wertvoller staatlicher Materialien bei einem Brand bewiesen hatte. Die Medaille in der 2. Klasse wurde erstmals am 27. Februar 1975 verliehen. Bis zum Frühjahr 1981 wurden über 3 000 Soldaten mit der Medaille in der 1. Klasse und etwa 25 000 mit der 2. Klasse geehrt.

Tafel XVI, Abb. 4, 5

Die Medaille «Veteran der Streitkräfte der UdSSR»

Медаль «Ветеран Вооруженных Сил СССР»/
Medal' «Veteran Vooružennych Sil SSSR»

Vorderseite: Zentrales Motiv ist im oberen Teil ein rot emaillierter Stern von 13 mm Größe zwischen gegenüberliegenden Strahlen, unterlegt mit dem Symbol Hammer und Sichel; darunter befinden sich die Inschrift CCCP (SSSR/UdSSR) und ein Lorbeerzweig; am Rand entlang verläuft ein an den Enden in Falten gelegtes Band mit der Umschrift ВЕТЕРАН ВООРУЖЕННЫХ СИЛ СССР (Veteran Vooružennych Sil SSSR/Veteran der Streitkräfte der UdSSR); Randstab

Rückseite: ungestaltet, mattiert

Tombak, versilbert
Durchmesser: 32 mm
Tragespange: pentagonal
Band: grau, links ist es von einem roten, 3 mm breiten Randstreifen gesäumt; im Abstand von 2 mm folgt ein weiterer, 1 mm breiter roter Streifen; rechts ist das Band von den Farben des Ruhmesordens begrenzt, bestehend aus im Wechsel angeordneten vier orangefarbenen und drei schwarzen, je 1 mm breiten Streifen
Nach Sbornik, S. 102f.
Gestalter: R. M. Pylypiw

Die Medaille «Veteran der Streitkräfte der UdSSR» wurde am 20. Mai 1976 gestiftet. Mit ihr werden Kämpfer ausgezeichnet, die langjährig in den Streitkräften der UdSSR gedient haben. Mit der Stiftung der Medaille wurden auch die Verordnung und die Beschreibung bestätigt. Verändert wurde die Verordnung noch einmal am 18. Juli 1980.

Die Medaille «Veteran der Streitkräfte der UdSSR» wird an Angehörige der Sowjetarmee, der Seekriegsflotte, der Grenztruppen und der Inneren Truppen der UdSSR bei ihrer Entlassung aus dem militärischen Dienst mit Versetzung in die Reserve oder bei ihrem Ausscheiden verliehen, wenn sie 25 Kalenderjahre und mehr ohne Tadel in den Streitkräften gedient haben. Die Auszeichnung mit der Medaille erfolgt im Namen des Präsidiums des Obersten Sowjets der UdSSR durch den Minister für Verteidigung der UdSSR, den Minister des Innern der UdSSR und den Vorsitzenden des Komitees für Staatssicherheit der UdSSR sowie von Persönlichkeiten, denen das Recht der Entlassung von Offizieren oder ihrer Versetzung in die Reserve übertragen ist. Die Ordnung des Vorschlagens und Prüfens der Anträge zur Auszeichnung mit der Medaille legen die genannten Minister fest.

Mit der Medaille können auch Persönlichkeiten geehrt werden, die vor der Stiftung der Medaille aus dem aktiven Wehrdienst ausgeschieden sind. Bisher sind mit der Medaille mehr als 400 000 Persönlichkeiten ausgezeichnet worden.
Tafel XX, Abb. 5

Die Medaille «Für die Festigung der Waffenbrüderschaft»
Медаль «За укрепление боевого содружества»/
Medal' «Za ukreplenie boevogo sodružestva»

Vorderseite: Sie wird von einem Stern beherrscht, dessen Strahlen rot emailliert sind; im Zentrum befindet sich ein Schild mit der fünfzeiligen Inschrift ЗА / УКРЕПЛЕНИЕ / БОЕВОГО / СОДРУЖЕСТВА / СССР (Za ukreplenie boevogo sodružestva · SSSR/Für die Festigung der Waffenbrüderschaft · UdSSR); beiderseits des Sterns sind, dem Medaillenrand folgend, zwei Lorbeerzweige und unten zwei sich kreuzende Schwerter dargestellt; Randstab
Rückseite: ungestaltet, mattiert
Tombak
Durchmesser: 32 mm
Tragespange: pentagonal
Band: rot, es ist links von einem grünen, rechts von einem blauen, je 4 mm breiten Randstreifen gesäumt, denen – nach innen – je ein 1 mm breiter weißer Streifen folgt; ein schwarzer Mittelstreifen ist von je einem gelben Streifen flankiert, auch diese Streifen sind je 1 mm breit
Nach Sbornik, S. 104
Gestalter: A. B. Shuk

Die Medaille «Für die Festigung der Waffenbrüderschaft» wurde am 25. Mai 1979 geschaffen. Mit ihr werden Angehörige der Streitkräfte der UdSSR wie auch der Streitkräfte anderer sozialistischer Länder ausgezeichnet, die sich um die Festigung der Waffenbrüderschaftsbeziehungen der Armeen und Flotten der Länder der sozialistischen Gemeinschaft verdient gemacht haben. Mit der Stiftung der Medaille wurden auch die Verordnung und die Beschreibung bestätigt.

Mit der Medaille werden Angehörige der Streitkräfte, Mitarbeiter der Organe der Staatssicherheit und der Inneren Angelegenheiten wie auch andere Bürger der Mitgliedstaaten des Warschauer Vertrages sowie anderer sozialistischer und freundschaftlich verbundener Staaten für Verdienste um die Festigung der Waffenbrüderschaft und die Zusammenarbeit auf militärischem Gebiet ausgezeichnet. Die Verleihung der Waffenbrüderschaftsmedaille erfolgt im Namen des Präsidiums des Obersten Sowjets der UdSSR durch den Minister für Verteidigung der UdSSR, den Minister des Innern der UdSSR und den Vorsitzenden des Komitees für Staatssicherheit der UdSSR. Die Medaille wird nur einmal an dieselbe Person verliehen.

Für Verdienste um die Festigung der Waffenbrüderschaft und der militärischen Zusammenarbeit zwischen den Armeen und Flotten der Staaten des Warschauer Vertrages wurde die Medaille bisher an etwa 2000 Persönlichkeiten verliehen.
Tafel XX, Abb. 6

Medaillen für Verdienste beim Kampf um Städte und Territorien im Großen Vaterländischen Krieg

---

Die Medaille «Für die Verteidigung Leningrads»
Медаль «За оборону Ленинграда»/
Medal' «Za oboronu Leningrada»

Vorderseite: In der Mitte wird das Gebäude der Admiralität in Leningrad gezeigt, das von einem Stern überragt wird, darunter ist eine Gruppe von Kämpfern mit Gewehren im Anschlag dargestellt: ein Rotarmist, ein Matrose, ein Arbeiter und eine Arbeiterin; in der oberen Hälfte der Medaille ist die Umschrift ЗА ОБОРОНУ ЛЕНИНГРАДА (Za oboronu Leningrada/Für die Verteidigung Leningrads) angeordnet; Randstab
Rückseite: Unter dem Symbol Hammer und Sichel befindet sich im Zentrum die dreizeilige Inschrift ЗА НАШУ / СОВЕТСКУЮ / РОДИНУ (Za našu Sovetskuju Rodinu/Für unsere sowjetische Heimat)
Messing

Durchmesser: 32 mm
Tragespange: pentagonal
Band: helloliv mit einem 2 mm breiten dunkelgrünen Mittelstreifen
Nach Sbornik, S. 126f.
Gestalter: N. I. Moskalew

Die Medaille «Für die Verteidigung Leningrads» wurde am 22. Dezember 1942 gestiftet, da die Verteidigung der Stadt bereits anderthalb Jahre währte. Mit der Stiftung der Medaille wurden auch die Verordnung, das Muster und die Beschreibung bestätigt. Diese Gesetzesgrundlagen wurden am 27. März, am 3. Mai und am 19. Juni 1943 noch teilweise abgeändert.

Die Stadt, die Lenins Namen trägt und Wiege der Revolution genannt wird, ist die zweitgrößte Stadt der Sowjetunion, eine bedeutende Industriestadt und ein wichtiger Verkehrsknotenpunkt. Deshalb war sie auch eines der wichtigsten Ziele in den Eroberungsplänen der deutschen Faschisten. Die Verteidiger waren entschlossen, die Newa-Metropole um jeden Preis zu behaupten. So war Leningrad vom Juli 1941 bis zum Januar 1944 heiß umkämpft und spielte eine ganz besondere Rolle im Krieg. Vor allem die Verbände der Nord-, der Nordwest- und der Karelischen Front sowie der Baltischen Flotte und die Bewohner der Stadt wehrten den Sturmangriff von 23 faschistischen Divisionen ab, verteidigten die Stadt im Hagel Tausender Tonnen Bomben und Granaten und produzierten Waffen und Munition bei minimalen Lebensmittelrationen, hielten den letzten Verbindungs«weg» über den Ladogasee und schufen dazu Anfang 1943 eine schmale Landverbindung. Im Zusammenwirken mit den von außen herangeführten Verbänden der Sowjetarmee und der Baltischen Flotte warfen sie den Feind schließlich nach Westen zurück. Leningrad wurde am 1. Mai 1945 mit dem Ehrentitel «Heldenstadt» ausgezeichnet.

Mit der Medaille «Für die Verteidigung Leningrads» wurden Angehörige der Truppenteile, Verbände und Einrichtungen der Sowjetarmee, der Seekriegsflotte sowie der Truppen des Volkskommissariats für Innere Angelegenheiten ausgezeichnet, die an der Verteidigung der Stadt beteiligt waren. Darüber hinaus erhielten die Medaille auch all jene Bürger der Stadt, die unter den harten Bedingungen der Blockade an den Kämpfen zum Schutz der Stadt teilnahmen, die die Verteidigung durch ihre selbstlose Arbeit in den Betrieben und Instituten unterstützten, die beim Bau von Verteidigungsanlagen, bei der Luftverteidigung, beim Schutz der kommunalwirtschaftlichen Einrichtungen, bei der Bekämpfung von Bränden, der Aufrechterhaltung des Verkehrs- und Nachrichtenwesens, der Ernährung, Versorgung und kulturellen Betreuung der Bürger, der Pflege Kranker und Verwundeter, der Sorge um die Kinder und anderen Maßnahmen mitwirkten. Die Medaille wurde sowohl an diejenigen verliehen, die während der ganzen Zeit an der Verteidigung Leningrads teilnahmen, wie auch an diejenigen, die dies nur zeitweilig tun konnten. Träger der Medaille «Für die Verteidigung Leningrads» wurden auch mit der 1957 gestifteten Jubiläumsmedaille «Zum 250jährigen Jubiläum Leningrads» geehrt. Insgesamt wurden etwa 1,47 Millionen Menschen mit der Medaille »Für die Verteidigung Leningrads« ausgezeichnet.
Tafel XVII, Abb. 1

Die Medaille
«Für die Verteidigung Moskaus»
Медаль «За оборону Москвы»/
Medal' «Za oboronu Moskvy»

Vorderseite: Im mittleren Teil sind Mauer und Turm des Moskauer Kremls sowie die Kuppel des Regierungsgebäudes dargestellt, über dem eine gestreckte Fahne mit dem Symbol Hammer und Sichel weht; im Feld über dem Gebäude sind fünf Flugzeuge unterschiedlicher Größe dargestellt; vor der Kremlmauer links ist das auf dem Roten Platz befindliche Denkmal von K. M. Minin und D. M. Posharski (Führer des 2. russischen Volksaufgebots gegen Schweden und Polen, das im Oktober 1612 Moskau von den polnischen Interventen befreite) abgebildet; im unteren Teil der Medaille ist ein Panzer, nach links fahrend, mit aufgesessener Infanterie dargestellt; im oberen Teil befindet sich die Umschrift ЗА ОБОРОНУ МОСКВЫ (Za oboronu Moskvy/Für die Verteidigung Moskaus), im unteren Teil sind zwei Lorbeerzweige angeordnet, deren Schnittpunkt ein Stern bildet; Randstab
Rückseite: Unter dem Symbol Hammer und Sichel befindet sich im Zentrum die dreizeilige Inschrift ЗА НАШУ / СОВЕТСКУЮ / РОДИНУ (Za našu Sovetskuju Rodinu/Für unsere sowjetische Heimat)
Messing
Durchmesser: 32 mm
Tragespange: pentagonal
Band: helloliv mit zwei je 4 mm breiten, im Abstand von 5 mm voneinander in der Mitte angeordneten roten Streifen sowie zwei 1 mm breiten roten Randstreifen
Nach Sbornik, S. 130 f.
Gestalter: N. I. Moskalew

Die Medaille «Für die Verteidigung Moskaus» wurde am 1. Mai 1944 gestiftet, da die Streitkräfte der UdSSR bereits auf breiter Front antraten, auch die letzten sowjetischen Gebiete vom Feind zu befreien. Mit der Stiftung der Medaille wurden auch die Verordnung und ihre Beschreibung, am 22. Mai 1944 auch die Verleihungsordnung bestätigt.

Die Medaille ist mit der Schlacht um Moskau vom 30. September 1941 bis zum 20. April 1942 verbunden. Moskau, die Hauptstadt des Landes, das bedeutendste politische, ökonomische und kulturelle Zentrum der Sowjetunion, stand auf der Eroberungsliste der faschistischen Blitzkriegsplanung ganz oben. Es war das erklärte Ziel der Eindringlinge, zum Jahrestag der Großen Sozialistischen Oktoberrevolution 1941 auf dem Roten Platz in Moskau die Siegesparade abzuhalten. Um diesen Plan zu realisieren, wurde eine Offensive in bis dahin nicht gekanntem Ausmaß geplant und in Gang gesetzt. So waren in der Moskauer Richtung nahezu 40 Prozent aller in der Sowjetunion befindlichen Divisionen des Aggressors eingesetzt, davon ein Drittel Panzer- und motorisierte Verbände. In der ersten Phase der Schlacht um Moskau, die vom 30. September bis zum 5. Dezember 1941 währte und als Moskauer Verteidigungsoperation in die Geschichte eingegangen ist, gelang es den sowjetischen Truppen vornehmlich der West-, der Reserve-, der Brjansker und der Kalininer Front, die Aggressoren zum Stehen zu bringen und ihnen erhebliche Verluste zuzufügen. In der darauffolgenden Moskauer Angriffsoperation vom 5. Dezember 1941 bis zum 20. April 1942 gelang den sowjetischen Streitkräften die erste große Angriffsoperation in der Geschichte des Großen Vaterländischen Krieges und des zweiten Weltkrieges überhaupt gegen die sieggewohnten faschistischen Armeen. Dabei wurden große Teile der Heeresgruppe Mitte der deutschen Wehrmacht zerschlagen, und der Feind mußte um 150 bis 400 km nach Westen zurückweichen. Der Sieg vor Moskau, errungen durch die Aufbietung aller Kräfte des Sowjetvolkes, war ein Beweis für die Möglichkeit, der faschistischen Kriegsmaschine zu widerstehen und sie zu zerschmettern. So hatte er für den weiteren Verlauf des Krieges entscheidende Bedeutung. Der Stadt Moskau wurde am 8. Mai 1965 aus Anlaß des 20. Jahrestages des Sieges der Ehrentitel «Heldenstadt» verliehen.

Mit der Medaille «Für die Verteidigung Moskaus» wurden alle Armeeangehörigen und Zivilbeschäftigten der Sowjetarmee und der Truppen des Volkskommissariats für Innere Angelegenheiten wie auch Bürger der Hauptstadt ausgezeichnet, die in der Zeit vom 19. Oktober 1941 bis zum 25. Januar 1942 mindestens einen Monat lang an der Verteidigung Moskaus teilgenommen haben; Angehörige von Truppenteilen der Moskauer Zone der Luftverteidigung und des Luftschutzes wie auch Bürger der Stadt, die sich in der Zeit vom 22. Juli 1941 bis zum 25. Januar 1942 aktiv an der Verteidigung Moskaus vor Luftüberfällen des Gegners beteiligt haben; Armeeangehörige und Bürger Moskaus sowie des Moskauer Gebietes, die am Bau von Verteidigungsstellungen und -anlagen der Reservefront sowie des Moshaisker, Podolsker und Moskauer Verteidigungsgürtels teilgenommen haben. Insgesamt wurden mit der Medaille «Für die Verteidigung Moskaus» 1,02 Millionen Menschen ausgezeichnet.
Tafel XVII, Abb. 2

Die Medaille «Für die Verteidigung Odessas»
Медаль «За оборону Одессы»/ Medal' «Za oboronu Odessy»

Vorderseite: Im Zentrum von 25 mm Durchmesser sind in einer Küstenlandschaft mit Leuchtturm ein Soldat und ein Matrose mit Gewehren im Anschlag (nach links gewandt) dargestellt; darüber ist die Inschrift СССР (SSSR/UdSSR) angeordnet; in einem äußeren Ring befindet sich im oberen Teil zwischen zwei Sternen die Umschrift ЗА ОБОРОНУ ОДЕССЫ (Za oboronu Odessy/Für die Verteidigung Odessas); unten ist in der Mitte auf einer Bandschleife über dem Schnittpunkt zweier Lorbeerzweige ein Stern dargestellt; Randstab
Rückseite: Unter dem Symbol Hammer und Sichel befindet sich im Zentrum die dreizeilige Inschrift ЗА НАШУ / СОВЕТСКУЮ / РОДИНУ (Za našu Sovetskuju Rodinu/Für unsere sowjetische Heimat)
Messing
Durchmesser: 32 mm
Tragespange: pentagonal
Band: helloliv mit einem 2 mm breiten blauen Mittelstreifen
Nach Sbornik, S. 127f.
Gestalter: N. I. Moskalew

Die Medaille «Für die Verteidigung Odessas» wurde am 22. Dezember 1942, mehr als ein Jahr nach Abschluß der heldenhaften Verteidigung der Stadt, gestiftet. Zugleich wurden auch die Verordnung zur Medaille, das Muster und die Beschreibung, am 28. April 1943 auch die Verleihungsordnung bestätigt. Die Verordnung wurde am 19. Juni 1943 ergänzt, die Beschreibung der Medaille am 27. März und am 3. Mai desselben Jahres noch einmal abgeändert.

Die heldenhafte Verteidigung Odessas währte vom 5. August bis zum 16. Oktober 1941. Der erbitterte Widerstand der Selbständigen Primorsker Armee und von Kräften der Schwarzmeerflotte trug im südlichen Teil der Sowjetunion erheblich dazu bei, daß der Feind seine «Blitzkriegs»-Pläne nicht realisieren konnte. Trotz fünffacher Überlegenheit an Kräften und Mitteln gelang es dem Aggressor nicht, Odessa aus der Bewegung heraus zu erobern. Am 19. August, da sich die Truppen der Südfront bereits über den Dnepr auf Cherson zurückzogen, wurde der Odessaer Verteidigungsbezirk gebildet. Angesichts der raschen Verschlechterung der Lage wurden die Kämpfer vom 1. bis zum 16. Oktober aus Odessa evakuiert. Eine tiefgestaffelte Verteidigung mit ausgebauten Stellungen sowie allein 250 Barrikaden in der Stadt waren neben der Standhaftigkeit und dem Opfermut der Kämpfer und der Bürger der Stadt Voraussetzung dafür, daß Odessa 73 Tage gehalten werden konnte. Die Gesamtlänge der Verteidigungsanlagen, die Odessa umgaben, betrug 250 km; 100 000 Bürger der Stadt waren an ihrer Errichtung beteiligt. Im Verlauf der Kämpfe erlitt der Feind empfindliche Verluste. 18 feindliche Divisionen, fast die Hälfte der rumänischen Kontingente, die auf der Seite Hitlerdeutschlands kämpften, wurden durch die Verteidigung Odessas gebunden. Am 1. Mai 1945 wurde Odessa der Ehrentitel «Heldenstadt» verliehen.

Mit der Medaille «Für die Verteidigung Odessas» wurden alle Teilnehmer an der Verteidigung der Stadt ausgezeichnet – Angehörige der Sowjetarmee, der Seekriegsflotte und der Truppen des Volkskommissariats für Innere Angelegenheiten wie auch Bürger der Stadt. Die Medaille wurde sowohl an Kämpfer verliehen, die während des gesamten Zeitraums an der Verteidigung teilnahmen, als auch an solche, die wegen Verwundung, Erkrankung oder Lösung anderer Aufgaben aus der Stadt vorzeitig evakuiert worden waren. Die Medaille wurde auch dann verliehen, wenn der Kämpfer für den Kampf um Odessa bereits mit anderen Orden oder Medaillen geehrt worden war. Insgesamt wurden

mehr als 30 000 Menschen mit der Medaille «Für die Verteidigung Odessas» ausgezeichnet.
Tafel XVII, Abb. 3

Die Medaille
«Für die Verteidigung Sewastopols»
Медаль «За оборону Севастополя»/
Medal' «Za oboronu Sevastopolja»

Vorderseite: In einem nach innen gewölbten Mittelteil von 22 mm Durchmesser befinden sich die Brustbilder eines Matrosen und eines Soldaten (nach links gewandt); von der Kreisfläche her ragen zwei Kanonenrohre sowie die Arme und Spitzen eines Ankers in einen Ring hinein, in dem oben ein Stern und beiderseits der Brustbilder die Umschrift ЗА ОБОРОНУ СЕВАСТОПОЛЯ (Za oboronu Sevastopolja/Für die Verteidigung Sewastopols) angeordnet sind; Randstab
Rückseite: Unter dem Symbol Hammer und Sichel befindet sich im Zentrum die dreizeilige Inschrift ЗА НАШУ / СОВЕТСКУЮ / РОДИНУ (Za našu Sovetskuju Rodinu/Für unsere sowjetische Heimat)
Messing
Durchmesser: 32 mm
Tragespange: pentagonal
Band: helloliv mit einem 2 mm breiten blauen Mittelstreifen
Nach Sbornik, S. 128
Gestalter: unbekannt

Die Medaille «Für die Verteidigung Sewastopols» wurde am 22. Dezember 1942 gestiftet, knapp 6 Monate nach Beendigung der 250 Tage währenden heldenhaften Verteidigung der Stadt. Mit der Stiftung der Medaille wurden auch die Verordnung, das Muster und die Beschreibung bestätigt. Die Verordnung wurde am 19. Juni 1943 noch einmal ergänzt, die Be-

120 schreibung wurde am 17. März und am 3. Mai desselben Jahres abgeändert.

Die heldenhafte Verteidigung Sewastopols währte vom 30. Oktober 1941 bis zum 4. Juli 1942. Zu Beginn der Kämpfe war die Stadt an der Südspitze der Krim zur Verteidigung gegen Angriffe von See her und aus der Luft gerüstet, wogegen die Verteidigungsanlagen auf der Landseite nicht mehr vollendet werden konnten. Der Sewastopoler Verteidigungsbezirk, der Land-, Luft- und Seestreitkräfte zusammenfaßte, zählte nahezu 50 000 Kämpfer, 170 Geschütze und etwa 100 Flugzeuge. Hinzu kamen zeitweilig ein Linienschiff, Kreuzer und andere Schiffe, die ständig an der Ostküste des Schwarzen Meeres stationiert waren. Mehr als 15 000 Sewastopoler waren in die Verteidigung einbezogen. Weitere Bürger halfen beim Bau von Verteidigungsanlagen. Ab 11. November begannen massierte Angriffe des Gegners mit mehr als 60 000 Mann. Am 21. Dezember wurde der Angriffsdruck erheblich verstärkt, wobei er 7 Divisionen, 2 Gebirgsjägerbrigaden, 1275 Geschütze und Granatwerfer, mehr als 150 Panzer und bis zu 300 Flugzeuge einsetzte. Das sowjetische Hauptquartier verfügte daraufhin eine Verstärkung der Verteidigungskräfte um 2 Schützendivisionen und eine Brigade. Die Kämpfe dauerten bis in das Frühjahr 1942 hinein an. Am 27. Mai beginnend, setzte der Gegner fast eine ganze Armee (200 000 Mann, 450 Panzer, 2000 Geschütze und Werfer, 600 Flugzeuge) in Bewegung und rannte pausenlos gegen die Stadt an, die sich trotzdem noch über einen Monat lang hielt. Die Verteidiger fügten dem Gegner erhebliche Verluste zu – er verlor allein 300 000 Menschen an Gefallenen und Verwundeten. Die sowjetischen Kämpfer vollbrachten beispiellose Taten, in denen sie Tapferkeit und Standhaftigkeit bewiesen. 46 von ihnen wurden als Helden der Sowjetunion geehrt. Am 1. Mai 1945 erhielt Sewastopol als eine der ersten Städte der UdSSR den Ehrentitel «Heldenstadt».

Alle Teilnehmer an der Verteidigung der Stadt wurden mit der Medaille ausgezeichnet – Angehörige der Roten Armee, der Seekriegsflotte und der Truppen des Volkskommissariats für Innere Angelegenheiten ebenso wie unmittelbar beteiligte Bürger der Stadt. Es wurden sowohl diejenigen ausgezeichnet, die während der ganzen Zeit der Kämpfe zu den Verteidigern zählten, wie auch diejenigen, die aufgrund von Verwundungen, Erkrankungen oder der Übernahme anderer Aufträge aus der Stadt evakuiert werden mußten. Auch Kämpfer, die für die Verteidigung Sewastopols bereits mit anderen Auszeichnungen geehrt worden sind, erhielten diese Medaille. Insgesamt wurden mit der Medaille mehr als 39 000 Personen ausgezeichnet. *Tafel XVII, Abb. 4*

Die Medaille «Für die Verteidigung Stalingrads»
Медаль «За оборону Сталинграда»/
Medal' «Za oboronu Stalingrada»

Vorderseite: Es dominiert die Darstellung einer Gruppe angreifender Soldaten mit Gewehren im Anschlag (nach links gewandt); über ihnen weht eine geschäftete Fahne mit dem Symbol Hammer und Sichel; links davon sind zwei Panzer und vier Flugzeuge dargestellt; im oberen Teil ist – getrennt durch einen Stern – die Umschrift ЗА ОБОРОНУ СТАЛИНГРАДА (Za oboronu Stalingrada/Für die Verteidigung Stalingrads) angeordnet; Randstab
Rückseite: Unter dem Symbol Hammer und Sichel befindet sich im Zentrum die dreizeilige Inschrift ЗА НАШУ / СОВЕТСКУЮ / РОДИНУ (Za našu Sovetskuju Rodinu/Für unsere sowjetische Heimat)
Messing
Durchmesser: 32 mm
Tragespange: pentagonal
Band: helloliv mit einem 2 mm breiten roten Mittelstreifen
Nach Sbornik, S. 128 f.
Gestalter: N. I. Moskalew

Die Medaille «Für die Verteidigung Stalingrads» wurde am 22. Dezember 1942 gestiftet, da die Stalingrader Schlacht in ihrer ersten Etappe – der Verteidigungsoperation – bereits abgeschlossen war. Mit der Stiftung der Medaille wurden auch die Verordnung und die Beschreibung bestätigt. Am 19. Juni 1943 wurde die Verordnung ergänzt, am 27. März und am 3. Mai 1943 die Beschreibung verändert.

Die Medaille ist verbunden mit der Stalingrader Schlacht – einer der größten und berühmtesten Schlachten der Geschichte. Sie dauerte vom 17. Juni 1942 bis zum 2. Februar 1943. Der erste Teil der Schlacht (bis 18. November 1942) ist als Stalingrader Verteidigungsoperation in die Geschichte eingegangen. Der Kampf um Stalingrad wurde im 2. Halbjahr 1942 zum Hauptkampffeld des zweiten Weltkrieges überhaupt. Das faschistische Oberkommando hatte sich das Ziel gestellt, die sowjetischen Truppen im Raum Stalingrad zu zerschlagen, die Stadt einzunehmen, die Schiffahrt auf der Wolga zu unterbrechen, den direkten Verbindungsweg auf sowjetischer Seite zu den Ressourcen im Kaukasus und am Kaspischen Meer abzuschneiden und sich selbst den Weg dorthin zu bahnen. Durch die Eroberung dieses bedeutenden ökonomischen Zentrums sollte das sowjetische kriegswirtschaftliche Potential geschwächt werden. So begannen am 17. Juli 1942 14 Divisionen der deutschen 6. Armee mit rund 270 000 Mann, über 3 000 Geschützen und Granatwerfern sowie etwa 500 Panzern die Offensive, unterstützt von mehreren hundert Kampfflugzeugen. Ihnen standen auf seiten der Verteidiger 12 Divisionen der 62. und 63. Armee mit etwa 160 000 Mann, 2 200 Geschützen und Granatwerfern sowie etwa 400 Panzern, unterstützt von rund 600 Kampfflugzeugen, gegenüber. Standhaft und opfermutig begegneten die Kämpfer der Roten Armee dem Angreifer. Die Werktätigen halfen Verteidigungsanlagen bauen und nahmen direkt am Abwehrkampf teil. Auch Matrosen der Wolgaflottille und Angehörige der Inneren Truppen spielten eine wesentliche Rolle bei der Verteidigung. Gegenangriffe schufen Entlastung und zwangen den Feind, seine Kräfte umzugruppieren. Nach beiderseits verlustreichen Kämpfen und mehrmaligen Verstärkungen – die Faschisten hatten inzwischen 80 Divisionen auf Stalingrad konzentriert – sollte das Stadtzentrum Mitte September endgültig im Sturm genommen werden. Die schwerste Zeit des Kampfes begann, jeder Fußbreit Boden wurde heiß umkämpft, jedes Haus, jede Ruine, jeder Straßen-

zug wurde zur Festung. Die Gegenoffensive der Sowjetarmee begann am 19. November 1942 und endete mit der Einschließung und Zerschlagung der Aggressoren am 2. Februar 1943. Mit dem Sieg der Sowjetarmee in der Stalingrader Schlacht wurde die Wende im Großen Vaterländischen Krieg der Sowjetunion und im zweiten Weltkrieg eingeleitet. Am 1. Mai 1945 wurde Stalingrad mit dem Ehrentitel «Heldenstadt» ausgezeichnet.

Mit der Medaille «Für die Verteidigung Stalingrads» wurden alle Teilnehmer an der Verteidigung der Stadt ausgezeichnet – Angehörige der Roten Armee, der Seekriegsflotte und der Truppen des Volkskommissariats für Innere Angelegenheiten wie auch Bürger der Stadt, die unmittelbar in die Abwehr einbezogen waren. Dabei spielte keine Rolle, ob ihr Einsatz die ganze Zeit der Verteidigung Stalingrads währte oder ob sie aus Gründen der Verwundung oder Erkrankung bzw. der Erfüllung anderer Aufgaben vorzeitig aus der Stadt evakuiert worden waren. Insgesamt wurden mit der Medaille «Für die Verteidigung Stalingrads» etwa 760 000 Kämpfer ausgezeichnet. *Tafel XVII, Abb. 5*

Die Medaille «Für die Verteidigung Kiews»
Медаль «За оборону Киева»/
Medal' «Za oboronu Kieva»

Vorderseite: Im oberen Teil befindet sich die Darstellung des Gebäudes des Präsidiums des Obersten Sowjets der Ukrainischen SSR, über dessen Kuppel eine Fahne weht; darunter sind ein Soldat, ein

Matrose, ein Arbeiter und ein Partisan, Gewehre im Anschlag haltend (nach links gewandt), dargestellt; diese Gruppe wird unten begrenzt durch zwei Lorbeerzweige, die in der Mitte von einem in Falten gelegten Band zusammengehalten werden; dem Band liegt ein Stern auf; oberhalb des Gebäudes ist die Umschrift ЗА ОБОРОНУ КИЕВА (Za oboronu Kieva/Für die Verteidigung Kiews) angeordnet; Randstab

Rückseite: Unter dem Symbol Hammer und Sichel befindet sich im Zentrum die dreizeilige Inschrift ЗА НАШУ / СОВЕТСКУЮ / РОДИНУ (Za našu Sovetskuju Rodinu/Für unsere sowjetische Heimat)

Messing
Durchmesser: 32 mm
Tragespange: pentagonal
Band: helloliv, in der Mitte befinden sich ein 4 mm breiter roter und rechts davon ein 2 mm breiter blauer Streifen
Nach Sbornik, S. 132
Gestalter: W. N. Atlantow

Die Medaille «Für die Verteidigung Kiews» ist die einzige Medaille für Verdienste beim Kampf um Städte und Territorien im Großen Vaterländischen Krieg, die Jahre nach dem Krieg geschaffen wurde: am Vorabend des 20. Jahrestages des Überfalls Hitlerdeutschlands auf die Sowjetunion, dem 21. Juni 1961. Am selben Tag wurden auch die Verordnung zur Medaille und ihre Beschreibung bestätigt.

Die Stiftung der Medaille ist verbunden mit der Kiewer Verteidigungsoperation 1941, die vom 7. Juli bis zum 26. September währte. Die Ukraine und ihre Hauptstadt spielten in den faschistischen deutschen Angriffsplänen von den ersten Kriegstagen an eine wichtige Rolle. Industrie und Landwirtschaft der Ukrainischen SSR waren verlockende Objekte für die Faschisten, um ihr kriegsökonomisches Potential spürbar zu stärken. Ohne die Eroberung der Ukraine war ein weiterer schneller Vormarsch in Richtung Kaukasus – Kaspisches Meer nicht denkbar. So konzentrierte die deutsche Heeresleitung bedeutende Kräfte und Mittel, um gleich nach Kriegsbeginn in einem «Blitzfeldzug» ihr Ziel zu erreichen. Mit den verfügbaren 40 Divisionen, darunter 10 motorisierte und Panzerdivisionen der Heeresgruppe Süd und einer Überlegenheit von 2:1 bei den Hauptkräften, gelang es dem Angreifer nicht, Kiew aus der Bewegung heraus zu nehmen. Ursache dafür waren die Standhaftigkeit der Verteidigung sowie energisch geführte Gegenschläge auf die Flanken der Hauptgruppierungen des Gegners. Der weitere Kampfverlauf war gekennzeichnet durch die hartnäckige Verteidigung der Zugänge zur Stadt, bei der sich vor allem die Verbände der 37., 5. und 26. Armee, die Frontfliegerkräfte und die Pinsker Kriegsflottille unvergänglichen Ruhm erwarben. Hinzu kam eine große Anzahl Freiwilliger aus dem Kiewer Gebiet, die zu den Waffen griffen, unter ihnen mehr als 30 000 Kommunisten. Angesichts der nördlich und südlich Kiews zum Dnepr und darüber hinaus vorgedrungenen deutschen Verbände befahl das Hauptquartier beim Obersten Befehlshaber, die Stadt aufzugeben. Während der 71 Tage andauernden Kämpfe banden die Verteidiger bedeutende Kräfte und Mittel des Gegners, fügten ihm schwere Verluste zu, verhinderten zunächst das Erreichen seiner Ziele in südlicher Richtung und zwangen ihn, beträchtliche Kräfte der Heeresgruppe Mitte nach Süden zu verlegen. So trugen Kiews Verteidiger dazu bei, daß die Offensive auf Moskau für zwei Monate ausgesetzt werden mußte. Am 8. Mai 1965 wurde Kiew der Ehrentitel «Heldenstadt» verliehen.

Die Medaille «Für die Verteidigung Kiews» wurde allen Teilnehmern an der Verteidigung Kiews des Jahres 1941 verliehen – Angehörigen der Sowjetarmee und der Truppen des Volkskommissariats für Innere Angelegenheiten ebenso wie Werktätigen, die an der Verteidigung Kiews in den Reihen der Volkswehren teilnahmen, Verteidigungsanlagen errichteten, in Betrieben für die Front arbeiteten, und Partisanen, die um die Stadt kämpften. Die Auszeichnung mit der Medaille erfolgte im Namen des Präsidiums des Obersten Sowjets der UdSSR auf der Grundlage von Dokumenten, die die Teilnahme an der Verteidigung Kiews bestätigten. Insgesamt wurden etwa 105 000 Menschen mit der Medaille ausgezeichnet.
Tafel XVII, Abb. 6

Die Medaille
«Für die Verteidigung des Kaukasus»
Медаль «За оборону Кавказа»/
Medal' «Za oboronu Kavkaza»

Vorderseite: Im Zentrum sind der Doppelgipfel des Elbrus, des höchsten Berges im Kaukasus, an dessen Fuß Erdölfördertürme und drei Panzer sowie über dem Gipfel drei Flugzeuge dargestellt; im oberen Teil der Medaillenmitte ist die Umschrift ЗА ОБОРОНУ КАВКАЗА (Za oboronu Kavkaza/Für die Verteidigung des Kaukasus) angeordnet; dieses Mittelmedaillon von 24 mm Durchmesser ist

von einem Ring umgeben, der rechts und links mit Ornamentbändern aus Weinlaub, Weintrauben und Blüten gefüllt ist, zudem sind oben ein Stern und unten auf einem in Falten gelegten Band Hammer und Sichel sowie die Inschrift CCCP (SSSR/UdSSR) angeordnet; Randstab

Rückseite: Unter dem Symbol Hammer und Sichel befindet sich im Zentrum die dreizeilige Inschrift ЗА НАШУ / СОВЕТСКУЮ / РОДИНУ (Za našu Sovetskuju Rodinu/Für unsere sowjetische Heimat)

Messing

Durchmesser: 32 mm

Tragespange: pentagonal

Band: helloliv; im Abstand von 2 mm sind in der Mitte zwei 2 mm breite, rot und blau bordierte Streifen eingewebt; es hat außerdem 2 dunkelblaue Randstreifen von 2,5 mm Breite

Nach Sbornik, S. 133f.

Gestalter: N. I. Moskalew

Die Medaille «Für die Verteidigung des Kaukasus» wurde am 1. Mai 1944 gestiftet, ein halbes Jahr nach Abschluß der Verteidigung des Kaukasus. Am selben Tage wurden auch die Verordnung zur Medaille und die Beschreibung bestätigt. Am 16. Mai und am 2. Juni 1944 wurde die Verordnung noch einmal ergänzt.

Die Verteidigung des Kaukasus bedeutete zugleich die Verteidigung der transkaukasischen Republiken der UdSSR, der wertvollen Bodenschätze dieser Region, der Erdöllagerstätten und -verarbeitungsanlagen von Baku und auch der Verbindungswege für Rohstoffe und Produkte aus dieser Region zu den entsprechenden Produktionsstätten bzw. unmittelbar zu den Frontabschnitten. Der Kampf um den Kaukasus war zeitlich und örtlich eng verbunden mit dem Verlauf der Stalingrader Schlacht. An der Verteidigung des Kaukasus, die im engeren Sinne vom 25. Juli bis zum 31. Dezember 1942 währte, waren die Süd-, die Nordkaukasus- und die Transkaukasusfront beteiligt. Diese wirkten zusammen mit der Schwarzmeerflotte, der Asow- und der Kaspiflottille. Sie verfolgten das Ziel, der Heeresgruppe A der deutschen Wehrmacht zu widerstehen, sie in hartnäckigen Verteidigungsgefechten aufzureiben und die Bedingungen für den Übergang zum entschlossenen Angriff zu schaffen. Unter dem Druck des an Kräften überlegenen Feindes waren die sowjetischen Truppen gezwungen, vom Nordkaukasus nach Süden und Südwesten zurückzugehen. Ende Juli 1942 mußte der Gegner seine 4. Panzerarmee in die Stalingrader Richtung verlegen, was seine Kräftegruppierung im Nordkaukasus schwächte. Von August bis Dezember 1942 lieferten die sowjetischen Streitkräfte dem Gegner energisch geführte Abwehrschlachten. Aufgrund beträchtlicher Verluste von mehr als 100 000 Menschen war der Gegner Ende 1942 gezwungen, die Angriffsoperation abzubrechen und zur Verteidigung überzugehen. So vereitelten die sowjetischen Truppen den Plan des deutschen Oberkommandos, den Kaukasus zu erobern, schwächten seine Schlaggruppierung und schufen damit die Voraussetzungen, zu gegebener Zeit mit dem Angriff zu beginnen. Bis dahin mußten die eingenommenen Positionen behauptet, Kräfte und Mittel herangeführt und der Widerstand im Hinterland des Feindes – insbesondere durch 140 in diesem Abschnitt operierende Partisanenabteilungen – verstärkt werden. Dieser Kampf währte bis Oktober 1943.

Die Medaille «Für die Verteidigung des Kaukasus» wurde an alle Verteidiger des Kaukasus verliehen – an die Angehörigen der Roten Armee, der Seekriegsflotte und der Truppen des Volkskommissariats für Innere Angelegenheiten ebenso wie an Bürger des Gebietes, die unmittelbar an den Kämpfen teilnahmen. Die Medaille erhielten all jene, die von Juli 1942 bis Oktober 1943 zu den Verteidigern des Kaukasus gehörten, wie auch diejenigen, die sich ab Herbst 1941 an der Errichtung von Stellungen und anderen Verteidigungsanlagen beteiligten. Insgesamt wurden mit der Medaille «Für die Verteidigung des Kaukasus» annähernd 870 000 Menschen ausgezeichnet.

Tafel XVIII, Abb. 1

Die Medaille
«Für die Verteidigung des sowjetischen Polargebietes»
Медаль «За оборону Советского Заполярья»/
Medal' «Za oboronu Sovetskogo Zapoljar'ja»

Vorderseite: Im Mittelmedaillon von 23 mm Durchmesser dominiert die Darstellung eines Soldaten in Pelzmantel und -mütze mit einer Maschinenpistole vor der Brust; des weiteren sind zwei Panzer, ein Schiff und zwei Flugzeuge abgebildet; in einem Ring, der das Medaillon umgibt, ist die Umschrift ЗА ОБОРОНУ СОВЕТСКОГО ЗАПОЛЯРЬЯ (Za oboronu Sovetskogo Zapoljar'ja/Für die Verteidigung des sowjetischen Polargebietes) angeordnet; im unteren Teil ist einem in Falten gelegten Band ein Stern mit Hammer und Sichel aufgelegt; Randstab
Rückseite: Unter dem Symbol Hammer und Sichel befindet sich im Zentrum die dreizeilige Inschrift ЗА НАШУ / СОВЕТСКУЮ / РОДИНУ (Za našu Sovetskuju Rodinu/Für unsere sowjetische Heimat)
Messing
Durchmesser: 32 mm
Tragespange: pentagonal
Band: hellblau mit einem 6 mm breiten grünen Mittelstreifen; dieser wie das gesamte Band sind von je 2 mm breiten weißen Streifen bordiert
Nach Sbornik, S. 135f.
Gestalter: A. I. Kusnezow

Die Medaille «Für die Verteidigung des sowjetischen Polargebietes» wurde am 5. Dezember 1944 gestiftet und diente der Auszeichnung zahlreicher Kämpfer der von Juni 1941 bis Oktober 1944 geführten Verteidigung des Polargebietes. Zugleich wurden die Verordnung zur Medaille und ihre Beschreibung bestätigt.

Das von reaktionären Kreisen beherrschte Finnland war an der Seite Hitlerdeutschlands in den Krieg gegen die Sowjetunion eingetreten und hatte wenige Tage nach Kriegsbeginn mit Angriffshandlungen begonnen. Norwegen war ein Jahr zuvor von Deutschland okkupiert und als Aufmarschbasis gegen die UdSSR ausgebaut worden. Auch von dort aus begannen unverzüglich Angriffshandlungen gegen das sowjetische Territorium und die nördlichen Verbindungswege. Die Verteidigung wurde vor allem von der Nordfront bzw. der Karelischen Front (seit 1.9.1941) und der Nordflotte sowie der Weißmeerflottille bestritten. Schauplatz waren die Halbinsel Kola und der nördliche Teil Kareliens sowie die Barentssee, das Weiße Meer und die Karasee. Das Ziel der Verteidigung bestand darin, die Eroberung der Halbinsel Kola mit dem eisfreien Hafen Murmansk und der Kirower Eisenbahn durch den Gegner zu verhindern und die Verbindungswege zum Nordmeer zu sichern. Dem Gegner war es nicht möglich, die UdSSR durch Sperrung der nördlichen Häfen von den äußeren Verbindungen abzuschneiden. Den Faschisten gelang es in diesem Abschnitt lediglich, 25 bis 30 km auf sowjetisches Territorium vorzustoßen und sich dort bis Oktober 1944 festzusetzen. Die Verteidigung erfolgte unter komplizierten geographischen und klimatischen Bedingungen. Mit der Petsamo-Kirkeneser Angriffsoperation der Sowjetarmee vom 7. bis 29. Oktober 1944, die mit der Vertreibung der Faschisten aus dieser Region endete, wurde dieses Kapitel des Großen Vaterländischen Krieges abgeschlossen.

Gemäß Verordnung wurde die Medaille «Für die Verteidigung des sowjetischen Polargebietes» allen an der Verteidigung beteiligten Kämpfern verliehen – Angehörigen der Roten Armee, der Seekriegsflotte und der Truppen des Volkskommissariats für Innere Angelegenheiten ebenso wie der Bevölkerung des Gebietes, die unmittelbar in die Verteidigung einbezogen waren.

Die Verleihung der Medaille erfolgte im Namen des Präsidiums des Obersten Sowjets der UdSSR auf der Grundlage der Dokumente, die die Teilnahme bestätigten. Die Medaille wurde unabhängig von der Dauer des Einsatzes verliehen. Insgesamt wurden mit der Medaille über 350 000 Kämpfer ausgezeichnet.
Tafel XVIII, Abb. 2

Die Medaille
«Für die Einnahme Budapests»
Медаль «За взятие Будапешта»/
Medal' «Za vzjatie Budapešta»

Vorderseite: Unter einem Stern ist in der Mitte die zweizeilige In-
schrift ЗА ВЗЯТИЕ / БУДАПЕШТА (Za vzjatie Budapešta/Für
die Einnahme Budapests) angeordnet; darunter sind zwei Lorbeer-
zweige dargestellt, denen in der Mitte das Symbol Hammer und Si-
chel aufliegt; Randstab
Rückseite: Unter einem Stern befindet sich im Zentrum die dreizei-
lige Inschrift 13 / ФЕВРАЛЯ / 1945 (13 fevralja 1945/ 13. Februar
1945); Randstab
Messing
Durchmesser: 32 mm
Tragespange: pentagonal
Band: orangefarben mit einem 8 mm breiten blauen Mittelstreifen
Nach Sbornik, S. 140
Gestalter: A. I. Kusnezow

Die Medaille «Für die Einnahme Budapests» wurde
am 9. Juni 1941 gestiftet, 3 Monate nach Beendigung
der Budapester Angriffsoperation. Zugleich wurden
die Verordnung zur Medaille und ihre Beschreibung
bestätigt. Die Verleihungsordnung der Medaille wurde
am 31. August desselben Jahres bestätigt.

Die Budapester Angriffsoperation währte – einschließlich der Vorbereitungsperiode – vom 29. Oktober 1944 bis zum 13. Februar 1945. Sie wurde ausgeführt durch die 2. Ukrainische Front und bedeutende
Teile der 3. Ukrainischen Front der Sowjetarmee unter
Beteiligung der Donauflottille. Das Ziel der Operation
bestand in der Einnahme der ungarischen Hauptstadt
Budapest und dem Ausscheiden des Landes aus dem

Krieg. Dabei war eine bedeutende Kräftegruppierung
der faschistischen Truppen, insbesondere der Heeresgruppe Süd, in Stärke von mehr als einer viertel Million Mann zu zerschlagen. Schauplatz der Kämpfe bis
zum Dezember 1944 war insbesondere die Ungarische
Tiefebene. Die Theiß und die Donau wurden forciert,
und es gelang, Budapest einzuschließen, das durch
tiefgestaffelte, langfristig vorbereitete Verteidigungsanlagen auf hartnäckigen Widerstand vorbereitet war.
Zu den Eingeschlossenen zählten 188 000 Soldaten der
faschistischen Wehrmacht. Im Januar 1945 unter-
nahm der Gegner drei starke Gegenstöße, um die Einkreisung seiner Truppen zu durchbrechen und seine
Verteidigung zu stabilisieren. Die sowjetische Seite
wehrte diese Angriffe ab und vollendete schließlich
Mitte Februar die Operation. Nahezu 140 000 deutsche Soldaten wurden gefangengenommen. Am Ende
der Operation waren auch die Verbindungswege der
deutschen Faschisten nach Jugoslawien stark gefähr-
det, was den Truppenrückzug von dort beschleunigte.
Am 22. Dezember 1944 konstituierte sich in Ungarn
eine zeitweilige Regierung, die am 28. Dezember
Deutschland den Krieg erklärte. Am 20. Januar 1945
wurde in Moskau zwischen der UdSSR und Ungarn
der Waffenstillstand vereinbart.

Die Medaille «Für die Einnahme Budapests» wurde
an Angehörige von Truppenteilen, Verbänden und
Einrichtungen der Roten Armee, der Seekriegsflotte,
der Volkskommissariate für Innere Angelegenheiten
und für Staatssicherheit, an Kämpfer, die in der Zeit
vom 20. Dezember 1944 bis zum 15. Februar 1945 an
der Erstürmung und der Einnahme Budapests beteiligt
waren, sowie an Organisatoren und Führungskräfte
der Budapester Operation verliehen. Insgesamt wurden mehr als 350 000 Menschen mit der Medaille ausgezeichnet.
Tafel XVIII, Abb. 3

Die Medaille
«Für die Einnahme Königsbergs»
Медаль «За взятие Кенигсберга»/
Medal' «Za vzjatie Kenigsberga»

Vorderseite: Unter einem Stern, von dem nach allen Seiten Strahlen
ausgehen, ist in der Mitte die dreizeilige Inschrift ЗА / ВЗЯТИЕ /

КЕНИГСБЕРГА (Za vzjatie Kenigsberga/Für die Einnahme Königsbergs) angeordnet; darunter ist ein Lorbeerzweig dargestellt; Randstab
Rückseite: Unter einem Stern befindet sich im Zentrum die dreizeilige Inschrift 10 / АПРЕЛЯ /1945 (10 aprelja 1945/10. April 1945)
Messing
Tragespange: pentagonal
Band: grün mit drei je 4 mm breiten schwarzen Streifen, der Abstand voneinander beträgt 5 mm, von den Kanten je 1 mm
Nach Sbornik, S. 141
Gestalter: A. I. Kusnezow

Die Medaille «Für die Einnahme Königsbergs» wurde am 9. Juni 1945 gestiftet, wenige Wochen nach Beendigung der Ostpreußischen und der Königsberger Angriffsoperation der sowjetischen Streitkräfte. Am 31. August desselben Jahres wurden die Verordnung zur Medaille, die Beschreibung und die Verleihungsordnung bestätigt. Die Verordnung wurde am 5. Februar 1951 noch einmal ergänzt.

Königsberg, das heutige Kaliningrad, wurde von der faschistischen Wehrmacht mit außerordentlicher Härte verteidigt, denn die Stadt war ein bedeutendes politisches und wirtschaftliches Zentrum im Nordosten Deutschlands sowie – zusammen mit Pillau, dem heutigen Baltisk – ein wichtiger Kriegshafen. Sie war die alte Residenzstadt, der alte Krönungsort der preußischen Könige und Hort des preußisch-deutschen Militarismus. So stellten die Faschisten erhebliche Kräfte und Mittel bereit und erklärten die Stadt in der Endphase zur Festung.

An der strategischen Ostpreußischen Angriffsoperation der Streitkräfte der UdSSR vom 13. Januar bis zum 25. April 1945 waren die 2. und die 3. Belorussi-

sche Front, Teile der 1. Baltischen Front und die Baltische Flotte beteiligt. Das Ziel bestand darin, die gegnerische Gruppierung in Ostpreußen und in Nordpolen zu zerschlagen. Zur Durchführung der Operation bildete das sowjetische Oberkommando eine starke Truppengruppierung von etwa 1,67 Millionen Kämpfern, über 25000 Geschützen und Granatwerfern, fast 4000 Panzern und Selbstfahrlafetten sowie 3100 Flugzeugen. Die Verteidigung des Gegners umfaßte 7 Verteidigungsstreifen und 6 befestigte Gebiete. Im Verlauf der Operation wurde die deutsche Gruppierung in drei voneinander isolierte Teile gespalten, von denen ein Teil die Königsberger Gruppierung war. Diese Gruppierung zu zerschlagen und die ostpreußische Metropole einzunehmen waren Ziel und Inhalt der Königsberger Angriffsoperation. Sie dauerte vom 6. bis 9. April 1945 und wurde durch die Truppen der 3. Belorussischen Front im Zusammenwirken mit Teilen der Baltischen Flotte ausgeführt.

Die Medaille «Für die Einnahme Königsbergs» wurde an alle Angehörigen der Truppenteile, Verbände und Einrichtungen der Roten Armee, der Seekriegsflotte, der Volkskommissariate für Innere Angelegenheiten und für Staatssicherheit verliehen, die unmittelbar an der Erstürmung und Einnahme Königsbergs in der Zeit vom 23. Januar bis 10. April 1945 beteiligt waren, sowie an Organisatoren und Führungskräfte der Operation. Insgesamt wurden mit der Medaille mehr als 760000 Kämpfer ausgezeichnet.
Tafel XVIII, Abb. 5

Die Medaille «Für die Einnahme Wiens»
Медаль «За взятие Вены»/Medal' «Za vzjatie Veny»

Vorderseite: Unter einem Stern ist die dreizeilige Inschrift 3A / ВЗЯТИЕ / ВЕНЫ (Za vzjatie Veny/Für die Einnahme Wiens) angeordnet; links unten ist ein Lorbeerzweig dargestellt; Randstab
Rückseite: Unter einem Stern befindet sich im Zentrum die dreizeilige Inschrift 13 / АПРЕЛЯ / 1945 (13 aprelja 1945/13. April 1945)
Messing
Durchmesser: 32 mm
Tragespange: pentagonal
Band: hellblau mit einem 8 mm breiten dunkelblauen Mittelstreifen
Nach Sbornik, S. 142
Gestalter: Sworykin

für Staatssicherheit verliehen, die unmittelbar an der Erstürmung und Einnahme Wiens in der Zeit vom 16. März bis 13. April 1945 beteiligt waren, sowie an Organisatoren und Führungskräfte der Operation. Insgesamt wurde die Medaille «Für die Einnahme Wiens» an mehr als 270 000 Kämpfer verliehen.
Tafel XVIII, Abb. 4

Die Medaille «Für die Einnahme Wiens» wurde am 9. Juni 1945 gestiftet, wenige Wochen nach Beendigung der Wiener Angriffsoperation. Am selben Tage wurden die Verordnung zur Medaille und die Beschreibung, am 31. August desselben Jahres die Verleihungsordnung bestätigt.

An der Wiener Angriffsoperation vom 16. März bis zum 15. April 1945 waren auf sowjetischer Seite die 3. Ukrainische Front und der linke Flügel der 2. Ukrainischen Front sowie die Donauflottille unter Beteiligung bulgarischer und jugoslawischer Truppen eingesetzt. Das Ziel der Operation bestand darin, die Zerschlagung der faschistischen deutschen Truppen in Südungarn – dazu gehörten die Heeresgruppe Süd und Teile der Heeresgruppe E – zu vollenden und die österreichische Hauptstadt Wien zu erobern. Im Verlauf der Operation zerschlugen die sowjetischen Truppen 32 Divisionen und nahmen 130 000 Soldaten gefangen. Die Gruppierung der Wehrmacht auf dem Balkan geriet immer mehr in die Isolierung und wurde gezwungen, eilends zurückzuweichen. Die Wiener Operation endete mit der vollständigen Befreiung Ungarns, der Säuberung des östlichen Teils Österreichs vom Feind und der Einnahme Wiens. Damit waren wichtige Voraussetzungen für die Errichtung eines österreichischen Staates geschaffen.

Die Medaille «Für die Einnahme Wiens» wurde an Angehörige von Truppenteilen, Verbänden und Einrichtungen der Roten Armee, der Seekriegsflotte, der Volkskommissariate für Innere Angelegenheiten und

Die Medaille «Für die Einnahme Berlins»
Медаль «За взятие Берлина»/
Medal' «Za vzjatie Berlina»

Vorderseite: Unter einem Stern ist die dreizeilige Inschrift ЗА / ВЗЯТИЕ / БЕРЛИНА (Za vzjatie Berlina/Für die Einnahme Berlins) angeordnet, darunter sind zwei Eichenzweige dargestellt, die durch ein Band zusammengehalten werden; Randstab
Rückseite: Über einem Stern befindet sich im Zentrum die dreizeilige Inschrift 2 / МАЯ / 1945 (2 maja 1945/ 2. Mai 1945)
Messing
Durchmesser: 32 mm
Tragespange: pentagonal
Band: rot mit einem 12 mm breiten orangefarbenen Mittelstreifen, dem drei je 2 mm breite schwarze Streifen eingewebt sind (Band des Ruhmesordens)
Nach Sbornik, S. 143
Gestalter: A. I. Kusnezow

Die Medaille «Für die Einnahme Berlins» wurde am 9. Juni 1945 gestiftet, einen Monat nach Beendigung der Berliner Operation. Zugleich wurden auch die Verordnung zur Medaille und ihre Beschreibung bestätigt.

Die Berliner Angriffsoperation der Roten Armee vom 16. April bis 8. Mai 1945 war eine der umfangreichsten und bedeutendsten Angriffsoperationen des Großen Vaterländischen Krieges. Auf sowjetischer Seite waren vor allem Truppen der 1. und der 2. Belorussischen sowie der 1. Ukrainischen Front eingesetzt. Es nahmen auch Verbände der Baltischen Flotte und der Dnjeprflottille sowie der 1. und 2. Polnischen Armee teil. Das Ziel bestand darin, die Gruppierung des Gegners in der Berliner Richtung zu zerschlagen, Berlin zu erobern und weiter zur Elbe vorzustoßen, um sich dort mit den alliierten Truppen zu vereinigen. Die Faschisten hatten zur Verteidigung der Reichshauptstadt starke Stellungen parallel zur Oder und Neiße sowie drei Verteidigungsringe um Berlin angelegt. Zur Abwehr des erwarteten Angriffs waren etwa eine Million Mann vor allem der Heeresgruppen Weichsel und Mitte konzentriert, die über 10 400 Geschütze und Granatwerfer, 1 500 Panzer und Sturmgeschütze sowie über 3 300 Flugzeuge verfügten. Diese Kräfte sollten versuchen, das Kriegsende hinauszuzögern, vor allem um der faschistischen Führung Zeit für Separatverhandlungen mit den imperialistischen Westmächten zu verschaffen. Die sowjetische Seite verfügte über etwa 2,5 Millionen Kämpfer mit 41 600 Geschützen und Granatwerfern, 6 250 Panzern und Selbstfahrlafetten sowie 7 400 Flugzeugen. Sie besaß eine Überlegenheit an Kräften von 2,5:1 sowie an technischen Mitteln von 2,3 bis 4,1:1. Der Angriff begann am 16. April mit dem Forcieren der Oder auf breiter Front. Nach energischen Kämpfen wurden der Verteidigungsstreifen an der Oder durchbrochen und unter hohen Verlusten die Seelower Höhen genommen. Am 21. und 22. April erreichten die sowjetischen Truppen die Vororte Berlins. Am 25. April wurde die Einkreisung Berlins vollendet, und der Sturm auf die Innenstadt mit den politischen Führungszentren der faschistischen Herrschaft begann, ausgeführt von 7 Armeen und zahlreichen selbständigen Verbänden der 1. Belorussischen und der 1. Ukrainischen Front. Am 30. April begann der Sturm auf das Reichstagsgebäude, das am 1. Mai besetzt wurde. Die Reste der in Berlin stehenden deutschen Truppen kapitulierten am Morgen des 2. Mai. Bis zum 8. Mai erreichten die sowjetischen Truppen, faschistische Restgruppen zerschlagend, die Linie Schwerin – Elbe. Die bedingungslose Kapitulation des faschistischen Deutschlands am 8. Mai in Berlin-Karlshorst – und damit die Beendigung des zweiten Weltkrieges in Europa – war das direkte Ergebnis der Berliner Operation.

Die Medaille «Für die Einnahme Berlins» wurde an Angehörige der Roten Armee, der Seekriegsflotte und der Truppen des Volkskommissariats für Innere Angelegenheiten verliehen, die unmittelbar an der heldenhaften Erstürmung und Einnahme Berlins beteiligt waren, sowie an Organisatoren und Führungskräfte der Berliner Operation. Die Auszeichnung erfolgte auf der Grundlage von Dokumenten, die bescheinigten, daß die Kämpfer vom 22. April bis zum 2. Mai 1945 am Sturm auf Berlin teilnahmen. Insgesamt wurden mit der Medaille mehr als 1,4 Millionen Kämpfer ausgezeichnet.

Tafel XVIII, Abb. 6

Die Medaille «Für die Befreiung Belgrads»
Медаль «За освобождение Белграда»/ Medal' «Za osvoboždenie Belgrada»

Vorderseite: Das Zentrum wird von der zweizeiligen Aufschrift ЗА / ОСВОБОЖДЕНИЕ / БЕЛГРАДА (Za osvoboždenie Belgrada/ Für die Befreiung Belgrads) umschlossen; die Aufschrift ist umgeben von zwei Kranzteilen aus Lorbeerlaub, die unten durch ein Band zusammengehalten, während sie oben durch einen Stern getrennt werden; Randstab
Rückseite: Unter einem Stern befindet sich im Zentrum die dreizeilige Inschrift 20 / ОКТЯБРЯ / 1944 (20 oktjabrja 1944/20. Oktober 1944)
Messing
Durchmesser: 32 mm
Tragespange: pentagonal

Band: grün mit einem 8 mm breiten schwarzen Mittelstreifen
Nach Sbornik, S. 144f.
Gestalter: A. I. Kusnezow

Die Medaille «Für die Befreiung Belgrads» wurde am 9. Juni 1945 gestiftet, 8 Monate nach Beendigung der Belgrader Angriffsoperation der Sowjetarmee. Zugleich wurden auch die Verordnung zur Medaille und ihre Beschreibung bestätigt.

Die Belgrader Angriffsoperation vom 28. September bis zum 20. Oktober 1944 wurde ausgeführt von Truppen der 3. Ukrainischen Front der Roten Armee, der Volksbefreiungsarmee Jugoslawiens und Truppen der Vaterländischen Front Bulgariens. Das Ziel der Operation bestand darin, die Gruppierung der faschistischen Truppen in Jugoslawien, vor allem die Heeresgruppe F, zu zerschlagen, Belgrad zu befreien und weiter zu den Verbindungslinien der Heeresgruppe E vorzustoßen, um deren Rückzug von der Balkanhalbinsel zu verhindern. Der Hauptstoß wurde in der Belgrader Richtung geführt. Im Verlauf der Kämpfe wurden die Armeegruppe Serbien der Heeresgruppe F zerschlagen sowie beträchtliche Teile der Heeresgruppe E vernichtet. Die jugoslawische Metropole Belgrad und große Gebiete Serbiens wurden befreit. Die sowjetischen, jugoslawischen und bulgarischen Truppen nahmen bedeutende Verkehrsknoten- und Widerstandspunkte wie Niš und Kralevo ein und unterbrachen den Verbindungsweg Saloniki – Belgrad. So mußte die Heeresgruppe E ihren Rückzug über die Berge antreten, wo sie erhebliche Verluste durch die jugoslawische Volksbefreiungsarmee erlitt. Die Belgrader Operation schuf eine günstige Ausgangslage für die Befreiung ganz Jugoslawiens.

Die Medaille «Für die Befreiung Belgrads» wurde an die Angehörigen der Truppenteile, Verbände und Einrichtungen der Roten Armee, der Seekriegsflotte sowie der Volkskommissariate für Innere Angelegenheiten und für Staatssicherheit verliehen, die in der Zeit vom 29. September bis zum 22. Oktober 1944 unmittelbar an der heldenhaften Erstürmung und Einnahme Belgrads teilgenommen hatten, sowie an Organisatoren und Führungskräfte der Operation. Insgesamt wurde die Medaille an etwa 70 000 Kämpfer verliehen.
Tafel XIX, Abb. 1

Die Medaille
«Für die Befreiung Warschaus»
Медаль «За освобождение Варшавы»/
Medal' «Za osvoboždenie Varšavy»

Vorderseite: Dem Rand folgend sowie auf einem Band durch die Mitte der Medaille ist die zweiteilige Aufschrift ЗА ОСВОБОЖДЕНИЕ / ВАРШАВЫ (Za osvoboždenie Varšavy/Für die Befreiung Warschaus) angeordnet; von einem im unteren Teil befindlichen Stern gehen Strahlen aus, die an einem Ring enden, der das Zentrum umschließt; Randstab
Rückseite: Unter einem Stern befindet sich in der Mitte die dreizeilige Inschrift 17 / ЯНВАРЯ / 1945 (17 janvarja 1945/17. Januar 1945)
Messing
Durchmesser: 32 mm
Tragespange: pentagonal
Band: blau mit einem 8 mm breiten roten Mittelstreifen und zwei je 2 mm breiten gelben Seitenstreifen
Nach Sbornik, S. 145f.
Gestalter: A. I. Kusnezow

Die Medaille «Für die Befreiung Warschaus» wurde am 9. Juni 1945 gestiftet und an die bei der Befreiung der polnischen Hauptstadt eingesetzten Truppen und Kräfte verliehen. Am selben Tag wurden die Verordnung zur Medaille und ihre Beschreibung, am 31. August desselben Jahres auch die Verleihungsordnung bestätigt.

Eine der größten Operationen des zweiten Weltkrieges war die strategische Weichsel-Oder-Operation vom 12. Januar bis 3. Februar 1945, in deren Verlauf große Teile Polens befreit wurden. Teil dieser Offensive war die Warschau–Poznańer Operation vom

14. Januar bis 3. Februar, im Zuge derer auch die polnische Hauptstadt durch die Truppen der 1. Belorussischen Front im Kampf gegen Verbände der Heeresgruppe A befreit wurde. Im Bestand der 1. Belorussischen Front kämpfte auch die 1. Polnische Armee. Den Sturm auf die Stadt eröffneten die polnischen Truppen, indem sie in der Nacht zum 17. Januar 1945 die Weichsel forcierten, den Widerstand des Gegners niederkämpften und in die Stadt eindrangen. Im engen Zusammenwirken mit den sowjetischen Verbänden, die ebenfalls zum Angriff angetreten waren, befreiten sie nach energischen Kämpfen noch am selben Tag die Hauptstadt.

Die Medaille «Für die Befreiung Warschaus» wurde an die Angehörigen der Truppenteile, Verbände und Einrichtungen der Sowjetarmee, der Volkskommissariate für Innere Angelegenheiten und für Staatssicherheit verliehen, die in der Zeit vom 14. bis 17. Januar 1945 unmittelbar an der Befreiung Warschaus teilgenommen hatten, sowie an Organisatoren und Führungskräfte der Warschau–Poznañer Operation. Die Auszeichnung erfolgte auf der Grundlage von Dokumenten, die die Beteiligung an den Kampfhandlungen bestätigten. Insgesamt wurden mehr als 690 000 Kämpfer mit der Medaille geehrt.
Tafel XIX, Abb. 2

Die Medaille
«Für die Befreiung Prags»
Медаль «За освобождение Праги»/
Medal' «Za osvoboždenie Pragi»

Vorderseite: Über einer aufgehenden Sonne, von der Strahlen ausgehen, ist die zweiteilige Aufschrift ЗА ОСВОБОЖДЕНИЕ / ПРАГИ (Za osvoboždenie Pragi/Für die Befreiung Prags) angeordnet; im unteren Teil sind zwei Lorbeerzweige dargestellt, denen in der Mitte ein Stern aufliegt; Randstab
Rückseite: Über einem Stern befindet sich im Zentrum die dreizeilige Inschrift 9 / МАЯ / 1945 (9 maja 1945/9. Mai 1945)
Messing
Durchmesser: 32 mm
Tragespange: pentagonal
Band: violett mit einem 8 mm breiten blauen Mittelstreifen
Nach Sbornik, S. 146
Gestalter: A. I. Kusnezow
Die Medaille «Für die Befreiung Prags» wurde am 9. Juni 1945 gestiftet und an die an der Prager Operation beteiligten Truppen verliehen. Am selben Tag

wurden die Verordnung zur Medaille und ihre Beschreibung, am 31. August desselben Jahres auch die Verleihungsordnung bestätigt.

Die Prager Angriffsoperation der Roten Armee verlief – noch über das Datum der offiziellen Unterzeichnung der bedingungslosen Kapitulation Deutschlands hinaus – vom 6. bis zum 11. Mai 1945. Sie wurde ausgeführt von den Truppen der 1. und 2. Ukrainischen Front. Das Ziel bestand darin, die faschistische deutsche Gruppierung auf dem Territorium der Tschechoslowakei, bestehend aus den Heeresgruppen Mitte und Österreich, einzukreisen und zu zerschlagen sowie die Kämpfer des Prager Aufstandes bei der Befreiung der Hauptstadt zu unterstützen. An den Kämpfen waren überdies polnische, rumänische und tschechoslowakische Truppen beteiligt. Im Verlauf der Operation wurde nahezu die gesamte gegnerische Gruppierung eingeschlossen, und etwa 860 000 Soldaten und Offiziere wurden gefangengenommen. Die Prager Operation war die letzte Operation der Streitkräfte der UdSSR im Krieg gegen das faschistische Deutschland.

Die Medaille «Für die Befreiung Prags» wurde an die Angehörigen der Truppenteile, Verbände und Einrichtungen der Sowjetarmee sowie der Volkskommissariate für Innere Angelegenheiten und für Staatssicherheit verliehen, die in der Zeit vom 3. bis zum 9. Mai 1945 unmittelbar an den Kämpfen zur Befreiung Prags teilgenommen hatten, sowie an Organisatoren und Führungskräfte der Prager Operation. Die Verleihung der Medaille erfolgte aufgrund der Dokumente,

die die Beteiligung an der Befreiung Prags nachwiesen. Insgesamt wurden mit der Medaille mehr als 395 000 Kämpfer ausgezeichnet.
Tafel XIX, Abb. 3

Die Medaille «Für den Sieg über Deutschland im Großen Vaterländischen Krieg 1941–1945»

Медаль «За победу над Германией в Великой Отечественной войне 1941–1945 гг.»/ Medal' «Za pobedu nad Germaniej v Velikoj Otečestvennoj vojne 1941–1945 gg.»

Vorderseite: In der Mitte ist J. W. Stalin (nach links gewandt) in der Uniform eines Marschalls der Sowjetunion dargestellt; das Brustbild ist umgeben von der zweiteiligen Umschrift НАШЕ ДЕЛО ПРАВОЕ / МЫ ПОБЕДИЛИ (Naše delo pravoe – my pobedili/Unsere Sache ist gerecht – wir haben gesiegt); Randstab
Rückseite: Im oberen Teil ist die Umschrift ЗА ПОБЕДУ НАД ГЕРМАНИЕЙ (Za pobedu nad Germaniej/Für den Sieg über Deutschland), im Zentrum über einem Stern die dreizeilige Inschrift В ВЕЛИКОЙ / ОТЕЧЕСТВЕННОЙ ВОЙНЕ / 1941–1945 гг. (v Velikoj Otečestvennoj vojne 1941–1945 gg./im Großen Vaterländischen Krieg 1941–1945) angeordnet; Randstab
Messing
Durchmesser: 32 mm
Tragespange: pentagonal
Band: orangefarben mit drei je 4 mm breiten schwarzen Streifen; der Abstand voneinander beträgt ebenfalls 4 mm, der von den Kanten 1 mm (es sind dies auch die Farben des Ruhmesordens)
Nach Sbornik, S. 137
Gestalter: N. Romanow

Die Medaille «Für den Sieg über Deutschland im Großen Vaterländischen Krieg 1941–1945» wurde am Tag des Sieges der Sowjetunion und ihrer Verbündeten über den deutschen Faschismus am 9. Mai 1945 gestiftet. Sie nimmt eine besondere Stellung unter den Medaillen für Verdienste beim Kampf um Städte und Territorien im Großen Vaterländischen Krieg ein. Mit der Medaille wurden all jene ausgezeichnet, die zum Sieg der Sowjetunion im Großen Vaterländischen Krieg beigetragen haben. Damit gehört sie zu den am meisten verliehenen militärischen Auszeichnungen aller Zeiten. Mit der Stiftung der Medaille wurden auch die Verordnung und die Beschreibung, am 24. Juli desselben Jahres die Verleihungsordnung bestätigt. Am 5. Juli 1945 wurde die Verordnung zur Medaille noch einmal ergänzt.

Der fast vier Jahre während Kampf der Sowjetunion gegen das faschistische Deutschland war eine außerordentlich schwere Prüfung für den Sowjetstaat und das Sowjetvolk. Deutschland hatte im Bunde mit Italien, Japan und anderen Staaten bis zum Juni 1941 allein 12 europäische Länder annektiert und sich deren Ressourcen für den Krieg gegen die UdSSR dienstbar gemacht. Es fiel ein Heer in die Sowjetunion ein, das zunächst aus 185, später – auf dem Höhepunkt des Krieges – aus 280 Divisionen bestand, kriegserfahren und auf das modernste ausgerüstet war. Mit dem faschistischen Einfall in die Sowjetunion am 22. Juni 1941 wurde der Große Vaterländische Krieg zum Hauptbestandteil des zweiten Weltkrieges und führte vollends zu dessen Umwandlung aus einem imperialistischen Krieg in einen antifaschistischen Befreiungskrieg der Völker. In der ersten Periode des Krieges, vom 22. Juni 1941 bis zum November 1942, gelang es dem Sowjetvolk und seinen Streitkräften unter Führung der Kommunistischen Partei, den Ansturm der Faschisten aufzuhalten und die Voraussetzungen zu schaffen, selbst auf breiter Front zum Angriff überzugehen. In der zweiten Periode des Krieges, vom 19. November 1942 bis zum Jahresende 1943, wurde die Wende im Krieg herbeigeführt; sie war gekennzeichnet vor allem durch die historischen Schlachten von Stalingrad und Kursk. Die dritte Periode, die Zeit vom Ende des Jahres 1943 bis zum 9. Mai 1945 umfassend, brachte die vollständige Befreiung der Sowjetunion, die Befreiung zahlreicher eu-

132 ropäischer Länder und die Zerschlagung des deutschen Faschismus. Der heldenmütige, opferreiche Kampf des Sowjetvolkes und sein Sieg im Kriege waren Ausdruck der Überlegenheit der sozialistischen Gesellschaftsordnung über die imperialistische. Der Sieg der Sowjetunion über den Hitlerfaschismus bewirkte eine grundlegende Veränderung des Kräfteverhältnisses in Europa zugunsten des Sozialismus und damit der Völker.

Die Medaille wurde an einen großen Kreis von Kämpfern verliehen: an alle Angehörigen und Zivilbeschäftigten der Truppenteile, Verbände und Einrichtungen der Roten Armee, der Seekriegsflotte und der Truppen des Volkskommissariats für Innere Angelegenheiten, die unmittelbar an den Fronten des Großen Vaterländischen Krieges eingesetzt waren; an die Angehörigen der Roten Armee usw., die mindestens 3 Monate und die Zivilbeschäftigten, die mindestens 6 Monate in den Verwaltungen der Militärbezirke, in den Organen der örtlichen Militärverwaltungen, in den Versorgungs- und Ausbildungseinrichtungen aller Waffengattungen, in den militärischen Lehranstalten und Kursen, in Spezialtruppen und Diensten, in den Organen des Militärtransportwesens, in Kommandanturen, Militärlagern, Basen und Lazaretten, in den örtlichen Schützeneinheiten, militärischen Betrieben, zentralen Verwaltungen der Volkskommissariate für Verteidigung, für die Seekriegsflotte und für Innere Angelegenheiten mit ihrer Tätigkeit dazu beigetragen hatten, den Sieg im Großen Vaterländischen Krieg zu erringen; an die Angehörigen der Organe der Volkskommissariate für Innere Angelegenheiten und für Staatssicherheit, die den Sieg erringen halfen; an Arbeiter, Angestellte, Kolchosbauern und andere Persönlichkeiten, die als Partisanen im Hinterland aktiv gegen den Feind gekämpft hatten.

Die Medaille wurde auf der Grundlage von Dokumenten verliehen, die die Teilnahme an den Kämpfen bescheinigten. Insgesamt sind mit der Medaille mehr als 14,9 Millionen Menschen ausgezeichnet worden.
Tafel XIX, Abb. 4

Die Medaille
«Für den Sieg über Japan»
Медаль «За победу над Японией» /
Medal' «Za pobedu nad Japoniej»

Vorderseite: In der Mitte ist J.W. Stalin (nach rechts gewandt) in der Uniform eines Marschalls der Sowjetunion dargestellt; im oberen Teil ist die Umschrift ЗА ПОБЕДУ НАД ЯПОНИЕЙ (Za pobedu nad Japoniej/Für den Sieg über Japan) angeordnet; Randstab
Rückseite: Unter einem Stern befindet sich im Zentrum die dreizeilige Inschrift 3 / СЕНТЯБРЯ / 1945 (3 sentjabrja 1945/ 3. September 1945); Randstab
Messing
Durchmesser: 32 mm
Tragespange: pentagonal
Band: weiß mit einem 7 mm breiten roten Mittelstreifen, weiteren zwei im Abstand von 4 mm angeordneten 2mm breiten roten Streifen sowie zwei je 3 mm breiten gelben Randstreifen
Nach Sbornik, S. 139
Gestalter: N. Romanow

Die Medaille «Für den Sieg über Japan» wurde am 30. September 1945 gestiftet, knapp einen Monat nach der bedingungslosen Kapitulation Japans. Die Verordnung zur Medaille und die Verleihungsordnung wurden am 12. Dezember 1945 bestätigt. Die Verordnung wurde am 5. Februar 1951 noch einmal ergänzt.

Nachdem das militaristische Japan das Ultimatum der USA, Großbritanniens und Chinas vom 26. Juli 1945 zur bedingungslosen Kapitulation zurückgewiesen hatte, trat die Sowjetunion am 8. August 1945 in den Krieg gegen Japan ein. Sie tat das getreu ihren Bündnispflichten gegenüber den alliierten Westmächten, insbesondere aufgrund ihrer Verpflichtung, die sie auf der Konferenz von Jalta im Februar 1945 übernommen hatte. Bereits einen Tag nach dem Kriegseintritt begannen sowjetische und mongolische Truppen den Angriff gegen die in China gebundenen japanischen Kontingente – 67 Prozent der gesamten Streitkräfte Japans. Am 11. August schloß sich auch die chinesische Volksbefreiungsarmee der sowjetischen Offensive an. Das Ziel der strategischen Mandschurischen Angriffsoperation vom 9. August bis zum 2. September 1945 bestand darin, die japanische Kwantung-Armee zu zerschlagen, die Mandschurei und Nordkorea zu befreien sowie den militärischen Aufmarschraum und die militärökonomische Basis Japans auf dem asiatischen Festland zu liquidieren. Die japanische Gruppierung bestand – einschließlich Satelliten – aus mehr als 1 Million Menschen, 6 260 Geschützen und Granatwerfern, 1 155 Panzern, 1 900 Flugzeugen und 25 Schiffen. Gegen diese Gruppierung traten die Transbaikalfront sowie die 1. und 2. Fernostfront an – insgesamt 131 Divisionen und 117 Brigaden mit mehr als 1,5 Millionen Kämpfern, über 27 000 Geschützen und Granatwerfern, mehr als 700 reaktiven Werfern, 5 250 Panzern und Selbstfahrlafetten sowie 3 700 Flugzeugen. In die Operation waren auch die sowjetische Pazifikflotte einbezogen – mit einer Stärke von 165 000 Mann, 416 Schiffen, 1 382 Kampfflugzeugen und 2 550 Geschützen und Granatwerfern – sowie die Amurflottille und die Grenztruppen der anliegenden Bezirke. In einer von den Territorien der UdSSR und der Mongolischen Volksrepublik aus energisch geführten Angriffsoperation durch größtenteils unwegsame Gebiete lösten die Fronten und – von See her – die Flottenverbände in kurzer Zeit die ihnen gestellten Aufgaben. Die rasche Entwicklung dieser Kampfhandlungen trug entscheidend dazu bei, daß die japanische Regierung bereits am 14. August die bedingunglose Kapitulation anbot, die am 2. September unterzeichnet wurde. Der Verlauf der Kämpfe im Fernen Osten belegt eindeutig, daß die Atombombenabwürfe auf Hiroshima und Nagasaki am 6. und 9. August 1945 militärisch nicht notwendig waren.

Die Medaille «Für den Sieg über Japan» wurde an alle Angehörigen und Zivilbeschäftigten der Truppenteile und Verbände der Sowjetarmee, der Seekriegs-

flotte und der Truppen des Volkskommissariats für Innere Angelegenheiten verliehen, die vom 9. bis zum 23. August 1945 im Bestand der 1. und 2. Fernost- sowie der Transbaikalfront, der Pazifikflotte und der Amurflottille unmittelbar an den Kampfhandlungen gegen die japanischen Imperialisten beteiligt waren. Dieser Kreis wird noch in ähnlicher Weise erweitert wie bei der Medaille «Für den Sieg über Deutschland im Großen Vaterländischen Krieg 1941–1945». Insgesamt wurden mit der Medaille «Für den Sieg über Japan» mehr als 1,8 Millionen Menschen ausgezeichnet.
Tafel XIX, Abb. 5

Die Medaille «Für heldenmütige Arbeit im Großen Vaterländischen Krieg 1941–1945»

Медаль «За доблестный труд
в Великой Отечественной войне 1941–1945 гг.»/
Medal' «Za doblestnyj trud
v Velikoj Otečestvennoj vojne 1941–1945 gg.»

Vorderseite: In der Mitte ist J. W. Stalin (nach links gewandt) in der Uniform eines Marschalls der Sowjetunion dargestellt; das Brustbild ist umgeben von der zweiteiligen Umschrift НАШЕ ДЕЛО ПРАВОЕ / МЫ ПОБЕДИЛИ (Naše delo pravoe – my pobedili/Unsere Sache ist gerecht – wir haben gesiegt); Randstab
Rückseite: Im oberen Teil ist die Umschrift ЗА ДОБЛЕСТНЫЙ ТРУД (Za doblestnyj trud/Für heldenmütige Arbeit), im Zentrum zwischen dem Symbol Hammer und Sichel und einem Stern die vierzeilige Inschrift В ВЕЛИКОЙ / ОТЕЧЕСТВЕННОЙ /

1941–1945 gg./im Großen Vaterländischen Krieg 1941–1945) an-
geordnet; Randstab
Kupfer
Durchmesser: 32 mm
Tragespange: pentagonal
Band: rot mit einem 7 mm breiten grünen Mittelstreifen und zwei
2 mm breiten gelben Randstreifen
Nach Sbornik, S. 148
Gestalter: N. Romanow

Die Medaille «Für heldenmütige Arbeit im Großen
Vaterländischen Krieg 1941–1945» wurde am 6. Juni
1945 gestiftet und ist die meistverliehene Auszeichnung des Großen Vaterländischen Krieges der Sowjetunion. Zugleich wurden die Verordnung zur Medaille
und ihre Beschreibung bestätigt. Die Verordnung
wurde am 5. Februar 1951 noch einmal ergänzt.

Am Vorabend des Krieges gegen die Sowjetunion
verfügte Deutschland über eine weitaus höhere Produktion an Kohle und Stahl als die Sowjetunion. Aber
schon im Jahre 1942 übertraf die Produktion an Panzern und Flugzeugen der UdSSR die des faschistischen Deutschlands. Allein die Verlagerung der Produktionsstätten nach Osten und die unverzügliche
Wiederaufnahme der Produktion am neuen Standort
erforderte einen Massenheroismus der Werktätigen.
Von 1942 bis 1945 wurden der Volkswirtschaft 12 Millionen neue Arbeitskräfte zugeführt. Hausfrauen,
Oberschüler, Studenten und Rentner arbeiteten täglich bis zu 14 Stunden, um die Männer zu ersetzen, die
an der Front kämpften. Vor den Werktätigen stand die
Aufgabe, nicht nur mehr zu produzieren als je zuvor,
sondern auch die Qualität der Erzeugnisse entscheidend zu verbessern. Eine große Rolle spielten dabei
auch die Wissenschaftler und Techniker des Landes.
Durch beispiellosen Arbeitsheroismus und die rasche
Steigerung der Produktivität war die sowjetische Industrie in der Lage, die Streitkräfte in vollem Umfang
mit Waffen und Munition zu versorgen. Insgesamt
wurden in den Kriegsjahren 130000 Flugzeuge, nahezu 103000 Panzer und Selbstfahrlafetten sowie fast
500000 Geschütze ausgeliefert. Bereits 1943 erhöhte
sich die landwirtschaftliche Aussaatfläche gegenüber
1942 um 6,4 Millionen Hektar. Die Produktion erhöhte sich Jahr um Jahr – ein Zeichen des rastlosen
Ringens der Werktätigen in den Kolchosen und
Sowchosen, zumeist Frauen.

Die Medaille wurde an Arbeiter, das ingenieurtech-
nische Personal und die Angestellten der Industrie
und des Verkehrswesens, an Kolchosbauern und landwirtschaftliche Spezialisten, an Wissenschaftler, Techniker, Künstler und Schriftsteller, an Mitarbeiter der
Sowjets, der Partei, der Gewerkschaft und anderer gesellschaftlicher Organisationen verliehen, die in selbst-
loser Arbeit dazu beitrugen, den Sieg der Sowjetunion
im Großen Vaterländischen Krieg zu erringen. Der
Zeitraum der Tätigkeit der Werktätigen, der zur Auszeichnung berechtigte, war im allgemeinen auf ein
Jahr festgesetzt, bei besonderen Personengruppen
(Kriegsinvaliden, jungen Arbeitern, invalidisierten
Werktätigen, Frauen, Rentnern usw.) auf sechs Monate. Die Verleihung erfolgte im Namen des Präsidiums des Obersten Sowjets der UdSSR. Insgesamt
wurden mit der Medaille annähernd 16,1 Millionen
Menschen ausgezeichnet.
Tafel XIX, Abb. 6

Militärische Jubiläumsmedaillen

Die Medaille
«Für heldenmütige Arbeit
(Für militärisches Heldentum).
Zum Gedenken an den 100. Geburtstag
Wladimir Iljitsch Lenins»
Юбилейная медаль «За доблестный труд
(За воинскую доблесть).
В ознаменование 100-летия со дня
рождения Владимира Ильича Ленина»/
Jubilejnaja medal' «Za doblestnyj trud
(Za voinskuju doblest')
V oznamenovanie
100-letija so dnja roždenija
Vladimira Il'jiča Lenina»

Vorderseite: Im Zentrum ist der Kopf W. I. Lenins (nach links ge-
wandt) dargestellt; darunter befindet sich die Umschrift 1870–1970;
Randstab
Rückseite: Im oberen Teil ist die Umschrift ЗА ДОБЛЕСТНЫЙ
ТРУД (Za doblestnyj trud/Für heldenmütige Arbeit) bzw. ЗА
ВОИНСКУЮ ДОБЛЕСТЬ (Za voinskuju doblest'/Für militäri-

das Leninjubiläum hervorragende Leistungen in der politischen und der Gefechtsausbildung sowie hohe Ergebnisse bei der Führung der Truppen und der Erhaltung ihrer Gefechtsbereitschaft erzielten. Die Auszeichnung mit der Lenin-Gedenkmedaille erfolgte durch Erlaß des Präsidiums des Obersten Sowjets der UdSSR oder in seinem Namen. Die Medaille rangiert in der Kategorie der Jubiläumsmedaillen an erster Stelle und wird zusammen mit anderen Orden und Medaillen, die an der allgemeinen Spange befestigt sind, in der Mitte über dieser Spange getragen, sofern der Geehrte nicht auch Träger der Medaillen «Goldener Stern» oder «Hammer und Sichel» ist.
Tafel XX, Abb. 1

sches Heldentum) angeordnet; im mittleren und unteren Teil befindet sich zwischen dem Symbol Hammer und Sichel (oben) und einem Stern (unten) die vierzeilige Inschrift В ОЗНАМЕНОВАНИЕ /100-ЛЕТИЯ / СО ДНЯ РОЖДЕНИЯ / В. И. ЛЕНИНА (V Oznamenovanie 100-letija so dnja roždenija V. I. Lenina/Zum Gedenken an den 100. Geburtstag W. I. Lenins); Randstab
(Die an Walter Ulbricht verliehene, heute im Berliner Museum für Deutsche Geschichte aufbewahrte Lenin-Jubiläumsmedaille trägt rückseitig keine Umschrift, die Inschrift ist geringfügig nach oben versetzt.)
Messing, vergoldet
Durchmesser: 32 mm
Tragespange: rechteckig, rahmenförmig
Band: rot mit goldgelben Streifen, zwei je 2 mm breiten Randstreifen und zwei je 1 mm breiten Streifen, die im Abstand von 2 mm in der Mitte angeordnet sind (hier sind die Farben des Lenin-Ordens verwendet worden)
Nach Sbornik, S. 153 f.
Gestalter: N. A. Sokolow

Die Jubiläumsmedaille zum 100. Geburtstag W. I. Lenins wurde am 5. November 1969 in zwei Kategorien gestiftet – eine für heldenmütige Arbeit, die andere für militärisches Heldentum. Beide Ausgaben sind in ihrer Gestalt gleich, unterscheiden sich jedoch durch die Umschrift auf den Medaillenrückseiten. Mit der Medaille wurden auch Persönlichkeiten der internationalen kommunistischen und Arbeiterbewegung sowie andere fortschrittliche Persönlichkeiten des Auslands geehrt. Die Medaille wurde in großer Anzahl verliehen. Mit der Stiftung wurden auch die Verordnung zur Medaille, ihre Beschreibung und das Muster bestätigt.

Die Lenin-Gedenkmedaille für militärisches Heldentum wurde an Angehörige der Sowjetarmee, der Seekriegsflotte, der Truppen des Ministeriums für Innere Angelegenheiten, der Truppen und Organe des Komitees für Staatssicherheit beim Ministerrat der UdSSR verliehen, die im Verlauf der Vorbereitung auf

Die Medaille «20. Jahrestag des Sieges im Großen Vaterländischen Krieg 1941–1945»

Юбилейная медаль «Двадцать лет победы в Великой Отечественной войне 1941–1945 гг.»/ Jubilejnaja medal' «Dvadcat' let pobedy v Velikoj Otečestvennoj vojne 1941–1945 gg.»

Vorderseite: Im Zentrum ist die Skulptur eines Sowjetsoldaten von E. W. Wutschetitsch – die Hauptskulptur des Ehrenmals der Sowjetarmee in Berlin-Treptow – wiedergegeben; der Soldat, auf dem zerschmetterten Hakenkreuz stehend, trägt auf seinem linken Arm ein Kind, in seiner Rechten hält er ein gesenktes Schwert; rechts und links von dieser Darstellung sind die Jubiläumsdaten 1945 und 1965 angeordnet; im unteren Teil befinden sich zwei Lorbeerzweige, die sich in der Mitte kreuzen; Randstab

Rückseite: Im Zentrum ist ein Stern angeordnet, von dem in alle Richtungen Strahlen ausgehen, denen die römische Zahl XX aufliegt; zwischen Strahlenenden und Medaillenrand befindet sich die zweiteilige Umschrift ДВАДЦАТЬ ЛЕТ ПОБЕДЫ/В ВЕЛИКОЙ ОТЕЧЕСТВЕННОЙ ВОЙНЕ 1941–1945 гг. (Dvadcat' let pobedy v Velikoj Otečestvennoj vojne 1941–1945 gg./Zwanzigster Jahrestag des Sieges im Großen Vaterländischen Krieg 1941–1945); Randstab

Messing, vergoldet

Durchmesser: 32 mm

Tragespange: pentagonal

Band: rot, rechts mit einem 8 mm breiten grünen Randstreifen, dem im Abstand von 1 mm von der Kante ein 3 mm breiter schwarzer Streifen eingewebt ist

Nach Sbornik, S. 155 f.

Gestalter: W. A. Jermakow, J. A. Lukjanow

Die Jubiläumsmedaille zum 20. Jahrestag des Sieges der Sowjetunion ist die erste dieser Art im sowjetischen Auszeichnungssystem. Sie wurde am 7. Mai 1965 gestiftet. Am selben Tag wurden auch die Verordnung zur Medaille und ihre Beschreibung bestätigt. Der Kreis derer, die mit der Medaille ausgezeichnet werden konnten, wurde durch Beschlüsse vom 16. August 1966 und 19. Januar 1968 erweitert.

Mit der Jubiläumsmedaille wurden alle Angehörigen und Zivilbeschäftigten der Sowjetarmee ausgezeichnet, die in den Streitkräften der UdSSR am Großen Vaterländischen Krieg teilgenommen hatten; alle Partisanen des Großen Vaterländischen Krieges; alle Angehörigen der Sowjetarmee, der Seekriegsflotte, der Truppen und Organe des Komitees für Staatssicherheit beim Ministerrat der UdSSR, der Inneren Truppen und der inneren Schutzorgane der Unionsrepubliken, die am 9. Mai 1965 in diesen Organen dienten, sowie andere Persönlichkeiten, die nach dem Kriege mit der Medaille «Für den Sieg über Deutschland im Großen Vaterländischen Krieg 1941–1945» ausgezeichnet worden waren; die Angehörigen und Zivilbeschäftigten der Truppenteile und Verbände der Roten Armee, der Pazifikflotte und der Amurflottille, die im Großen Vaterländischen Krieg im Fernen Osten die Staatsgrenze der UdSSR geschützt hatten; die Widerstandskämpfer, die während des Krieges in den zeitweilig besetzten Ländern gegen die faschistischen deutschen Okkupanten gekämpft hatten. Die Auszeichnung mit der Medaille erfolgte im Namen des Präsidiums des Obersten Sowjets der UdSSR. Mit dieser wurden mehr als 15 Millionen Menschen geehrt.

Tafel XX, Abb. 2

Die Medaille «30. Jahrestag des Sieges im Großen Vaterländischen Krieg 1941–1945»

Юбилейная медаль «Тридцать лет победы в Великой Отечественной войне 1941–1945 гг.» / Jubilejnaja medal' 'Tridcat' let pobedy v Velikoj Otečestvennoj vojne 1941–1945 gg.»

Vorderseite: Beherrschend ist die Skulptur «Mutter Heimat» von E. W. Wutschetitsch, die Hauptskulptur des Denkmals für die Kämpfer der Stalingrader Schlacht auf dem Mamajew-Hügel in Wolgograd; weiterhin ist ein Siegesfeuerwerk dargestellt; links von der Skulptur sind ein Stern und die Jubiläumsdaten 1945–1975 angeordnet; unter diesen Daten kreuzen sich zwei Lorbeerzweige; Randstab

Rückseite: Im Zentrum befindet sich die siebenzeilige Inschrift XXX / ЛЕТ / ПОБЕДЫ / В ВЕЛИКОЙ / ОТЕЧЕСТВЕННОЙ / ВОЙНЕ / 1941–1945 гг. (XXX let pobedy v Velikoj Otečestvennoj vojne 1941–1945 gg./30. Jahrestag des Sieges im Großen Vaterländischen Krieg 1941–1945); innerhalb eines Perlkreises befindet sich oben die Umschrift УЧАСТНИКУ ВОЙНЫ (Učastniku vojny / Dem Teilnehmer des Krieges) bzw. УЧАСТНИКУ ТРУДОВОГО ФРОНТА (Učastniku trudovogo fronta / Dem Teilnehmer an der Front der Arbeit); im unteren Teil liegt einem in Falten gelegten Band in der Mitte das Symbol Hammer und Sichel auf; Randstab

Messing, vergoldet

Durchmesser: 36 mm

Tragespange: pentagonal

Band: rot, links mit einem 8 mm breiten orangefarbenen Randstreifen, dem 1 mm von der Kante entfernt ein 3 mm breiter schwarzer Streifen eingewebt ist; rechts 4 mm von der Kante entfernt mit einem 3 mm breiten grünen Seitenstreifen

Gestalter: W. A. Jermakow, W. P. Sajzew

Die Jubiläumsmedaille zum 30. Jahrestag des Sieges der Sowjetunion wurde am 25. April 1975 in zwei Kategorien (für Kriegsteilnehmer und für Werktätige) gestiftet. Am selben Tage wurden auch die Verordnung zur Medaille, ihre Beschreibung und die Verleihungsordnung bestätigt.

Mit der Jubiläumsmedaille wurden die Armeeangehörigen und Zivilbeschäftigten ausgezeichnet, die in den Streitkräften der UdSSR an den Fronten des Großen Vaterländischen Krieges gekämpft hatten; die Partisanen und Widerstandskämpfer; andere Persönlichkeiten, die nach dem Krieg mit den Medaillen «Für den Sieg über Deutschland im Großen Vaterländischen Krieg 1941–1945» und «Für den Sieg über Japan» sowie die Werktätigen, die mit der Medaille «Für heldenmütige Arbeit im Großen Vaterländischen Krieg 1941–1945» ausgezeichnet worden waren. Die Armeeangehörigen usw. erhielten die Jubiläumsmedaille mit der Umschrift «Dem Teilnehmer des Krieges», die Werktätigen die Medaille mit der Umschrift «Dem Teilnehmer an der Front der Arbeit». Die Medaille wurde im Namen des Präsidiums des Obersten Sowjets der UdSSR verliehen. Mit dem Beschluß vom 30. Januar 1976 wurde der Kreis derer erweitert, die mit der Jubiläumsmedaille ausgezeichnet werden konnten. Das betraf alle Werktätigen, die während des Großen Vaterländischen Krieges mit Orden und Medaillen für Verdienste bei der Arbeit oder mit Medaillen für die Verteidigung von Städten und Territorien der UdSSR geehrt worden waren. Sie erhielten die Ausführung mit der Umschrift «Dem Teilnehmer an der Front der Arbeit». Die Jubiläumsmedaille zum 30. Jahrestag des Sieges wurde an über 14 Millionen Menschen verliehen, darunter an etwa 11 Millionen Kriegsteilnehmer.

Tafel XX, Abb. 3

Die Medaille «40. Jahrestag des Sieges im Großen Vaterländischen Krieg 1941–1945»

Юбилейная медаль «Сорок лет победы в Великой Отечественной войне 1941–1945 гг.»/ Jubilejnaja medal' «Sorok let pobedy v Velikoj Otečestvennoj vojne 1941–1945 gg.»

Vorderseite: Innerhalb der Konturen eines Sterns sind eine Gruppe, bestehend aus einem Soldaten, einem Arbeiter und einer Kolchosbäuerin, sowie der Spasskiturm des Moskauer Kremls mit Siegesfeuerwerk dargestellt; im oberen Teil sind die Jubiläumsdaten 1945–1985, im mittleren und unteren Teil zwei Lorbeerzweige angeordnet; Randstab

Rückseite: Im Zentrum befindet sich die siebenzeilige Inschrift 40 / ЛЕТ / ПОБЕДЫ / В ВЕЛИКОЙ / ОТЕЧЕСТВЕННОЙ / ВОЙНЕ / 1941–1945 гг. (40 let pobedy v Velikoj Otečestvennoj vojne 1941–1945 gg. / 40. Jahrestag des Sieges im Großen Vaterländischen Krieg 1941–1945); darüber ist die Umschrift УЧАСТНИКУ ВОЙНЫ (Učastniku vojny/Dem Teilnehmer des Krieges) bzw. УЧАСТНИКУ ТРУДОВОГО ФРОНТА (Učastniku trudovogo fronta / Dem Teilnehmer an der Front der Arbeit) angeordnet; im unteren Teil sind ein in Falten gelegtes Band und darüber das Symbol Hammer und Sichel dargestellt; Randstab

Messing

Durchmesser: 32 mm

Tragespange: pentagonal

Band: rot mit zwei je 1 mm breiten grünen Randstreifen; links befindet sich ein 8 mm breiter orangefarbener Seitenstreifen, dem drei je 2 mm breite schwarze Streifen eingewebt sind (Ruhmesorden)

Nach «Prawda» vom 13. April 1985

Gestalter: A. G. Miroschnitschenko, W. A. Jermakow

Die Jubiläumsmedaille zum 40. Jahrestag des Sieges der Sowjetunion ist vorerst die jüngste sowjetische Auszeichnung dieses Genres. Sie wurde in den zwei Kategorien (für Kriegsteilnehmer und für Werktätige) am 12. April 1985 gestiftet. Am selben Tag wurden auch die Verordnung zur Medaille und ihre Beschreibung bestätigt.

Mit der Jubiläumsmedaille wurden die Armeeangehörigen und Zivilbeschäftigten ausgezeichnet, die in den Streitkräften der UdSSR an den Fronten des Großen Vaterländischen Krieges gekämpft hatten; die Partisanen des Krieges; die Widerstandskämpfer; andere Persönlichkeiten, die nach dem Kriege mit den Medaillen «Für den Sieg über Deutschland im Großen Vaterländischen Krieg 1941–1945» und «Für den Sieg über Japan» geehrt wurden; Werktätige, die während des Großen Vaterländischen Krieges für ihre selbstlose Arbeit mit sowjetischen Orden und Medaillen ausgezeichnet worden waren, insbesondere mit der Medaille «Für heldenmütige Arbeit im Großen Vaterländischen Krieg 1941–1945» und mit Medaillen für die Verteidigung von Städten und Territorien. Die Armeeangehörigen usw. erhielten die Medaille mit der Aufschrift «Dem Teilnehmer des Krieges», die Werktätigen mit der Aufschrift «Dem Teilnehmer an der Front der Arbeit». Die Verleihung der Medaille erfolgte im Namen des Präsidiums des Obersten Sowjets der UdSSR.

Tafel XX, Abb. 4

Die Medaille
«XX Jahre
Rote Arbeiter-und-Bauern-Armee»
Юбилейная медаль «XX лет Рабоче-Крестьянской Красной Армии»/
Jubilejnaja medal' «XX let Raboče-Krest'janskoj Krasnoj Armii»

Vorderseite: Es dominiert ein rot emaillierter Stern, dessen Spitzen bis an den Medaillenrand reichen; im unteren Teil ist die römische Zahl XX angeordnet, die in die Fläche des Sterns hineinragt. Die Medaille ist von einem 3 mm breiten, leicht erhöhten Ring umgeben
Rückseite: Es ist ein Rotarmist (nach rechts gewandt) dargestellt, der ein Gewehr im Anschlag hält; rechts davon befinden sich die Jubiläumsdaten 1918–1938; der Kreisabschnitt unter dieser Inschrift deutet den Erdboden an

Silber
Durchmesser: 30 mm
Tragespange: bis Juni 1943 rechteckig und bis auf einen Metallbügel mit rotem Band bezogen; ab 1943 pentagonal
Band: grau mit zwei je 2 mm breiten Randstreifen
Nach Sbornik, S. 159
Gestalter: S. I. Dmitrijew

Die Jubiläumsmedaille zum 20. Jahrestag der Gründung der Roten Armee wurde am 24. Januar 1938 gestiftet. Sie war die erste tragbare staatliche Auszeichnungsmedaille der UdSSR überhaupt. Die Medaille wurde im Vergleich zu anderen Jubiläumsmedaillen in geringer Anzahl verliehen. Mit der Stiftung der Medaille wurden auch die Verordnung, die Beschreibung und das Muster bestätigt. Die Beschreibung wurde am 19. Juni 1943 noch einmal abgeändert.

Die Medaille wurde an Persönlichkeiten des Kommandeurs- und Führungsbestandes der Roten Arbeiter-und-Bauern-Armee und der Seekriegsflotte verliehen, die in den Reihen der Roten Armee bis zum 23. Februar 1938 20 Jahre gedient hatten; an Teilnehmer des Bürgerkrieges und anderer militärischer Kämpfe für die Verteidigung der Freiheit und Unabhängigkeit des Vaterlandes; an Träger des Rotbannerordens, die ihn während des Bürgerkrieges für militärische Verdienste erhalten hatten. Bei den Dienstjahren wurde auch der Dienst in den Abteilungen und Einheiten der Roten Garden sowie in den Roten Partisanenabteilungen angerechnet, die in der Zeit von 1917 bis 1921 gegen die Feinde der Sowjetmacht gekämpft hatten. Insgesamt wurden mit der Jubiläumsmedaille über 37 000 Menschen ausgezeichnet.
Tafel XXI, Abb. 1, 2

Die Medaille
«30 Jahre Sowjetische Armee
und Flotte»

Юбилейная медаль «30 лет Советской Армии и Флота» /
Jubilejnaja medal' «30 let Sovetskoj Armii i Flota»

Vorderseite: Im Zentrum sind die Porträts W. I. Lenins und J. W. Sta-
lins (nach rechts gewandt) dargestellt; darunter ist, dem Medaillen-
rand folgend, die römische Zahl XXX angeordnet; Randstab
Rückseite: Sie zeigt, getrennt durch einen Stern im unteren Teil, die
Umschrift В ОЗНАМЕНОВАНИЕ ТРИДЦАТОЙ ГОДОВ-
ЩИНЫ (V oznamenovanie tridcatoj godovščiny/In Würdigung
des 30. Jahrestages) sowie die dreizeilige Inschrift СОВЕТСКОЙ/
АРМИИ И ФЛОТА/1918–1948 (Sovetskoj Armii i Flota 1918 bis
1948/der Sowjetischen Armee und Flotte 1918–1948); Randstab
Messing
Durchmesser: 33 mm
Tragespange: pentagonal
Band: grau mit roten Streifen, einem 8 mm breiten Mittelstreifen
und zwei je 2 mm breiten Randstreifen
Nach Sbornik, S. 160f.
Gestalter: N. I. Moskalew

Die Jubiläumsmedaille zum 30. Jahrestag der Gründung der Roten Armee wurde am 22. Februar 1948 gestiftet und wurde im Vergleich zur Medaille anläßlich
des 20. Jahrestages an einen weitaus größeren Kreis
von Angehörigen der Schutz- und Sicherheitsorgane
der UdSSR verliehen. Mit der Stiftung der Medaille
wurden auch die Verordnung und die Beschreibung
bestätigt. Die Verordnung wurde am 5. Februar 1951
ergänzt.

Die Medaille wurde an alle im aktiven Dienst stehenden Generale, Admirale, Offiziere, Stabsfeldwebel,

Unteroffiziere, Soldaten und Matrosen verliehen, die
am 23. Februar 1948 den Streitkräften der UdSSR sowie den Ministerien für Innere Angelegenheiten und
für Staatssicherheit angehörten. Die Verleihung der
Medaille erfolgte im Namen des Präsidiums des Obersten Sowjets der UdSSR.
Tafel XXI, Abb. 3

Die Medaille
«40 Jahre Streitkräfte
der UdSSR»

Юбилейная медаль «40 лет Вооруженных Сил
СССР» /
Jubilejnaja medal' «40 let Vooružennych Sil SSSR»

Vorderseite: Im Zentrum ist der Kopf W. I. Lenins (nach links ge-
wandt) dargestellt; darunter befindet sich auf dem Schnittpunkt
mehrerer Eichen- (links) und Lorbeerzweige (rechts) die Zahl 40;
Randstab
Rückseite: Sie zeigt die Umschrift В ОЗНАМЕНОВАНИЕ СО-
РОКОВОЙ ГОДОВЩИНЫ (V oznamenovanie sorokovoj go-
dovščiny/In Würdigung des 40. Jahrestages) und über einem Stern
die vierzeilige Inschrift ВООРУЖЕННЫХ/СИЛ/СССР/1918 bis
1958 (Vooružennych Sil SSSR 1918–1958 / der Streitkräfte der
UdSSR 1918–1958); Randstab
Messing, vergoldet
Durchmesser: 32 mm
Tragespange: pentagonal
Band: grau mit 2 mm breiten roten Streifen, zwei 2 mm entfernt
voneinander in der Mitte angeordnet und zwei Randstreifen
Nach Sbornik, S. 161f.
Gestalter: W. I. Gogolin

Die Jubiläumsmedaille zum 40. Jahrestag der Gründung der Sowjetarmee wurde am 18. Dezember 1957 gestiftet und in großer Anzahl an Angehörige der sowjetischen Schutz- und Sicherheitsorgane verliehen. Am selben Tag wurden auch die Verordnung zur Medaille und ihre Beschreibung bestätigt.

Die Medaille wurde an im aktiven Dienst stehende Marschälle, Generale, Admirale, Offiziere, Stabsfeldwebel sowie längerdienende Unteroffiziere, Soldaten und Matrosen verliehen, die am 23. Februar 1958 der Sowjetarmee, der Seekriegsflotte, den Truppen des Ministeriums für Innere Angelegenheiten sowie den Truppen und Organen des Komitees für Staatssicherheit beim Ministerrat der UdSSR angehörten. Die Auszeichnung mit der Jubiläumsmedaille zum 40. Jahrestag der Streitkräfte der UdSSR erfolgte im Namen des Präsidiums des Obersten Sowjets der UdSSR.
Tafel XXI, Abb. 4

Die Medaille
«50 Jahre Streitkräfte der UdSSR»

Юбилейная медаль «50 лет Вооруженных Сил СССР»/Jubilejnaja medal' «50 let Vooružennych Sil SSSR»

Vorderseite: Es dominiert ein Stern, dessen Strahlen rot emailliert sind und bis an den Medaillenrand reichen; in einem Mittelmedaillon von 19 mm Durchmesser sind die Brustbilder eines Rotarmisten mit Budjonnowka und eines Sowjetsoldaten mit Helm dargestellt; beidseitig sind die Jubiläumsdaten 1918–1968 angeordnet; die Räume zwischen den Strahlen des Sterns sind mit Strahlenbündeln gefüllt, die an einem Kranz aus Lorbeer- (links) und Eichenlaub (rechts) enden; der Kranz ist unten mit einer Bandschleife zusammengehalten; Randstab

Rückseite: In der oberen Hälfte ist ein Stern mit Symbol Hammer und Pflugschar dargestellt (der von 1918 bis 1922 gültige Mützenstern der Rotarmisten und Kommandeure); darunter ist die dreizeilige Inschrift ПЯТЬДЕСЯТ ЛЕТ/ВООРУЖЕННЫХ СИЛ/СССР (Pjat'desjat let Vooružennych Sil SSSR/Fünfzig Jahre Streitkräfte der UdSSR) angeordnet; Randstab

Messing, vergoldet
Durchmesser: 37 mm
Tragespange: pentagonal
Band: blau mit einem 7 mm breiten weißen Mittelstreifen, in den im Abstand von 2 mm zwei je 2 mm breite rote Streifen gewebt sind (so ergibt sich in der Mitte die Farbzusammenstellung des Rotbannerordens)
Nach Sbornik, S. 164
Gesalter: A. B. Shuk

Die Jubiläumsmedaille zum 50. Jahrestag der Gründung der sowjetischen Streitkräfte wurde am 26. Dezember 1967 gestiftet und in großer Anzahl verliehen. Dem besonderen Jubiläum entsprechend, ist sie größer und aufwendiger gestaltet als die vorhergehenden Jubiläumsmedaillen. Mit der Stiftung der Medaille wurden auch die Verordnung und die Beschreibung bestätigt. Durch ergänzende Beschlüsse vom 22. Februar 1968 und vom 19. Dezember 1969 wurde der Kreis derer erweitert, die mit der Medaille ausgezeichnet werden konnten.

Mit der Medaille wurden die im aktiven Dienst stehenden Marschälle, Generale, Admirale, Offiziere, Stabsfeldwebel, längerdienende Unteroffiziere, Soldaten und Matrosen ausgezeichnet, die am 23. Februar 1968 der Sowjetarmee, der Seekriegsflotte, den Truppen des Ministeriums für den Schutz der gesellschaftlichen Ordnung und den Truppen und Organen des Komitees für Staatssicherheit beim Ministerrat der UdSSR angehörten; Hörer und Kursanten militärischer Lehreinrichtungen der genannten bewaffneten Organe; Marschälle, Generale, Admirale, Offiziere, Stabsfeldwebel und Längerdienende, die bereits aus dem aktiven Dienst entlassen waren, sich in der Reserve oder im Ruhestand befanden und 20 oder mehr Jahre in den bewaffneten Organen gedient hatten; die Helden der Sowjetunion und die Träger des Ruhmesordens in allen 3 Klassen; die Rotgardisten und Angehörigen der Roten Armee, die an den Kämpfen zum

Schutz der Sowjetheimat teilgenommen hatten; Persönlichkeiten, die während ihres aktiven Dienstes mit Orden und den folgenden Medaillen ausgezeichnet worden waren: «Für heldenmütige Arbeit», «Für Auszeichnung in der Arbeit», «Für Tapferkeit», «Für Verdienste im Kampf», mit der Uschakow-, der Nachimow-Medaille sowie der Medaille «Für Auszeichnung beim Schutz der Staatsgrenze der UdSSR»; Partisanen des Bürgerkrieges und des Großen Vaterländischen Krieges. Die Verleihung der Jubiläumsmedaille zum 50. Jahrestag der Streitkräfte der UdSSR erfolgte im Namen des Präsidiums des Obersten Sowjets der UdSSR.
Tafel XXI, Abb. 5

Die Medaille
«60 Jahre Streitkräfte der UdSSR»
Юбилейная медаль «60 лет Вооруженных Сил СССР»/Jubilejnaja medal' «60 let Vooružennych Sil SSSR»

Vorderseite: Links unten ist das Brustbild eines Soldaten (nach rechts gewandt) mit Helm und Maschinenpistole dargestellt; im oberen Teil sind drei nach oben gerichtete Raketen und zwei aufsteigende Flugzeuge angeordnet. Am rechten Medaillenrand befinden sich die Jubiläumsdaten 1918–1978, darunter ist auf einem Meeresabschnitt ein Unterseeboot dargestellt; Randstab
Rückseite: In der Mitte ist ein Stern mit dem Symbol Hammer und Pflug (der Stern der Rotarmisten von 1918 bis 1922) dargestellt; hinter diesem kreuzen sich Säbel und Gewehr; das Zentrum ist von

der zweiteiligen Umschrift ШЕСТЬДЕСЯТ ЛЕТ/ВООРУЖЕН- НЫХ СИЛ/СССР (Šest'desjat let Vooružennych Sil SSSR/Sechzig Jahre Streitkräfte der UdSSR) umgeben, die durch zwei Sterne getrennt wird; Randstab
Messing
Durchmesser: 32 mm
Tragespange: pentagonal
Band: grau mit zwei je 6 mm breiten roten Randstreifen und einem 1 mm breiten gelben Mittelstreifen
Nach Sbornik, S. 166f.
Gestalter: L. D. Pilipenko

Die Jubiläumsmedaille zum 60. Jahrestag der Gründung der sowjetischen Streitkräfte wurde am 28. Januar 1978 gestiftet. Am selben Tage wurden auch die Verordnung zur Medaille und ihre Beschreibung bestätigt.

Mit der Medaille wurden Offiziere, Fähnriche sowie längerdienende Unteroffiziere und Soldaten ausgezeichnet, die am 23. Februar 1978 in der Sowjetarmee, der Seekriegsflotte, den Truppen des Ministeriums für Innere Angelegenheiten der UdSSR, den Truppen und Organen des Komitees für Staatssicherheit beim Ministerrat der UdSSR aktiven Wehrdienst leisteten; Rotgardisten und Angehörige der Roten Armee, die an den Kämpfen zum Schutz der Sowjetheimat teilgenommen hatten; Partisanen des Bürgerkrieges und des Großen Vaterländischen Krieges sowie Persönlichkeiten, die bereits aus dem aktiven Dienst entlassen waren, sich in der Reserve oder im Ruhestand befanden und in der Sowjetarmee oder den anderen bewaffneten Organen 20 oder mehr Jahre gedient hatten oder während ihres aktiven Wehrdienstes mit Orden oder militärischen Verdienstmedaillen ausgezeichnet worden waren. Die Verleihung der Jubiläumsmedaille zum 60. Gründungstag der sowjetischen Streitkräfte erfolgte im Namen des Präsidiums des Obersten Sowjets der UdSSR.
Tafel XXI, Abb. 6

MILITÄRISCHE EHRENTITEL

Der Ehrentitel «Verdienter Militärflieger der UdSSR»

Почетное звание «Заслуженный военный летчик СССР»/Početnoe zvanie «Zaslužennyj voennyj letčik SSSR»

Das Abzeichen hat die Form eines ungleichseitigen Achtecks, die Rückseite ist ungestaltet.
Dominierend ist von links unten nach rechts oben ein aufsteigendes Jagdflugzeug, das mit einem Leitwerkteil und der Rumpfspitze über den Abzeichenrand hinausragt; rechts unten ist ein Lorbeerzweig angeordnet, dem die Inschrift CCCP (SSSR/UdSSR) aufliegt, die ebenfalls über den Abzeichenrand hinausragt; links oben befindet sich die dreizeilige Inschrift ЗАСЛУЖЕННЫЙ/ВОЕННЫЙ/ ЛЕТЧИК (Zaslužennyj voennyj letčik/Verdienter Militärflieger); erhabener Rand
Buntmetall, versilbert und vergoldet (Flugzeug)
Breite: 27 mm, Höhe: 23 mm
Tragespange: rechteckig, rahmenförmig
Band: rot
Nach Sbornik, S. 186

Der Ehrentitel «Verdienter Militärflieger der UdSSR» ist eine staatliche Auszeichnung der Sowjetunion, die am 26. Januar 1965 eingeführt wurde. Zugleich wurden die Verordnung zum Ehrentitel und die Beschreibung des Abzeichens bestätigt.

Der Titel wird vom Präsidium des Obersten Sowjets der UdSSR an Flugzeugführer in den Truppenteilen und Verbänden, Institutionen, militärischen Lehranstalten und zentralen Verwaltungen des Ministeriums für Verteidigung der UdSSR verliehen, die die Qualifikation eines Flugzeugführers 1. Klasse oder eines Flugzeugführer-Instrukteurs 1. Klasse besitzen. Die Verleihung erfolgt für besondere Verdienste bei der Meisterung der Flugtechnik, für hohe Ergebnisse bei der Erziehung und Ausbildung des fliegenden Personals sowie für langjährigen Flugdienst ohne Vorkommnisse in den Streitkräften der UdSSR.

Der Ehrentitel wird auf Vorschlag des Ministers für Verteidigung der UdSSR verliehen. Mit der Verleihung des Titels werden dem Geehrten die Urkunde des Präsidiums des Obersten Sowjets der UdSSR und das entsprechende Abzeichen zum Ehrentitel überreicht.
Tafel XXVI, Abb. 1

Der Ehrentitel «Verdienter Militärsteuermann der UdSSR»

Почетное звание «Заслуженный военный штурман СССР»/Početnoe zvanie «Zaslužennyj voennyj šturman SSSR»

Das Abzeichen hat die Form eines ungleichseitigen Achtecks, die Rückseite ist ungestaltet.
Dominierend ist von links unten nach rechts oben ein aufsteigendes Jagdflugzeug, das mit einem Leitwerkteil und der Rumpfspitze über den Abzeichenrand hinausragt; rechts unten ist ein Lorbeerzweig angeordnet, dem die Inschrift CCCP (SSSR/UdSSR) aufliegt, die ebenfalls über den Abzeichenrand hinausragt; links oben befindet sich die dreizeilige Inschrift ЗАСЛУЖЕННЫЙ/ВОЕННЫЙ/ ШТУРМАН (Zaslužennyj voennyj šturman / Verdienter Militärsteuermann); erhabener Rand
Buntmetall, versilbert und vergoldet (Flugzeug)
Breite: 27 mm, Höhe: 23 mm
Tragespange: rechteckig, rahmenförmig
Band: rot
Nach Sbornik, S. 186

Der Ehrentitel «Verdienter Militärsteuermann der UdSSR» ist eine staatliche Auszeichnung der Sowjetunion, die am 26. Februar 1965 eingeführt wurde. Zugleich wurden die Verordnung zum Ehrentitel und die Beschreibung des Abzeichens bestätigt.

Der Titel wird vom Präsidium des Obersten Sowjets der UdSSR an Flugzeugführer in den Truppenteilen und Verbänden, Institutionen, militärischen Lehranstalten und zentralen Verwaltungen des Ministeriums für Verteidigung der UdSSR verliehen, die die Qualifikation eines Militärsteuermanns 1. Klasse oder eines Militärsteuermann-Instrukteurs 1. Klasse besitzen. Die Verleihung erfolgt für besondere Verdienste bei der Meisterung der Flugtechnik, für hohe Ergebnisse bei der Erziehung und Ausbildung des fliegenden Personals sowie für langjährigen Flugdienst ohne Vorkommnisse in den Streitkräften der UdSSR.

Der Ehrentitel wird auf Vorschlag des Ministers für Verteidigung der UdSSR verliehen. Mit der Verleihung des Titels wird dem Geehrten die Urkunde des Präsidiums des Obersten Sowjets der UdSSR und das entsprechende Abzeichen zum Ehrentitel überreicht.
Tafel XXVI, Abb. 3.

MILITÄRISCHE DIENSTAUSZEICHNUNGEN

Die Medaille «Für einwandfreien Dienst»
Медаль «За безупречную службу»/
Medal' «Za bezuprečnuju službu»

Vorderseite: Es dominiert ein rot emaillierter (1. Klasse) bzw. vergoldeter (2. und 3. Klasse) Stern, in dessen Zentrum sich das Symbol Hammer und Sichel befindet; die Räume zwischen den Strahlen des Sterns sind mit Strahlenbündeln gefüllt, die zusammen ein Fünfeck bilden; diese Darstellungen sind von zwei Lorbeerzweigen umgeben, die sich unten kreuzen; Randstab
Rückseite: Je nach Verleihungsbereich variieren die Umschriften: ВООРУЖЕННЫЕ СИЛЫ/СССР (Vooružennye Sily SSSR/ Streitkräfte der UdSSR), МВД СССР (MVD SSSR/Ministerium für Innere Angelegenheiten der UdSSR), es existieren auch Medaillen ohne Umschrift; in der Mitte befinden sich über oder unter einem Stern die drei- oder vierzeiligen Inschriften ЗА 10 (15, 20) ЛЕТ БЕЗУПРЕЧНОЙ СЛУЖБЫ (Za 10 [15, 20] let bezuprečnoj služby/Für 10 [15, 20] Jahre einwandfreien Dienst); Randstab; von der Medaille existieren zeitliche Varianten, insbesondere im Bereich des Ministeriums für Innere Angelegenheiten der UdSSR mit Umschriften am unteren Medaillenrand wie МВД СССР (MVD

SSSR), МООП (MOOP/Министерство Охраны общественного Порядка / Ministerium zum Schutz der Öffentlichen Ordnung) oder auch mit Bezeichnungen einzelner Republiken, z. B. МООП РСФСР (MOOP RSFSR) oder МООП КАЗ. ССР (MOOP KAZ. SSR); letztere Bezeichnungen waren auf den Zeitraum von 1964 bis 1966 beschränkt.
Buntmetall, versilbert (1. Klasse), versilbert und vergoldet (2. Klasse) oder vergoldet (3. Klasse)
Durchmesser: 32 mm
Tragespange: pentagonal
Band: rot mit einem (1. Klasse), zwei (2. Klasse) oder drei (3. Klasse) 2 mm breiten gelben Streifen, die in der Mitte, 2 mm entfernt voneinander, angeordnet sind, sowie zwei je 2 mm breiten grünen Randstreifen
Nach Kolesnikov/Rožkov, S. 21 und letzte Seite Abbildungsteil
Gestalter: N. I. Moskalew

Die Medaille «Für einwandfreien Dienst» wurde aufgrund eines Erlasses des Präsidiums des Obersten Sowjets der UdSSR vom 14. September 1957 in drei Bereichen der bewaffneten Organe der UdSSR geschaffen. Die Medaille für die Streitkräfte der UdSSR wurde durch den Befehl des Ministers für Verteidigung der UdSSR vom 25. Januar 1958 gestiftet.

Von 1944 bis 1957 wurden – auf der Grundlage des Erlasses des Präsidiums des Obersten Sowjets der UdSSR vom 4. Juni 1944 – die Generale, Offiziere und längerdienenden Unteroffiziere für langjährige treue Dienste mit dem Lenin-Orden, dem Rotbannerorden oder dem Orden des Roten Sterns bzw. der Medaille «Für Verdienste im Kampf» ausgezeichnet. Diese Art der Auszeichnung in den bewaffneten Organen der Sowjetunion wurde mit dem erwähnten Erlaß vom 14. September 1957 abgeschafft. In diesem Erlaß wurden die Minister für Verteidigung und für Innere

Angelegenheiten sowie der Vorsitzende des Komitees für Staatssicherheit beim Ministerrat der UdSSR beauftragt, Treuedienstmedaillen für die in diesen Bereichen über längere Jahre Diensttuenden zu stiften.

Mit der Medaille «Für einwandfreien Dienst» werden seitdem in der 1. Klasse Angehörige der bewaffneten Organe mit 20 Dienstjahren, in der 2. Klasse mit 15 und in der 3. Klasse mit 10 Dienstjahren ausgezeichnet, die die ihnen übertragenen Dienstpflichten erfolgreich erfüllt haben. Den Verleihungsbedingungen gemäß wird Jahr für Jahr eine große Anzahl von Angehörigen der Streitkräfte der UdSSR, der Inneren Truppen sowie der Truppen und Organe der Staatssicherheit mit der Medaille ausgezeichnet.
Tafel XXII, Abb. 1, 2, 3

MILITÄRISCHE EHREN-
UND LEISTUNGSABZEICHEN

Zu den ersten Ehren- und Leistungsabzeichen, die in den Streitkräften der Sowjetunion verliehen und getragen wurden, gehören die Abzeichen der Rotgardisten (seit 1917), die Abzeichen der Absolventen militärischer Lehranstalten (seit 1918) und die Abzeichen der Kommandeure der Roten Armee (seit 1918). Sie wurden bereits während des Bürgerkrieges getragen.

In den 20er und 30er Jahren, in denen sich die Landesverteidigung der UdSSR vervollkommnete, wurden zahlreiche Abzeichen geschaffen, die dem Träger die Zugehörigkeit zu einem bestimmten Teil der Roten Armee, die Teilnahme an Kämpfen zum Schutz des sozialistischen Vaterlandes und verschiedene Qualifikationen oder Erfolge in Ausbildungszweigen bescheinigten. So existierten in dieser Zeit die Abzeichen «Dem Ehrensoldaten der Karelischen Front» (1922), «Für ausgezeichnetes Schießen» (1922), «Für ausgezeichnetes Fechten» (bei der Kavallerie, 1922), das Fallschirmsprungabzeichen (1934) u. a. Überdies wurden Teilnehmer- bzw. Ehrenabzeichen gestiftet für die Kämpfe an der Ostchinesischen Eisenbahn (1929–1931), am Chassansee (1938), am Chalchingol (1939) und auf der Karelischen Landenge (1940).

Eine bedeutende Rolle spielte in dieser Zeit die Gesellschaft zur Unterstützung der Verteidigung der UdSSR und des Aufbaus der Luftfahrt- und der chemischen Industrie (OSSOAWIACHIM), Vorläuferin der heutigen DOSAAF, der «Freiwilligen Gesellschaft zur Unterstützung der Armee, der Luftstreitkräfte und der Flotte». Entsprechende Bedeutung und Popularität erlangten die Abzeichen dieser Organisationen im gesellschaftlichen Leben der UdSSR, insbesondere unter den Jugendlichen. Es handelt sich hierbei um Abzeichen der vormilitärischen Ausbildung und des Wehrsports. Diese Abzeichen können wegen ihrer großen Anzahl und Vielgestaltigkeit hier nicht behandelt werden; ihnen ist u. a. eine 1983 in der Sowjetunion herausgegebene ausführliche Monographie gewidmet (D. N. Kuznecov, Nagrudnye znaki Oboronnogo obščestva).

1939 wurde das erste sowjetische Bestenabzeichen «Bester der Roten Arbeiter-und-Bauern-Armee» geschaffen. Es wurde ab 1942 durch spezielle Bestenabzeichen für bestimmte Waffengattungen, Spezialtruppen und Dienste abgelöst. Diese speziellen Bestenabzeichen und die bereits beschriebenen Gardeabzeichen (s. auch S. 29) sind die wichtigsten Abzeichenstiftungen während des Großen Vaterländischen Krieges.

Hinzu kommen die Ehrenzeichen für leichte und schwere Verwundung, gestiftet auf Beschluß des Staatlichen Verteidigungskomitees vom 14. Juli 1942 für Angehörige der Streitkräfte der UdSSR, die im Kampf gegen den Feind verwundet worden sind. Die Ehrenzeichen bestehen aus Seidentressen von 43 mm Länge und 5 bis 6 mm Breite; das Ehrenzeichen für leichte Verwundung ist dunkelrot, das für schwere Verwundung goldgelb. Die Kämpfer haben das Recht, für jede Verwundung einen Streifen zu tragen.

Nach dem Kriege entstand dann Schritt um Schritt – beginnend mit der Neugestaltung und Schaffung von Absolventenabzeichen militärischer Lehranstalten – das System militärischer Ehren- und Leistungsabzeichen, wie es heute bekannt ist.

Der Gegenstand kann im folgenden Abschnitt aus zwei Gründen nur im Überblick dargestellt werden: zum einen aus Platzgründen, zum anderen mangelt es zum Thema militärische Ehrenzeichen auch in der Sowjetunion an ausreichender qualitätvoller Literatur. So stützt sich der Autor vor allem auf die entsprechenden Abschnitte in sowjetischen Nachschlagewerken, auf Zeitschriftenartikel sowie auf die bei weitem umfassendste und solideste Arbeit zum Thema von A. S. Domank, Znaki vojnskoj doblesti, im folgenden kurz «Domank» genannt. Außerdem kann der Autor seine Ausführungen auf staatliche und private Sammlungen und auf die Kenntnisse von Museumsmitarbeitern und Sammlern gründen.

Die Bestenabzeichen

Auf Beschluß des Rates der Volkskommissare vom 14. November 1939 wurde das erste Bestenabzeichen der Streitkräfte der UdSSR, das Abzeichen «Bester der Roten Arbeiter-und-Bauern-Armee», geschaffen. Mit dem Abzeichen wurden Rotarmisten, Kursanten, Kommandeure, Politarbeiter und andere Führungskräfte der Roten Armee ausgezeichnet. Sie erhielten das Abzeichen für ausgezeichnete Ergebnisse in der politischen und der Gefechtsausbildung, für hervorragende Dienstdurchführung und beispielhafte Disziplin. Die ersten 200 Abzeichen wurden im Mai 1940 an Angehörige der Division «F. E. Dzierżiński» verliehen. Das hochovale, vergoldete Abzeichen zeigt als Hauptmotiv einen Soldaten der Roten Armee vor dem Moskauer Kreml und die Umschrift ОТЛИЧНИК РККА (Otličnik RKKA/Bester der RKKA [Roten Arbeiter-und-Bauern-Armee]). Das Abzeichen wurde mittels Gewindestift und Mutter an der Kleidung befestigt.
Nach Domank, S. 10 und Abb. 14
   Dieses erste Abzeichen wurde im Mai 1942 durch spezielle Bestenabzeichen für Soldaten, Unteroffiziere und Stabsfeldwebel verschiedener Waffengattungen, Spezialtruppen und Dienste der Roten Armee und der Seekriegsflotte abgelöst. Die Gestaltung der Abzeichen unterschied sich von jenem ersten Bestenabzeichen.

Sie waren einheitlich in der Form, enthielten jedoch verschiedene Inschriften und spezielle Symbole der jeweiligen Verleihungsbereiche. Diese Bestenabzeichen wurden – wie die Orden und Medaillen des Großen Vaterländischen Krieges – durch Erlasse des Präsidiums des Obersten Sowjets der UdSSR gestiftet: am 21. Mai 1942 die Abzeichen «Scharfschütze», «Ausgezeichneter Maschinengewehrschütze», «Bester Artillerist», «Bester Panzerfahrer», «Bester Granatwerferschütze», «Bester U-Boot-Fahrer» und «Bester Torpedoschütze»; am 19. August 1942 «Bester Pionier» und «Bester des Sperrdienstes»; am 4. November 1942 «Bester des Sanitätsdienstes»; am 21. Dezember 1942 «Bester der Eisenbahntruppen»; am 10. März 1943 «Bester Aufklärer»; am 3. April 1943 «Bester Nachrichtensoldat»; am 5. April 1943 «Bester Pontonier»; am 30. April 1943 «Bester der Luftverteidigung»; am 8. Juli 1943 «Bester Straßenbaupionier», «Bester Kraftfahrer», «Bester Koch» und «Bester Bäcker»; am 10. September 1943 «Bester Traktorist». Ein weiteres Abzeichen dieser Art, «Bester Schütze», wurde nach dem Kriege, am 10. Juni 1947, gestiftet. Auch das Abzeichen «Bester des Flugwesens», vor allem in den Luftstreitkräften verliehen, wurde 1947 geschaffen. (Abzeichen ähnlicher Ausführung wurden später offenbar auch außerhalb der Streitkräfte gestiftet und verliehen; so liegt dem Autor auch ein derartiges Bestenabzeichen der Feuerwehr vor.)
   Die Abzeichen haben die Form eines von Eichenlaub umgebenen Schildes. Im rot emaillierten Mittelmedaillon ist das Symbol Hammer und Sichel, im unteren Teil das jeweilige spezielle Symbol dargestellt. In einem das Mittelmedaillon umgebenden weiß emaillierten Ring ist die Umschrift mit der Bezeichnung des Abzeichens angeordnet. Die Abzeichen wurden mittels Gewindestift und Mutter an der Kleidung befestigt.
Nach Domank, S. 17–21 und Abb. 17–25
   Für diese Bestenabzeichen waren anspruchsvolle Bedingungen festgelegt, so daß sie grundsätzlich sparsam verliehen wurden, insbesondere während des zweiten Weltkrieges. Auch für die Verleihung dieser Abzeichen waren hohe Ergebnisse in der politischen und Gefechtsausbildung, exakte Dienstdurchführung und beispielhafte Disziplin vorausgesetzt. Dazu kamen eine Reihe spezieller Anforderungen. So war für den Erwerb der Abzeichen «Scharfschütze», «Bester

Schütze», «Bester Maschinengewehrschütze» und «Bester Artillerist» gefordert, daß die Bewerber alle Schießaufgaben des Kurses oder des Ausbildungsjahres mit ausgezeichneten Ergebnissen erfüllen, die Waffen, Geschütze, Zugmaschinen, Geräte und Nachrichtenmittel ausgezeichnet kennen, beherrschen und warten, bei Gefechtsschießen schnell und gewandt handeln – teilweise auf allen Positionen – und die Mittel der Tarnung geschickt anwenden. Andere Bestenabzeichen wurden erst verliehen, nachdem die Soldaten oder Unteroffiziere die Klassifizierungsprüfung erfolgreich bestanden hatten.

Die Abzeichen wurden am Ende eines Ausbildungsjahres oder nach erfolgreichem Abschluß eines Lehrgangs verliehen. Mit ihnen konnten die Angehörigen der Streitkräfte der UdSSR mehrmals ausgezeichnet werden. Diese zweite Art der Bestenabzeichen wurde bis 1956 verliehen.

Nach Loboda/Kargal'cev, S. 90–95
Tafel XXIV, Abb. 1–12 und XXV, Abb. 1, 2

Im April 1957 wurden in Übereinstimmung mit einem Beschluß des Ministerrates der UdSSR auf Befehl des Ministers für Verteidigung neue, vereinheitlichte Bestenabzeichen geschaffen – die Abzeichen «Bester der Sowjetarmee», «Bester der Seekriegsflotte» und «Bester der Luftstreitkräfte». Mit ihnen werden Soldaten, Matrosen, Unteroffiziere und Stabsfeldwebel ausgezeichnet, die eine tadellose militärische Disziplin zeigen, mustergültig ihren Dienst versehen, Meister ihres Spezialgebietes sind, sehr gute Noten in den Hauptausbildungsfächern und gute Noten in den anderen Fächern erreichen, ihre Waffen, Kampftechnik und Geräte hervorragend warten und pflegen sowie effektiv und sparsam nutzen. Unteroffiziere und Stabsfeldwebel müssen außerdem die Ausbildung der ihnen Unterstellten organisatorisch straff und methodisch richtig vorbereiten und durchführen, einen hohen Beitrag zum Ausbildungsstand und zur Disziplin ihrer Einheiten leisten und den vorbildlichen Umgang mit der Technik gewährleisten.

Das Abzeichen «Bester der Sowjetarmee» wird in den Landstreitkräften und den Truppen der Luftverteidigung ebenso verliehen wie in den Grenztruppen des Komitees für Staatssicherheit der UdSSR und in den Truppen des Ministeriums für Innere Angelegenheiten der UdSSR. Mit dem Bestenabzeichen der See-

kriegsflotte werden die Matrosen, Soldaten, Maate, Unteroffiziere und Stabsfeldwebel der Seekriegsflotte und die auf Schiffen stationierten Angehörigen der Grenztruppen mit den genannten Dienstgraden geehrt. Das Abzeichen «Bester der Luftstreitkräfte» erhält der entsprechende Personenkreis der Luftstreitkräfte sowie der Fliegerkräfte der Luftverteidigung und der Grenztruppen.

Die Abzeichen haben die Form eines von Eichenlaub umgebenen Schildes. Im Zentrum eines weiß emaillierten oder lackierten Medaillons befindet sich ein roter Stern mit dem eingelegten Symbol Hammer und Sichel. Die Umschriften des Medaillons bezeichnen die spezielle Art des Bestentitels. Ergänzend dazu sind in den unteren Feldern des Schildes die Symbole der Teilstreitkräfte auf farblich unterschiedlich gestalteten Fonds dargestellt – der goldene Stern für die Landstreitkräfte, der Anker für die Seekriegsflotte und das Propellerkreuz für die Luftstreitkräfte. Die Abzeichen werden mit einer Nadel an der Kleidung befestigt.

Nach Domank, S. 34–38 und Abb. 38–40
Tafel XXV, Abb. 3, 4, 5

Darüber hinaus existierten und existieren auf einigen Spezialgebieten weitere Bestenabzeichen, die hier nicht im einzelnen behandelt werden können, wie die Abzeichen «Bester des Flottenbauwesens» (gestiftet 1950), «Bester des Militärbauwesens» (1954), «Bester des Artillerieschießens» (1936), später auch «Bester der artilleristischen Ausbildung» und das Abzeichen «Bester Fallschirmspringer». (Das letzte Abzeichen wird bei den Fallschirmsprungabzeichen näher charakterisiert.)

Nach Domank, S. 38–41 und Abb. 41 und 45
Tafel XXV, Abb. 6, 7, 8

Auch in anderen bewaffneten Organen der UdSSR wurden Bestenabzeichen eingeführt. So wurde 1949 bereits das Bestenabzeichen der Grenztruppen geschaffen. 1969 wurde es neu gestaltet und wird seitdem in zwei Stufen verliehen. 1973 wurde es durch eine Sonderstufe ergänzt, die auch in ihrer Gestalt von dem allgemeinen Bestenabzeichen der Grenztruppen abweicht. Seit 1962 gibt es auch in den Truppen des Ministeriums für Innere Angelegenheiten der UdSSR ein Bestenabzeichen. Es wurde 1971 neu gestaltet, auf zwei Stufen erweitert und 1978 durch das Abzeichen

«Wachhabender» ergänzt. 1968 wurde das Abzeichen «Bester der Zivilverteidigung der UdSSR» gestiftet.
Nach Domank, S. 62–73 und Abb. 62–68

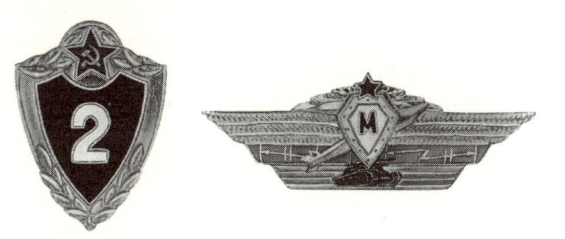

Die Spezialisten- und Klassifizierungsabzeichen

Zu den ersten Spezialistenabzeichen der Roten Armee gehörten die **Schießabzeichen**, die auf Befehl des Revolutionären Militärrates im Jahre 1922 eingeführt wurden. Im Mai 1928 bestätigte der Vorsitzende des Revolutionären Militärrates, K. J. Woroschilow, neue Muster des Schießabzeichens, das fortan in zwei Stufen jeweils für das erste und das zweite Dienstjahr verliehen wurde. 1938 wurde das Abzeichen «Für ausgezeichnetes Schießen der Roten Arbeiter-und-Bauern-Armee» geschaffen. Die Gestaltung dieser Abzeichen war gekennzeichnet durch die Darstellung von Schützen und von Schießscheiben, kombiniert mit der roten Fahne, dem roten Stern und dem Symbol Hammer und Sichel.
Nach Domank, S. 7, 8, 10 und Abb. 6, 10, 11

Mit der Einführung der Bestenabzeichen «Scharfschütze» (1943) und «Bester Schütze» (1947) übernahmen diese die Rolle von Schießabzeichen in den Streitkräften der UdSSR. Heute existieren keine speziellen Soldatenauszeichnungen für hohe Schießleistungen in der Sowjetarmee und der Seekriegsflotte. Diese Leistungen gehen ein in die Bedingungen für den Erwerb von Besten-, Klassifizierungs- und Militärsportabzeichen.

Das erste sowjetische **Fallschirmsprungabzeichen** wurde 1934 geschaffen. Am 26. Juni 1930 wurden im Fallschirmausbildungszentrum nahe Woronesh die ersten zwei Fallschirmsprünge in der UdSSR ausgeführt, im ganzen Jahr 1930 waren es 84 Sprünge. Am 2. August desselben Jahres sprangen während einer Er-

probungsübung des Moskauer Militärbezirks erstmals in der Welt 12 Fallschirmspringer ab. Dieser Tag gilt als der Geburtstag der sowjetischen Luftlandetruppen. Im August 1933 führten bereits 60 Springer der OSSOAWIACHIM-Schulen Demonstrationssprünge aus den Flugzeugen ANT-14 und ANT-9 aus 1500 m Höhe vor.

Das Fallschirmsprungabzeichen wurde sowohl an Mitglieder der Verteidigungsgesellschaft wie auch an Kämpfer der Roten Armee verliehen. Es hat die Form eines unregelmäßigen, auf der längeren Spitze stehenden Vierecks und zeigt die Darstellung eines weißen Fallschirms mit Springer auf dunkelblauem Grund. Es ist überhöht von einem roten Stern, in dessen Zentrum Hammer und Sichel angeordnet sind.
Nach Domank, S. 9 und Abb. 9

Mitte der 30er Jahre wurden zwei weitere Fallschirmsprungabzeichen eingeführt: «Meister der UdSSR» und «Instrukteur». Sie wurden bis 1955 verliehen.

Neue Fallschirmsprungabzeichen, gültig nunmehr ausschließlich für die Streitkräfte der UdSSR, wurden am 10. November 1955 auf Befehl des Ministers für Verteidigung geschaffen. (Außerdem gibt es die Fallschirmsprungabzeichen der DOSAAF, die sich in ihrer Form von den Abzeichen der Streitkräfte unterscheiden.) 1968 wurden die Bedingungen für die Abzeichen wie auch ihre Form geringfügig verändert. Danach existieren seit Mitte der fünfziger Jahre die Abzeichen «Fallschirmspringer», «Bester Fallschirmspringer» und «Fallschirmsprung-Instrukteur». Das erste Abzeichen erhält der Angehörige der Luftlandetruppen bereits nach dem ersten erfolgreich absolvierten Sprung, das Bestenabzeichen der Fallschirmspringer nach 18 Sprüngen und der Erfüllung bestimmter Bedingungen, das Instrukteurabzeichen nach 50 Sprüngen und der Erfüllung vorgegebener hoher Normen, die für den Titel eines Instrukteurs der Fallschirmsprungausbildung festgelegt sind.

Das Fallschirmsprungabzeichen zeigt die Umrisse eines entfalteten weißen Fallschirms auf dunkelblauem Grund. Ein roter Stern mit Hammer und Sichel ist in die Fallschirmkuppel eingelegt und ragt teilweise über sie hinaus. Ein Transportflugzeug und ein Fallschirmspringer ergänzen die Darstellung, sie sind – wie die Fallschirmschnüre – vergoldet. Das Besten- und das

Instrukteurabzeichen weisen in der Fallschirmkuppel zusätzlich Inschriften zur Bezeichnung dieser Abzeichen auf. Unter der Kuppel stehen die Zahlen 10 bis 40 (beim Bestenabzeichen) bzw. 100 bis 500 (beim Instrukteurabzeichen) zur Angabe der absolvierten Sprünge. Anhänger, die an den Abzeichen befestigt werden, geben die Zahl der darüber hinaus bestandenen Sprünge an. Das Instrukteurabzeichen ist seit 1968 größer als die anderen Sprungabzeichen, die Kuppel des Fallschirms ist eckig geformt, und im dunkelblauen Fond sind ein weiterer Fallschirm und ein Springer dargestellt.

Nach Domank, S. 48 f. und Abb. 44–46
Tafel XXX, Abb. 1–6

Vielgestaltig sind die **Klassifizierungs- und Spezialistenabzeichen** in den sowjetischen Luftstreitkräften – Abzeichen für Flugzeugführer und für Steuerleute. Sie wurden am 19. Februar 1949 eingeführt. Die ersten zwei Arten wurden bereits 1950 eingeführt. Ihre Gestalt entlehnten diese Klassifizierungsabzeichen den textilen Ärmelabzeichen der sowjetischen Luftstreitkräfte der Vorkriegszeit, bestehend aus entfalteten Schwingen und gekreuzten Schwertern. Die ursprünglich 10 cm breiten Abzeichen wurden zunächst in einer, vom 29. November 1960 an in vier Klassen verliehen. Sie sind vergoldet. Die seit 1960 6,5 cm breiten Abzeichen der Flugzeugführer bestehen aus einem roten Stern bzw. einem Mittelschild, über deren Ränder Gefäße und Klingenspitzen zweier sich kreuzender Schwerter hinausragen. Die Schilde sind von rot emaillierten Sternen überhöht. Seitwärts breiten sich dreiteilige, sich nach unten verjüngende Schwingen aus. Die Schilde der Abzeichen «Militärflieger 1. Klasse», «Militärflieger 2. Klasse» und «Militärflieger 3. Klasse» sind vergoldet, versilbert sowie vergoldet und hellblau emailliert und zeigen in der Mitte jeweils die rot emaillierten Ziffern 1, 2 und 3. Das Abzeichen «Militärflieger» ist vergoldet, es fehlt jedoch der Schild im Zentrum; an seine Stelle tritt ein roter Stern. Die Abzeichen der Steuerleute sind zu dieser Zeit analog geformt, farblich gestaltet und beziffert, ihr Zentrum wird jedoch anstatt durch einen Schild durch eine Bombe gebildet, und es entfallen die Schwerter. Diese Abzeichen wurden mittels Gewindestift und Mutter an der Kleidung befestigt.

Tafel XXVIII, Abb. 1–6

Den Abzeichen der Militärflieger in ihrer Gestaltung ähnlich sind die gleichfalls am 19. Feburar 1949 zunächst in einer Klasse gestifteten Abzeichen des Fliegeringenieurdienstes. 1959 wurden sie auf vier Klassen erweitert und in ihren Maßen reduziert (von 10 auf 6,5 cm Breite). Im Zentrum der Abzeichen befinden sich ein roter Stern bzw. hellblaue bezifferte Schilde, über deren Konturen die Enden von Hammer und Schraubenschlüssel hinausragen. Seit 1968 wird das Abzeichen nur noch in einer Klasse verliehen. Die Abzeichen sind silberfarben. Sie werden – in zeitlichen Varianten – mit einer Schraube oder einer Nadel an der Kleidung befestigt.

Tafel XXIX, Abb. 7

Gemäß Befehl des Ministers für Verteidigung der UdSSR vom 25. März 1966 wurden die Bedingungen für den Erwerb der Klassifizierungsabzeichen für Flugzeugführer und Steuerleute neu formuliert. Die Abzeichen wurden neu gestaltet, aber weiterhin in vier Stufen verliehen. Die Abzeichen sind vergoldet, und ihr Zentrum ist in jedem Fall ein blau emaillierter Schild, der von einem fünfstrahligen roten Stern überhöht ist und über dessen Rand Gefäße und Klingenspitzen sich kreuzender Schwerter hinausragen. Der Schild der 2. Klasse ist von Eichenlaub, der Schild der 1. Klasse beidseitig von Eichen- und Lorbeerlaub eingerahmt. In die blau emaillierten Schilde der Abzeichen für Steuerleute sind goldfarbene Bomben eingearbeitet. Diese neueren Klassifizierungsabzeichen werden mittels einer Nadel an der Kleidung befestigt.

Nach Domank, S. 80 und Abb. 81–84
Tafel XXIX, Abb. 1–6

Auf Beschluß des Ministerrates der UdSSR wurden am 20. September 1971 die Klassifizierungsabzeichen der höchsten Qualifikation des fliegenden Personals der sowjetischen Fliegerkräfte geschaffen – die Abzeichen «Meisterflieger» und «Meistersteuermann». Mit diesen hohen Titeln werden Flugzeugführer und Steuerleute der 1. Klasse ausgezeichnet, die das Kunstflugprogramm vollständig beherrschen, die Kampfeigenschaften und die Bewaffnung des Flugzeugs unter kompliziertesten Witterungsbedingungen und taktischen Lagen tags und nachts optimal zu nutzen verstehen und die Forderungen der Instruktion zu diesem Titel in jeder Weise erfüllen. Die vergoldeten Abzeichen ähneln in Form und Farbgestaltung den zuvor beschriebenen Abzeichen der Klassenspezialisten. Die Schwingen sind jedoch voluminöser gestaltet und auch horizontal noch einmal unterteilt. Die hellblau und rot emaillierten Schilde sind links von Lorbeer- und rechts von Eichenlaub gesäumt. Den Schilden sind goldfarbene, aufsteigende Jagdflugzeuge aufgelegt sowie rot emaillierte Bänder mit den zweizeiligen Inschriften ЛЕТЧИК/СНАЙПЕР (Letčik snajper) und ШТУРМАН/СНАЙПЕР (Šturman snajper). (Hier ist eine wörtliche Übersetzung der Bezeichnungen aus dem Russischen nicht möglich, inhaltlich kommen die Begriffe «Meisterflieger» und «Meistersteuermann» der Sache am nächsten.) Die Abzeichen sind rückseitig mit einer Nadel zur Befestigung an der Kleidung versehen.

Nach Domank, S. 81f. und Abb. 79, 80
Tafel XXVI, Abb. 4, 5

Auf Befehl des Ministers für Verteidigung der UdSSR wurden in den fünfziger Jahren einige **spezielle Klassifizierungsabzeichen** gestiftet, die in den Stufen M (Meister), 1, 2 und 3 verliehen wurden. Zu den am weitesten verbreiteten Abzeichen gehörten die der Panzerfahrer (1954) und die der Offiziere der Funktechnischen Truppen (1958). Die bestimmenden Gestaltungselemente der erstgenannten Abzeichen sind ein von einem roten Stern überhöhter, weiß emaillierter Schild mit der Stufenbezeichnung im Zentrum, der von vier Lorbeerzweigen sowie dunkel oxidierten Schwingen mit eingeprägten Panzern umgeben ist. Die Abzeichen der Offiziere der Funktechnischen Truppen weisen im Zentrum ebenfalls einen von einem fünfstrahligen roten Stern überhöhten, weiß emaillierten Schild auf, dazu vier das Zentrum umschließende Lorbeerzweige sowie hellblau emaillierte Schwingen mit der Darstellung von Parabolantennen, Radiowellen und Funkstrahlen. Die ersteren Abzeichen wurden mit einer Schraube, die letzteren mit einer Nadel an der Kleidung befestigt. Diese wie auch eine Reihe anderer Abzeichen wurden mit der Stiftung und umfassenden Verleihung der allgemeinen Klassifizierungsabzeichen – insbesondere der 1968 gestifteten Abzeichen für Offiziere und Fähnriche – nicht weiter verliehen.

Nach Domank, S. 27 und Abb. 31, 32
Tafel XXVIII, Abb. 7
Tafel XXXII, Abb. 4–7,

Eine der ältesten sowjetischen Spezialistenauszeichnungen ist das **Abzeichen für U-Boot-Kommandanten**. Es wurde 1942 auf Befehl des Volkskommissars für die Seekriegsflotte gestiftet und existiert bis heute fort. Es wird Offizieren der Unterseebootkräfte verliehen, wenn ihnen die Pflichten eines Kommandanten und damit die selbständige Führung eines U-Bootes übertragen werden. Das Abzeichen, das nur in einer Stufe verliehen wird, besteht aus der Darstellung eines U-Bootes, dem in der Mitte ein roter Stern aufgesetzt ist. Das Abzeichen ist versilbert und wird mittels Gewindestift und Mutter an der Kleidung befestigt.

Nach Domank, S. 22–24
und Abb. 48
Tafel XXXI, Abb. 5

Eine weitere in der sowjetischen Seekriegsflotte höchst populäre Auszeichnung ist das **Abzeichen «Für große Fahrt»**. Es wurde 1961 auf Befehl des Oberkommandierenden der Seekriegsflotte in zwei Arten gestiftet: mit der Darstellung eines U-Bootes zur Auszeichnung des Personalbestandes von Unterseebooten und mit der Darstellung eines Kreuzers zur Auszeichnung des Personalbestandes von Überwasserschiffen. Gemäß Verordnung für die Verleihung des Abzeichens werden die Teilnehmer an Fern- und Spezialfahrten, die sich am meisten um die Lösung der gestellten Aufgaben verdient gemacht haben, mit dem Abzeichen geehrt. Die einmalige Verleihung des Abzeichens erfolgt durch den Oberkommandierenden der Seekriegsflotte der UdSSR.

Die Abzeichen von 1961 sind unregelmäßig geformt und weisen folgende Gestaltungselemente auf: die Flagge der Seekriegsflotte, die Silhouette des betreffenden Schiffes, einen Lorbeerzweig und die Inschrift ЗА ДАЛЬНИЙ ПОХОД (Za dal'niy pochod / Für Fernfahrt). Zum Abzeichen existieren verschiedene Anhänger, die Einsatzgebiete kennzeichnen, z. B. ЮГ (Jug/Süden) oder ОКЕАН (Okean/Ozean). 1967 wurden neue, größere Abzeichen in Form eines fünfeckigen Schildes geschaffen. Zu den bereits bei den ersten Abzeichen erwähnten Gestaltungselementen kommen noch eine Erdkugel mit dem Mittelkreuz einer Windrose, ein Anker auf rotem Schild und eine Umrandung, bestehend aus Ankerkette, Lorbeer- und Eichenlaub, hinzu. Alle Abzeichen sind vergoldet, die ersteren waren emailliert und mit einer Nadel an der

Kleidung zu befestigen, die heute gültigen sind lakkiert und rückseitig mit Gewindestift und Mutter versehen.

Nach Domank, S. 54–57 und Abb. 49–52
Tafel XXXI, Abb. 1–4

Als letztes Ehrenzeichen für Spezialisten, das in der sowjetischen Seekriegsflotte verliehen wird, sei das **Abzeichen «Für gefechtsmäßiges Minenräumen»** erwähnt. Es wurde am 16. Mai 1975 auf Befehl des Ministers für Verteidigung der UdSSR geschaffen. Es wird an Angehörige der Seekriegsflotte für Verdienste beim Räumen scharfer Minen, für ihre Vernichtung oder Entschärfung und dabei bewiesene Tapferkeit und Meisterschaft verliehen. Die Auszeichnung erfolgt auf Befehl des Oberkommandierenden der sowjetischen Seekriegsflotte. Das Abzeichen hat die Form eines Schildes, ist goldfarben und dem nachfolgend beschriebenen, ein Jahr zuvor gestifteten Abzeichen «Für Entminung» ähnlich gestaltet. Es zeigt in einem Mittelmedaillon ein Minenräumschiff und eine Seemine, die Umschrift ЗА БОЕВОЕ ТРАЛЕНИЕ (Za boevoe tralenie/Für gefechtsmäßiges Minenräumen), einen roten Stern, Eichen- und Lorbeerzweige sowie einen Anker. Durch eine Zieröse und einen Zwischenring wird der Schild mit einer rechteckigen, rahmenförmigen Tragespange verbunden, die in ihrem Mittelteil mit grauem Band bezogen ist und mit einer Nadel an der Kleidung befestigt wird.

Nach Domank, S. 44–46 und Abb. 43
Tafel XXVI, Abb. 6

Das **Abzeichen «Für Entminung»** wurde auf Befehl des Ministers für Verteidigung der UdSSR vom 31. Dezember 1974 gestiftet. Es wird an Soldaten, Unteroffiziere, Fähnriche und Offiziere verliehen, die sich beim gefechtsmäßigen Räumen von Landminen ausgezeichnet haben. Im Mittelmedaillon ist vor einer Gebäudegruppe ein Soldat mit Minensuchgerät dargestellt. Es enthält die Umschrift ЗА РАЗМИНИРО-ВАНИЕ (Za razminirovanie/Für Entminung). Die Tragespange ist in ihrem Mittelteil mit grünem Band bezogen und wird mit einer Nadel an der Kleidung befestigt.

Nach Domank, S. 41f. und Abb. 42
Tafel XXVI, Abb. 7

Eine besondere Stellung nehmen die **allgemeinen Spezialisten- und Klassifizierungsabzeichen** ein, da sie zu den universellsten und am meisten verliehenen Auszeichnungen in den sowjetischen Streitkräften gehören.

Bereits am 13. Juli 1954 wurden auf Befehl des Ministers für Verteidigung der UdSSR die **Spezialistenabzeichen für Soldaten und Unteroffiziere** gestiftet – die Abzeichen «Meisterspezialist» und «Spezialist 1. (2. oder 3.) Klasse». Diese Abzeichen werden seitdem in allen Teilstreitkräften, Waffengattungen, Spezialtruppen und Diensten verliehen. Dabei können Wehrpflichtige die Klassifizierungen der Stufen 3, 2 und 1 erwerben, Längerdienende auch die Stufe M, d.h. die Klassifizierung eines Meisters. Das Spezialistenabzeichen 3. Klasse kann nach Absolvierung des Grundprogramms der Ausbildung – in der Regel nach einem Jahr – zusammen mit der bestandenen Spezialistenprüfung durch den Kommandeur des Truppenteils verliehen werden. Die Klassen 2 und 1 können jeweils nach einem weiteren halben Jahr erworben werden, die Verleihung erfolgt durch den Kommandeur des Verbandes.

Das Spezialistenabzeichen besteht aus einem goldfarbenen Schild mit einem dunkelblauen Mittelteil, in dem – gemäß der erteilten Klassifizierung – die weißen Ziffern 3, 2 oder 1 bzw. der Buchstabe M stehen. Ein fünfstrahliger roter Stern mit dem eingelegten Symbol Hammer und Sichel sowie vier Lorbeerzweige vervollständigen die Gestaltung. In den ersten Jahren waren die Abzeichen aus Messing, emailliert und rückseitig mit einer Schraube versehen. In neuerer Zeit sind sie aus Aluminium, lackiert und werden mit einer Nadel an der Kleidung befestigt.

Nach Domank, S. 74–76 und Abb. 74–77
Tafel XXVII, Abb. 1–4

Die allgemeinen **Klassifizierungsabzeichen für Offiziere und Fähnriche** der Sowjetarmee und der Seekriegsflotte wurden erst 14 Jahre später, am 20. August 1968, auf Befehl des Ministers für Verteidigung der UdSSR gestiftet. Sie werden nicht in den Luftstreitkräften verliehen, da in diesem Bereich spezielle Klassifizierungsabzeichen existieren. Die Bestimmungen für den Erwerb der allgemeinen Klassifizierungsabzeichen sind durch hohe Forderungen gekennzeichnet. So ist es bereits für den Erwerb der 3. Klasse erforderlich, daß der Offizier oder Fähnrich neben dem geforderten fachlichen Wissen und Können mindestens über ein Jahr praktischer Erfahrung im Truppendienst verfügt. Die nächsthöheren Klassen können erst jeweils nach einem weiteren Dienstjahr erworben werden. Die Abzeichen enthalten in ihrer Gestaltung Elemente der bis 1968 bestehenden Klassifizierungsabzeichen, insbesondere der Abzeichen für Panzerfahrer und für Offiziere der Funktechnischen Truppen. Im Zentrum des Abzeichens ist ein weißer Schild mit der roten Klassenbezeichnung M, 1, 2 oder 3 angeordnet; er ist von einem fünfstrahligen, roten Stern überhöht und von Lorbeerlaub flankiert. Den Schild kreuzt eine goldfarbene Rakete, darunter ist ein Panzer dargestellt. Nach rechts und links gehen drei Schwingenpaare aus: oben dreiteilige, goldfarbene Schwingen wie bei den Klassifizierungsabzeichen der Luftstreitkräfte, in der Mitte hellblaue Schwingen mit eingelegten Funkstrahlen und -wellen, unten vierteilige, dunkel oxidierte Schwingen in Verbindung mit der Panzerdarstellung. Die Abzeichen sind aus Messing, emailliert und mit einer Nadel an der Kleidung zu befestigen.

Nach Domank, S. 75 und Abb. 70–73
Tafel XXVII, Abb. 5–8

Die Militärsportabzeichen

Angesichts der großen Bedeutung der physischen Leistungsfähigkeit der Angehörigen der sowjetischen Streitkräfte wurden Anfang der sechziger Jahre – auf der Grundlage der allgemeinen Sportabzeichen «Bereit zur Arbeit und zur Verteidigung» – besondere Militärsportabzeichen eingeführt. Sie dienten und dienen dazu, das Streben der Armeeangehörigen nach körperlicher Vervollkommnung differenziert zu fördern.

In den sowjetischen Streitkräften werden heute vier Arten militärischer Sportabzeichen verliehen. Das sind

das allgemeine Militärsportabzeichen «Militärsportler», bis 1973 eingeteilt in drei, seitdem in zwei Klassen, gestiftet am 8. August 1964;

das goldene Ehrenzeichen «Militärsportler», gestiftet am 6. Juli 1973;

die Medaille «Meisterschaft der Streitkräfte der UdSSR» I., II. und III. Platz, gestiftet am 12. Juni 1968;

die Medaille «Bestenermittlung der Streitkräfte der UdSSR», I., II. und III. Platz, gestiftet am 12. Juni 1968.

Alle Stiftungen erfolgten auf Befehl des Ministers für Verteidigung der UdSSR. Grundlage der Verleihung des allgemeinen Militärsportabzeichens ist die Erfüllung des militärsportlichen Übungskomplexes, was der Norm IV des allgemeinen Sportabzeichens «Körperliche Vollkommenheit» entspricht. Dazu kommen spezielle Bedingungen wie Uniformschwimmen, Schießen aus der persönlichen Waffe, Skilanglauf, Gepäckmarsch, Kraftübungen am Reck, Gewichtheben, Handgranatenwerfen, Orientierungslauf usw. Das goldene Ehrenzeichen eines Militärsportlers wird verliehen, wenn der Angehörige der Streitkräfte fünf Jahre lang die Norm eines Militärsportlers 1. Klasse erfüllt hat. Die Medaille «Meisterschaft der Streitkräfte der UdSSR» wird an Meister sowie Zweit- und Drittplazierte der Meisterschaften der Sowjetarmee und der Seekriegsflotte verliehen, die Medaille «Bestenermittlung …» an Sieger, Zweit- und Drittplazierte der Bestenermittlungen der militärischen Lehranstalten, der Junioren- und der Jugendmannschaften.

Das allgemeine Militärsportabzeichen hat die Form eines fünfstrahligen Sterns, dem ein fünfeckiger Schild mit der Darstellung eines Läufers aufliegt, ergänzt durch die Aufschrift ВОИН–СПОРТСМЕН (Voinsportsmen/Militärsportler) und die Stufenbezeichnung I, II oder III. Die Abzeichen sind goldfarben, aus Aluminium, die Mittelteile sind den Klassen entsprechend rot (I), blau (II) oder grün (III).

Tafel XXXIII, Abb. 8–10

Das Goldene Ehrenzeichen – ebenfalls aus Aluminium und goldfarben – ist ähnlich gestaltet: Einem Stern liegt ein aus Strahlenbündeln zusammengesetztes Fünfeck auf, in dessen rot ausgeführtem Zentrum ein Läufer dargestellt ist. Das Zeichen – größer als das allgemeine Militärsportabzeichen – wird an einer ver-

zierten Spange mit der Inschrift ВОИН – СПОРТС-
МЕН (Voin-sportsmen/Militärsportler) getragen, dessen Innenfläche ebenfalls rot gestaltet ist.

Die Medaillen der Meisterschaften und der Bestenermittlungen sind auf der Vorderseite vor allem durch
die Darstellung eines fünfstrahligen Sterns mit aufgelegtem Lorbeerkranz gekennzeichnet, durch die Umschrift mit der Medaillenbezeichnung und die Platzzif-
fern I, II oder III im roten, blauen oder grünen Feld.
Die Meisterschaftsmedaillen werden an roten, blauen
oder grünen Bändern aus Seidenmoiré getragen, die
Medaillen der Bestenermittlungen an kleinen fünfeckigen Metallspangen entsprechender Farbgebung.
Auch diese Medaillen sind aus Aluminium hergestellt
und goldfarben. Auf der Rückseite sind jeweils die
Sportart und das Jahr der Meisterschaft oder Bestenermittlung eingraviert.
Nach Domank, S. 58–62 und Abb. 53–61

Die Abzeichen für Längerdienende

Auf Befehl des Ministers für Verteidigung der
UdSSR wurden am 1. August 1957 die Abzeichen «Für
längeren Dienst» in den Land- und Luftstreitkräften
sowie in der Seekriegsflotte geschaffen. Für diesen
längerfristigen Dienst werden in den sowjetischen
Streitkräften Personen eingestellt, die nicht älter als
35 Jahre sind. Der Dienst währt in der Regel fünf
Jahre, kann jedoch auf Wunsch der Längerdienenden
auch prolongiert werden. Die Längerdienenden können vom Unteroffizier bis zum Stabsfeldwebel ernannt
werden.

Die Abzeichen bestehen im Mittelteil aus einem goldenen Stern im hellblauen Feld, eingerahmt von Eichenlaub, sowie der Flagge der Landstreitkräfte, der
Luftstreitkräfte oder der Seekriegsflotte der UdSSR.
Von diesem Mittelteil gehen vierteilige, sich nach unten verjüngende schwarzgraue Schwingen aus. Ziffern
auf Anhängeplättchen geben die Zahl der insgesamt
absolvierten Dienstjahre an. Abzeichen und Anhänger
waren zunächst aus Messing hergestellt, emailliert, vergoldet und oxidiert, heute sind sie aus Aluminium gefertigt und mit den entsprechenden Farbaufträgen versehen. Die Abzeichen werden mit einer Nadel an der
Kleidung befestigt.
Nach Domank, S. 85 und Abb. 90–92
Tafel XXXII, Abb. 1–3

Die Abzeichen «25. Jahrestag des Sieges im Großen Vaterländischen Krieg 1941–1945» und «Truppen der Luftverteidigung des Landes»

Das Abzeichen «25. Jahrestag des Sieges im Großen
Vaterländischen Krieg 1941–1945» ist seinen Bestimmungen nach eher eine Jubiläumsmedaille, wird dennoch zu den Ehrenabzeichen gerechnet. Es wurde auf
Befehl des Ministers für Verteidigung der UdSSR am
17. März 1970 gestiftet und in der Mehrzahl im Mai
1970 verliehen. Mit dem Abzeichen wurden die Veteranen des Großen Vaterländischen Krieges geehrt –
Angehörige der Sowjetarmee, der Seekriegsflotte, der

Inneren Truppen und der Grenztruppen, Partisanen und Widerstandskämpfer, die unmittelbar am Krieg gegen Hitlerdeutschland und das militaristische Japan teilgenommen hatten. Mit dem Abzeichen wurden Kämpfer aller Dienstgrade und Dienststellungen sowie aller Teilstreitkräfte geehrt.

Das Abzeichen hat die Form eines fünfstrahligen Sterns mit einem eingelegten Fünfeck. Das Hauptmotiv ist ein Soldat der Sowjetarmee, der eine rote Fahne in der Rechten und eine Maschinenpistole in der Linken hält und seinen Fuß auf einen am Boden liegenden faschistischen Adler setzt. Diese Darstellung wird eingerahmt von Eichenlaub sowie der Umschrift 25 ЛЕТ ПОБЕДЫ В ВОЙНЕ 1941–1945 гг. (25 let pobedy v vojne 1941–1945 gg./25. Jahrestag des Sieges im Kriege 1941–1945). Die Gestaltung wird durch die Jubiläumsdaten 1945–1970 vervollständigt. Das Abzeichen wird an einer unregelmäßig geformten Spange mit einem mehrfach schwarz und orangefarben gestreiften Band – dem Band des Ruhmesordens –, dem ein Lorbeerzweig aufgelegt ist, getragen. Es ist aus Aluminium hergestellt, vergoldet und mit roten, orangegelben und schwarzen Farbaufträgen versehen. Die Spange trägt rückseitig eine Nadel zur Befestigung an der Kleidung.
Nach Domank, S. 24f. und Abb. 28

Ein außergewöhnliches Ehrenzeichen ist das **Abzeichen «Truppen der Luftverteidigung des Landes»**. Eine Auszeichnung dieser Art existiert nur in einer Teilstreitkraft der Sowjetarmee und der Seekriegsflotte, in der Luftverteidigung des Landes. Das Abzeichen wurde am 31. März 1975 auf Befehl des Ministers für Verteidigung der UdSSR gestiftet. Die Auszeichnung erfolgt nach strengen Verleihungsbedingungen an Generale, Offiziere, Fähnriche sowie längerdienende Unteroffiziere und Stabsfeldwebel, die mindestens 15 Jahre in den Truppen der Luftverteidigung des Landes gedient haben, auch an bereits in Reserve oder außer Dienst befindliche Kämpfer; an die Militärflieger und Militärsteuerleute der Meister- und der 1. Klasse; an Teilnehmer des Großen Vaterländischen Krieges; an Persönlichkeiten, die einen großen Beitrag zur Festigung der Gefechtsbereitschaft der Luftverteidigung leisten und hohe Ergebnisse bei der Ausbildung des Personalbestandes sowie bei der Meisterung der neuen Technik und Bewaffnung erzielen.

Das unregelmäßig geformte Abzeichen ist insbesondere gekennzeichnet durch die Darstellung der Moskauer Kremlmauer mit dem Spasskiturm, die Antenne einer Funkmeßanlage, mehrere aufsteigende Flugzeuge und die zweizeilige Inschrift ВОЙСКА ПВО/СТРАНЫ (Vojska PVO strany/Truppen der Luftverteidigung des Landes). Das Abzeichen ist aus Messing hergestellt, vergoldet und versilbert sowie mehrfarbig emailliert. Es wird mit einer Nadel an der Kleidung befestigt.
Nach Domank, S. 51–53 und Abb. 47
Tafel XXVI, Abb. 2

Die Absolventenabzeichen militärischer Lehranstalten

Bevor Ende der 50er, Anfang der 60er Jahre das noch heute bestehende System von Absolventenabzeichen militärischer Lehreinrichtungen geschaffen wurde, existierten drei grundsätzlich verschiedene Arten von Abzeichen, die den Trägern den erfolgreichen Abschluß einer solchen Lehranstalt bescheinigten.

Das sind erstens Abzeichen, die bereits während des Bürgerkrieges und der ausländischen militärischen Intervention gestiftet und verliehen wurden. Die zumeist unregelmäßig hochoval geformten Abzeichen lehnten sich in ihrer äußeren Gestalt den Absolventenabzeichen militärischer Lehranstalten der vorrevolutionären russischen Armee an, weisen jedoch die Symbole der siegreichen proletarischen Revolution auf. So besteht das 1919 gestiftete Abzeichen der Absolventen einer Kavallerieschule aus einem Schild mit den Initialen und römischen Ziffern zur Bezeichnung der Schule. Der Schild, unter dem sich zwei Kavalleriesäbel kreuzen, ist überhöht von einem roten Stern mit dem Symbol Hammer und Pflug. Er wird von einem Kranz aus

Lorbeer- (links) und Eichenlaub (rechts), der unten mit einer Bandschleife zusammengehalten wird, umrahmt. Die Abzeichen sind vergoldet, versilbert und teilweise farbig gestaltet. Sie wurden mit Nadeln an der Kleidung befestigt.

Nach Domank, S. 5 und Abb. 4

Zweitens gehören Absolventenabzeichen der Artillerie- und Granatwerferschulen sowie der Artillerie- und waffentechnischen Schulen der Sowjetarmee dazu, die nach dem zweiten Weltkrieg in den Streitkräften der UdSSR gestiftet (18. Juli 1946) und verliehen wurden. Diese Abzeichen, von denen es zahlreiche, je nach Lehranstalt durch Initialen unterschiedene Ausführungen gibt, haben die Form von auf der Spitze stehenden Rhomben. (E. N. Ševeleva zeigt in ihrem Katalog der Vaterländischen Orden, Medaillen und Abzeichen allein 24 Abbildungen verschiedener Abzeichen – siehe Literaturverzeichnis, S. 164). Hauptsächliche Gestaltungselemente sind ein fünfstrahliger roter Stern, Hammer und Sichel, gekreuzte Geschützrohre und rote Bänder mit den Initialen der jeweiligen Lehranstalt. Die Abzeichenfonds sind schwarz und weiß emailliert. Die Abzeichen der Artillerieschulen weisen überdies einen Lorbeerzweig auf, der den Rand des Abzeichens rechtsseitig überragt. Die Abzeichen der waffentechnischen Schule zeigen außerdem Hammer und Schraubenschlüssel (gekreuzt). Die Abzeichen sind aus Messing hergestellt und vergoldet. Sie wurden mit einer Schraube an der Kleidung befestigt.

Nach Ševeleva, S. 320f. und Bildteil S. 94f.

Tafel XXXIII, Abb. 1 und Rückseite des Schutzumschlags, Abb. 1 und 3

Zur dritten Art gehören Absolventenabzeichen militärischer Fachschulen, die ebenfalls nach dem zweiten Weltkrieg gestiftet und bis 1955 verliehen wurden. Diese Abzeichen sind vor allem gekennzeichnet durch das Symbol der Teilstreitkraft, Waffengattung oder Spezialtruppe im Zentrum eines weißen Mittelmedaillons, durch eine rote Fahne mit eingelegtem fünfstrahligem Stern sowie Hammer und Sichel, einen Lorbeerkranz und ein Feld mit der Inschrift CCCP (SSSR/UdSSR) oder eine Jahreszahl, das Jahr des Absolvierens der Lehranstalt bezeichnend. Die Abzeichen sind aus Messing gefertigt, vergoldet und emailliert. Sie wurden mit einer Schraube an der Kleidung befestigt.

Neben diesen hauptsächlichen Arten von Absolventenabzeichen existierte eine Reihe weiterer rhombenförmiger wie auch gänzlich anders gestalteter Absolventenabzeichen.

Tafel XXXIII, Abb. 5 und Rückseite des Schutzumschlags, Abb. 2, 4, 7–10

Das heutige System der militärischen Absolventenabzeichen ist durch drei grundlegende Arten gekennzeichnet:

die Absolventenabzeichen der Militärakademien, der militärischen Hochschulen, militärischen Institute und militärischen Sektionen an zivilen Hochschulen;

die Absolventenabzeichen der militärischen Fachschulen (der «mittleren militärischen Schulen»);

die Absolventenabzeichen der Suworow- und Nachimow-Militärschulen.

Die Absolventenabzeichen der Militärakademien, Hochschulen und Institute werden seit 1960 verliehen. Es sind rhombenförmige Abzeichen, denen ein roter Stern mit dem Staatswappen der UdSSR aufgelegt ist. Die Abzeichen der Militärakademien sind seit 1981 (Gesetz) bzw. 1982 (erste Verleihungen) innen weiß, die der Hochschulen und Institute innen blau emailliert. Das zwischen 1961 und 1981 verliehene Abzeichen war innen dunkelblau emailliert, Staatswappen und Stern waren getrennt im Mittelfeld angeordnet, und die Metallteile waren vergoldet. Das Abzeichen der Militärakademie des Generalstabes der Sowjetischen Streitkräfte «K. J. Woroschilow» ist vergoldet, das der anderen 16 Militärakademien und das der Hochschulen ist versilbert. Die Abzeichen werden mit Gewindestift und Mutter an der Kleidung befestigt.

Nach Domank, S. 86f. und Abb. 93–95(a)

Tafel XXXIII, Abb. 2–4 und Rückseite des Schutzumschlages Abb. 6

Die Absolventen der Militärakademien können sich auf eigene Kosten Plättchen mit den (abgekürzten) Bezeichnungen der Lehranstalt beschaffen und diese auf den unteren Teil des Abzeichens montieren.

Rückseite des Schutzumschlags, Abb. 5

Die Abzeichen militärischer Fachschulen wurden am 15. November 1950 gestiftet. Sie sind einheitlich gestaltet, weisen jedoch entsprechend dem militärischen Bereich unterschiedliche Symbole auf. 1956 wurden diese Absolventenabzeichen vereinheitlicht und weisen seitdem im weißen Mittelmedaillon das

Staatswappen der UdSSR, die roten Buchstaben ВУ (VU; Abkürzung für Militärische Lehranstalt) und in einem kleineren weißen Feld die Inschrift СССР (SSSR/UdSSR) auf. Die Abzeichen sind aus Messing, vergoldet und emailliert und zur Befestigung an der Kleidung rückseitig mit Gewindestift und Mutter versehen.

Nach Domank, S. 87 und Abb. 96
Tafel XXXIII, Abb. 5

Die Absolventenabzeichen der gegenwärtig existierenden 8 Suworow-Militärschulen zur Ausbildung und Erziehung von Jugendlichen, die auf den Offiziersberuf in der Sowjetarmee vorbereitet werden, sowie der Nachimow-Militärschule in Leningrad, an der künftige Offiziere der sowjetischen Seekriegsflotte ausgebildet werden, wurden auf Befehl des Ministers für Verteidigung der UdSSR vom 24. September 1958 gestiftet. Das Abzeichen der Suworow-Schüler ist im Mittelteil ein verkleinerter Suworow-Orden, der von einem Lorbeerkranz umgeben ist. Es trägt im unteren Teil die Inschriften СССР (SSSR/UdSSR) und СВУ (SVU/Abkürzung für Suworow-Militärschule). Es ist vergoldet, das Mittelmedaillon ist versilbert. Das Abzeichen wird mit Gewindestift und Mutter an der Kleidung befestigt.

Nach Domank, S. 95f. und Abb. 97
Tafel XXXIII, Abb. 6

Das Abzeichen der Nachimow-Schüler weist in der Mitte einen ähnlichen Stern wie das der Suworow-Schüler auf. Das Porträt Admiral Nachimows steht im blauen Medaillon. Dem Stern ist ein Anker unterlegt. Die Umrandung besteht aus Lorbeerlaub und einem Schiffstau. Neben der Inschrift СССР (SSSR/UdSSR) ist die Abkürzung НВМУ (NVMU / Abkürzung für Nachimow-Schule der Seekriegsflotte) eingeprägt. Der Stern ist vergoldet, die übrigen Teile versilbert. Das Abzeichen wird mit Gewindestift und Mutter an der Kleidung befestigt.

Nach Domank, S. 96f. und Abb. 98

DIE TRAGEWEISE SOWJETISCHER EHRENZEICHEN

Der Erlaß des Obersten Sowjets der UdSSR vom 28. März 1980 legt die Trageweise der Orden und Medaillen der UdSSR, der Ordensbänder, der Interimsspangen und anderer Ehrenzeichen fest. Damit ist eine allgemeine Bestimmung gegeben, die auch im Detail die Trageweise der Ehrenzeichen regelt. Sie wird durch weitere Festlegungen, beispielsweise für die bewaffneten Organe der UdSSR, ergänzt. Allgemein ist festgelegt, daß Bürger, die mit Orden und Medaillen geehrt worden sind, diese während der Sitzungen der Sowjets, der Tagungen und Konferenzen gesellschaftlicher Organisationen, an staatlichen Feiertagen und auf Festveranstaltungen tragen. Zu anderen Gelegenheiten ist es dem Geehrten freigestellt, ob er die Orden und Medaillen am Band oder die Interimszeichen trägt. Orden, Medaillen und Interimszeichen werden am Anzug oder am Kostüm getragen, nicht am Hemd, an der Arbeits- und Sportbekleidung, am Mantel usw.

Für die Angehörigen der Sowjetarmee und der Seekriegsflotte, des Ministeriums für Innere Angelegenheiten und des Komitees für Staatssicherheit der UdSSR wird das Tragen von Ehrenzeichen durch entsprechende Befehle geregelt. Diese besagen prinzipiell, daß das Tragen der Auszeichnungen an der Uniform obligatorisch ist, außer an der Arbeitsbekleidung und der Sommerdienstuniform.

Die Angehörigen der Streitkräfte tragen die Ehrenzeichen zu folgenden Gelegenheiten am Band: bei der Teilnahme an Paraden; der Auszeichnung des militärischen Kollektivs, dem sie angehören; der Ehrung mit staatlichen Auszeichnungen; der Vorstellung beim unmittelbaren Vorgesetzten bei Einsetzung in eine neue Dienststellung bzw. bei Beförderung zum nächsthöheren Dienstgrad; beim Schwören des Fahneneides; bei der Ernennung zum Angehörigen einer Ehrenwache; an Jahrestagen des Truppenteils oder des Schiffes; beim Stapellauf eines Schiffes und beim Hissen der Seekriegsflagge anläßlich der Indienststellung eines Schiffes; auf Weisung der militärischen Führung.

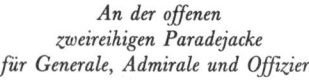

An der offenen zweireihigen Paradejacke für Generale, Admirale und Offiziere

An der offenen zweireihigen Jacke der Parade-Ausgangs- und Tagesdienstuniform für Generale, Admirale und Offiziere

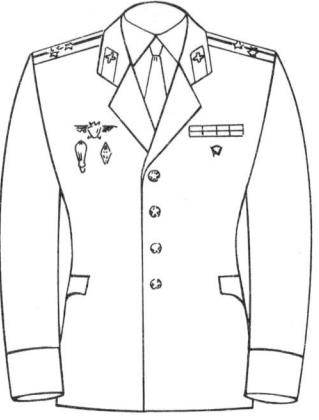

An der offenen einreihigen Jacke der Parade-Ausgangs- und Tagesdienstuniform für Offiziere

An der offenen einreihigen Jacke der Parade-Ausgangsuniform für Unteroffiziere und Soldaten

Die zu den Besonderen Ehrenzeichen gehörenden Medaillen «Goldener Stern» eines Helden der Sowjetunion und «Hammer und Sichel» eines Helden der Sozialistischen Arbeit werden auf der linken Brustseite über den anderen Auszeichnungen getragen. Mehrere Besondere Ehrenzeichen werden einzeln nebeneinander getragen, und zwar von innen nach außen in der Reihenfolge: Medaille(n) «Goldener Stern» – Medaille(n) «Hammer und Sichel».

Auf der linken Brustseite werden in der angegebenen Reihenfolge getragen (hier werden neben den militärischen auch die allgemeinen und die zivilen Auszeichnungen angeführt, da zahlreiche Angehörige der Streitkräfte auch mit diesen geehrt worden sind; nicht genannt werden die Auszeichnungen für Mütter): der Lenin-Orden, der Orden der Oktoberrevolution, der Rotbannerorden, der Orden des Roten Arbeitsbanners, der Orden der Völkerfreundschaft, der Orden «Zeichen der Ehre», der Ruhmesorden 1. bis 3. Klasse, der Orden des Arbeitsruhms 1. bis 3. Klasse, die Medaille «Für Tapferkeit», die Uschakow-Medaille, die Medaille «Für Verdienste im Kampf», die Nachimow-Medaille, die Medaille «Für heldenmütige Arbeit», die Medaille «Für Auszeichnung in der Arbeit», die Medaille «Partisan des Vaterländischen Krieges» 1. und 2. Klasse, die Medaille «Für Auszeichnung beim Schutz der Staatsgrenze der UdSSR», die Medaille

«Für ausgezeichneten Dienst beim Schutz der gesellschaftlichen Ordnung», die Medaille «Für Tapferkeit bei der Brandbekämpfung», die Medaille «Für die Rettung Ertrinkender», die Medaille «Für die Verteidigung Leningrads», die Medaille «Für die Verteidigung Moskaus», die Medaille «Für die Verteidigung Odessas», die Medaille «Für die Verteidigung Sewastopols», die Medaille «Für die Verteidigung Stalingrads», die Medaille «Für die Verteidigung Kiews», die Medaille «Für die Verteidigung des Kaukasus», die Medaille «Für die Verteidigung des sowjetischen Polargebiets», die Medaille «Für den Sieg über Deutschland im Großen Vaterländischen Krieg 1941–1945», die Medaille «20. Jahrestag des Sieges im Großen Vaterländischen Krieg 1941–1945», die Medaille «30. Jahrestag des Sieges im Großen Vaterländischen Krieg 1941–1945», die Medaille «40. Jahrestag des Sieges im Großen Vaterländischen Krieg 1941–1945», die Medaille «Für den Sieg über Japan», die Medaille «Für die Einnahme Budapests», die Medaille «Für die Einnahme Königsbergs», die Medaille «Für die Einnahme Wiens», die Medaille «Für die Einnahme Berlins», die Medaille «Für die Befreiung Belgrads», die Medaille «Für die Befreiung Warschaus», die Medaille «Für die Befreiung Prags», die Medaille «Für heldenmütige Arbeit im Großen Vaterländischen Krieg 1941–1945», die Medaille «Veteran der Arbeit», die

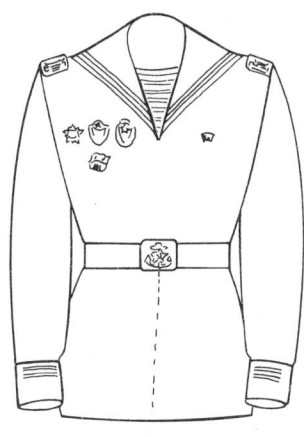

An der geschlossenen
Uniformjacke für Unteroffiziere
und Soldaten

Am weißen und blauen
Kieler Hemd
für Maate und Matrosen

Medaille «Veteran der Streitkräfte der UdSSR», die Medaille «Für die Festigung der Waffenbrüderschaft», die Medaille «Für die Wiederherstellung der Betriebe der Schwarzmetallurgie des Südens», die Medaille «Für die Wiederherstellung der Kohlenschächte des Donbass», die Medaille «Für die Erschließung von Neuland», die Medaille «Für den Bau der Baikal-Amur-Magistrale», die Medaille «Für die Umgestaltung des Nichtschwarzerde-Gebiets der RSFSR», die Medaille «Für die Erschließung der Bodenschätze und die Entwicklung des Erdgaskomplexes Westsibiriens», die Medaille «XX Jahre Rote Arbeiter-und-Bauern-Armee», die Medaille «30 Jahre Sowjetische Armee und Flotte», die Medaille «40 Jahre Streitkräfte der UdSSR», die Medaille «50 Jahre Streitkräfte der UdSSR», die Medaille «60 Jahre Streitkräfte der UdSSR», die Medaille «50 Jahre Sowjetische Miliz», die Medaille «Zum 800jährigen Jubiläum Moskaus», die Medaille «Zum 250jährigen Jubiläum Leningrads», die Medaille «Zum 1500jährigen Jubiläum Kiews».

Beim Tragen zweier oder mehrerer Auszeichnungen an pentagonalen Spangen werden diese auf einer gemeinsamen Spange vereinigt, und zwar entsprechend ihrer Rangordnung von innen nach außen. Ehrenzeichen, die nicht auf einer gemeinsamen Spange Platz haben, werden auf einer nächsten angebracht.

Der höchste sowjetische Militärorden, der Siegesorden, wird auf der linken Seite, 12 bis 14 cm über dem Koppel getragen.

Die Jubiläumsmedaille «Für heldenmütige Arbeit (Für militärisches Heldentum). Zum Gedenken an den 100. Geburtstag Wladimir Iljitsch Lenins» wird – beim Tragen mit anderen Auszeichnungen, die auf einer gemeinsamen Spange angeordnet sind – links von dieser Spange und über ihr befestigt, jedoch unter den Medaillen «Goldener Stern» und «Hammer und Sichel».

Auf der rechten Brustseite werden alle sternförmigen (militärischen) Orden getragen – außer dem Ruhmes- und dem Siegesorden – sowie die Medaillen «Für Auszeichnung im militärischen Dienst» 1. und 2. Klasse. Ihrer Rangfolge nach werden auch diese Orden und Medaillen von innen nach außen und – bei Notwendigkeit – in mehreren Reihen befestigt.

Die mit den Ordens- und Medaillenbändern bezogenen Interimsspangen werden auf der linken Brustseite getragen, und zwar gleichfalls ihrer Rangordnung gemäß von innen nach außen und – bei Notwendigkeit – in mehreren, untereinander angeordneten Reihen. Bei den Orden ist beispielsweise diese Rangfolge festgelegt:

Lenin-Orden, Orden der Oktoberrevolution, Rotbannerorden, Suworow-Orden 1. Klasse, Uschakow-Orden 1. Klasse, Kutusow-Orden 1. Klasse, Nachimow-Orden 1. Klasse, Bogdan-Chmelnizki-Orden 1. Klasse, Suworow-Orden 2. Klasse, Uschakow-Orden 2. Klasse, Kutusow-Orden 2. Klasse, Nachimow-Orden 2. Klasse, Bogdan-Chmelnizki-Orden 2. Klasse, Suworow-Orden 3. Klasse, Kutusow-Orden 3. Klasse, Bogdan-Chmelnizki-Orden 3. Klasse, Alexander-Newski-Orden, Orden des Vaterländischen Krieges 1. und 2. Klasse, Orden des Roten Arbeitsbanners, Orden der Völkerfreundschaft, Orden des Roten Sterns, Orden «Für den Dienst am Vaterland in den Streitkräften der UdSSR» 1. bis 3. Klasse, Orden «Zeichen der Ehre», Ruhmesorden 1. bis 3. Klasse, Orden des Arbeitsruhms 1. bis 3. Klasse.

Die Interimsspangen zu den Medaillen unterliegen derselben Rangfolge wie die Medaillen selbst; das Band der Medaille «Für heldenmütige Arbeit (Für militärisches Heldentum). Zum Gedenken an den 100. Geburtstag Wladimir Iljitsch Lenins» rangiert zwischen den Bändern der Medaille «Für Auszeich-

158 nung in der Arbeit» und der Medaille «Partisan des Vaterländischen Krieges» 1. Klasse.

Zu den Medaillen «Goldener Stern» sowie «Hammer und Sichel» gibt es keine Interimszeichen.

Das Band zum Siegesorden wird einzeln über den Bändern der anderen Orden und Medaillen getragen.

Die Medaillen «Für einwandfreien Dienst», die in den Bereichen des Ministeriums für Verteidigung, des Ministeriums für Innere Angelegenheiten und des Komitees für Staatssicherheit verliehen werden, werden auf der linken Brustseite hinter anderen Orden und Medaillen in der Reihenfolge ihrer Klassen getragen.

Orden und Medaillen ausländischer Staaten an Bändern oder Spangen werden auf der linken, solche ohne Bänder oder Spangen auf der rechten Seite getragen. Für die Bänder dieser Ehrenzeichen ist eine gesonderte Interimsspange vorgesehen, die unter der mit sowjetischen Bändern an der Kleidung befestigt wird.

Die Trageweise der militärischen Ehren- und Leistungsabzeichen wird durch spezielle Ministerbefehle geregelt. In den Streitkräften gelten folgende Festlegungen:

Die Verwundetenabzeichen werden auf der rechten Seite der Brust 8 bis 10 mm über den Orden und Medaillen bzw. an deren Stelle getragen.

Die Abzeichen zu den Ehrentiteln «Verdienter Militärflieger», «Verdienter Militärsteuermann» u. a. werden auf der rechten Seite der Brust über den Orden und Medaillen befestigt.

Militärische und andere Ehrenabzeichen (außer denen des Komsomol) werden ebenfalls auf der rechten Brustseite, und zwar in folgender Reihenfolge getragen: das Abzeichen «25. Jahrestag des Sieges im Großen Vaterländischen Krieg 1941–1945» (es wird über allen anderen militärischen Ehren- und Leistungsabzeichen getragen), Klassifizierungsabzeichen für Generale, Admirale, Offiziere und Fähnrige (außer denen für Flugzeugführer und Steuerleute der Luftstreitkräfte), das Abzeichen «Meisterflieger» und «Meistersteuermann», die Klassifizierungsabzeichen für Flugzeugführer und Steuerleute, das Abzeichen «U-Boot-Kommandant», das Gardeabzeichen, die Absolventenabzeichen der Militärakademien sowie der Hoch- und Fachschulen, die Bestenabzeichen, die Abzeichen der Klassenspezialisten und die Fallschirmsprungabzeichen.

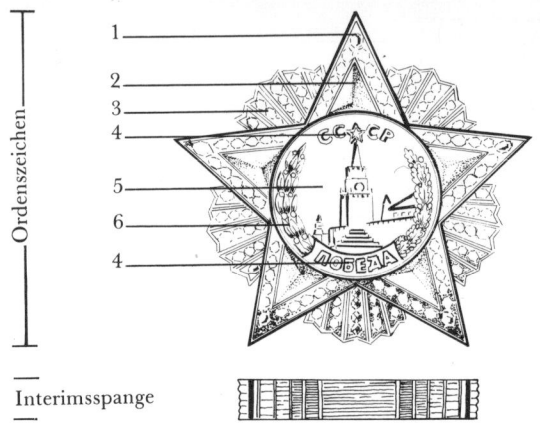

Ordenszeichen

Interimsspange

Sternförmiger Orden (Siegesorden) mit Interimsspange.
1 Rand des Sterns, 2 Strahl des Sterns, 3 Strahlenbündel,
4 Aufschriften (Inschriften), 5 (Mittel-)Medaillon, 6 Kranzteil

Orden des Vaterländischen Krieges,
Ausführung 1942/1943
(an rahmenförmiger Tragespange)
und Ausführung seit 1943

Die Abzeichen werden ihrer Rangfolge gemäß von links nach rechts, unter den Orden und Medaillen bzw. an ihrer Stelle angeordnet. Es wird jeweils nur ein Absolventenabzeichen getragen, und zwar dasjenige, das die höchste Qualifikation symbolisiert. Die Abzeichen der Suworow- und Nachimow-Militärschulen werden rechts von den Absolventenabzeichen auf gleicher Höhe getragen.

Komsomolabzeichen und -Ehrenzeichen werden auf der linken Seite der Brust in der Mitte unter den Orden und Medaillen oder deren Interimsspangen bzw. an ihrer Stelle getragen.

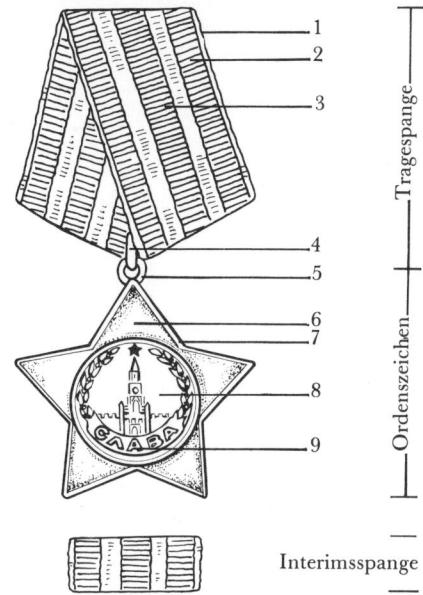

Interimsspange

Orden an einer Tragespange (Ruhmesorden)
und Interimsspange. 1 Randstreifen, 2 Seitenstreifen,
3 Mittelstreifen, 4 Zwischenring, 5 Öse, 6 Strahl
des Sterns, 7 Rand, 8 (Mittel-)Medaillon,
9 Aufschrift (Umschrift)

Medaille an pentagonaler Tragespange
(«Für die Verteidigung Sewastopols»).
1 Mittelstreifen, 2 Band, 3 Zwischenring,
4 Öse, 5 Metallstege, die die Konturen
des Ringes bilden, 6 Ring mit Umschrift
und Gestaltungselementen, 7 Zentrum,
8 Gestaltungselemente (Brustbilder)

Medaille an pentagonaler Tragespange
(«Für Tapferkeit»).
1 Randstreifen, 2 Band, 3 Zwischenring,
4 Öse, 5 Randstab,
6 Gestaltungselemente, 7 Inschriften

Rotbannerorden der UdSSR,
Ausführung 1924–1943
und
Ausführung seit 1943
(an pentagonaler
Tragespange)

Medaille an pentagonaler
Tragespange in der
Ausführung seit 1943
(«Für Verdienste im Kampf»)

Medaille an rechteckiger
Tragespange in der
Ausführung bis 1943
(«XX Jahre Rote Arbeiter-
und-Bauern-Armee»)

Sternförmige Medaille an
verzierter, rahmenförmiger
Tragespange mit auf-
gelegtem Stern

ZEITTAFEL ZUR GESCHICHTE
DER SOWJETISCHEN AUSZEICHNUNGEN

10. 11. 1917 Abschaffung der Stände und zivilen Ränge sowie aller vorrevolutionären Orden, Medaillen und anderen Ehrenzeichen durch Dekret des Gesamtrussischen Zentralexekutivkomitees und des Rates der Volkskommissare

20. 8. 1918 Auszeichnung des ersten Truppenteils der Roten Armee mit dem Revolutionären Roten Ehrenbanner auf Beschluß des Gesamtrussischen Zentralexekutivkomitees

16. 9. 1918 Stiftung des Rotbannerordens der RSFSR, des ersten Ordens eines sozialistischen Staates, auf Beschluß des Gesamtrussischen Zentralexekutivkomitees

9. 1. 1919 Abschaffung des Ordenskapitels, der Institution zur Regelung von Ordensangelegenheiten im vorrevolutionären Rußland, auf Beschluß des Volkskommissariats für Vermögensangelegenheiten der RSFSR

8. 4. 1920 Stiftung der Revolutionären Ehrenwaffe auf Beschluß des Gesamtrussischen Zentralexekutivkomitees

19. 5. 1920 Einführung der mehrfachen Verleihung des Rotbannerordens der RSFSR auf Beschluß des Gesamtrussischen Zentralexekutivkomitees

28. 12. 1920 Stiftung des Ordens des Roten Arbeitsbanners der RSFSR auf Beschluß des VIII. Gesamtrussischen Sowjetkongresses

2. 8. 1924 Stiftung des Rotbannerordens der UdSSR auf Beschluß des Präsidiums des Zentralexekutivkomitees der UdSSR

23. 6. 1925 Beschluß des Rates der Volkskommissare über die Verleihung von Leninpreisen für hervorragende wissenschaftliche Arbeiten

7. 9. 1928 Stiftung des Ordens des Roten Arbeitsbanners der UdSSR auf Beschluß des Zentralexekutivkomitees und des Rates der Volkskommissare der UdSSR

6. 4. 1930 Stiftung des Lenin-Ordens und des Ordens des Roten Sterns auf Beschluß des Präsidiums des Zentralexekutivkomitees der UdSSR

16. 4. 1934 Einführung des Ehrentitels «Held der Sowjetunion» auf Beschluß des Präsidiums des Zentralexekutivkomitees der UdSSR

20. 4. 1934 Verleihung der ersten Ehrentitel «Held der Sowjetunion» an sieben Flieger, die 104 Teilnehmer an der sowjetischen «Tscheljuskin»-Polarexpedition vom Eis der Arktis gerettet hatten

25. 11. 1935 Stiftung des Ordens «Zeichen der Ehre» auf Beschluß des Präsidiums des Zentralexekutivkomitees der UdSSR

7. 5. 1936 Einführung der Allgemeinen Verordnung über die Orden der UdSSR auf Beschluß des Zentralexekutivkomitees und des Rates der Volkskommissare der UdSSR

6. 9. 1936 Schaffung des Ehrentitels «Volkskünstler der UdSSR» vor allem für Theater- und Filmschaffende sowie für Musiker

24. 1. 1938 Stiftung der Jubiläumsmedaille «XX Jahre Rote Arbeiter-und-Bauern-Armee» auf Erlaß des Präsidiums des Obersten Sowjets der UdSSR
(Dieses Gremium hat – soweit nicht anders vermerkt – auch alle weiteren Stiftungen, Gesetze usw. verfügt.)

17. 10. 1938 Stiftung der Medaillen «Für Tapferkeit» und «Für Verdienste im Kampf»

27. 12. 1938 Einführung des Ehrentitels «Held der Sozialistischen Arbeit», Stiftung der Medaillen «Für heldenmütige Arbeit» und «Für Auszeichnung in der Arbeit»

2. 6. 1939 Beschluß über die Auszeichnung von Kollektiven der Betriebe, über die Stiftung von Orden und Medaillen der UdSSR und damit zusammenhängende organisatorische Fragen

16. 10. 1939 Stiftung der Medaille «Goldener Stern» zum Ehrentitel «Held der Sowjetunion»

14. 11. 1939 Stiftung des Abzeichens «Bester der Roten Arbeiter-und-Bauern-Armee» auf Beschluß des Rates der Volkskommissare

22. 5. 1940 Stiftung der goldenen Medaille «Hammer und Sichel» zum Ehrentitel «Held der Sozialistischen Arbeit»

18. 9. 1941 Erste Verleihung des Gardetitels an vier Divisionen der Roten Armee

20. 5. 1942 Stiftung des Ordens des Vaterländischen Krieges 1. und 2. Klasse

21. 5. 1942 Stiftung des Gardeabzeichens für die Rote Armee und der ersten sieben Bestenabzeichen der Roten Armee, spezialisiert für Waffengattungen, Spezialtruppen und Dienste

29. 7. 1942 Stiftung des Suworow-Ordens 1., 2. und 3. Klasse, des Kutusow-Ordens 1. und 2. Klasse und des Alexander-Newski-Ordens

22. 12. 1942 Stiftung der Medaillen «Für die Verteidigung Leningrads», «Für die Verteidigung Odessas», «Für

die Verteidigung Sewastopols» und «Für die Verteidigung Stalingrads»

2. 2. 1943	Stiftung der Medaille «Partisan des Vaterländischen Krieges» 1. und 2. Klasse
8. 2. 1943	Stiftung der 3. Klasse des Kutusow-Ordens
19. 6. 1943	Festlegungen über die Einführung von Ordens- und Medaillenbändern und über die Trageweise der Orden, Medaillen, Ordensbänder und anderer Auszeichnungen
26. 6. 1943	Festlegungen über die Trageweise ausländischer Orden, Medaillen und Ordensbänder
16. 7. 1943	Einführung des Ehrentitels «Volkskünstler der UdSSR»
10. 10. 1943	Stiftung des Bogdan-Chmelnizki-Ordens 1., 2. und 3. Klasse
8. 11. 1943	Stiftung des Siegesordens und des Ruhmesordens 1., 2. und 3. Klasse
3. 3. 1944	Stiftung des Uschakow-Ordens 1. und 2. Klasse, des Nachimow-Ordens 1. und 2. Klasse sowie der Uschakow- und der Nachimow-Medaille
1. 5. 1944	Stiftung der Medaillen «Für die Verteidigung Moskaus» und «Für die Verteidigung des Kaukasus»
4. 6. 1944	Regelung der Auszeichnung von Generalen, Offizieren und Unteroffizieren mit Orden und Medaillen für langjährigen Dienst in der Roten Armee
8. 7. 1944	Einführung des Ehrentitels «Heldenmutter», Stiftung des Ordens Mutterruhm 1., 2. und 3. Klasse und der Mutterschaftsmedaille 1. und 2. Klasse
5. 12. 1944	Stiftung der Medaille «Für die Verteidigung des sowjetischen Polargebietes»
9. 5. 1945	Stiftung der Medaille «Für den Sieg über Deutschland im Großen Vaterländischen Krieg 1941–1945»
6. 6. 1945	Stiftung der Medaille «Für heldenmütige Arbeit im Großen Vaterländischen Krieg 1941–1945»
9. 6. 1945	Stiftung der Medaillen «Für die Einnahme Budapests», «Für die Einnahme Königsbergs», «Für die Einnahme Wiens», «Für die Einnahme Berlins», «Für die Befreiung Belgrads», «Für die Befreiung Warschaus» und «Für die Befreiung Prags»
30. 9. 1945	Stiftung der Medaille «Für den Sieg über Japan»
10. 9. 1947	Stiftung der Medaille «Für die Wiederherstellung der Kohlenschächte des Donbass»
20. 9. 1947	Stiftung der Medaille «Zum 800jährigen Jubiläum Moskaus»
22. 2. 1948	Stiftung der Medaille «30 Jahre Sowjetische Armee und Flotte»
18. 5. 1948	Stiftung der Medaille «Für die Wiederherstellung der Betriebe der Schwarzmetallurgie des Südens»
13. 7. 1950	Stiftung der Medaille «Für Auszeichnung beim Schutz der Staatsgrenze der UdSSR»
1. 11. 1950	Stiftung der Medaille «Für ausgezeichneten Dienst beim Schutz der gesellschaftlichen Ordnung»
20. 10. 1956	Stiftung der Medaille «Für die Erschließung von Neuland»
16. 2. 1957	Stiftung der Medaille «Für die Rettung Ertrinkender»
16. 5. 1957	Stiftung der Medaille «Zum 250jährigen Jubiläum Leningrads»
31. 10. 1957	Stiftung der Medaille «Für Tapferkeit bei der Brandbekämpfung»
18. 12. 1957	Stiftung der Medaille «40 Jahre Streitkräfte der UdSSR»
25. 1. 1958	Stiftung der Treuedienstmedaille «Für einwandfreien Dienst» in den Streitkräften der UdSSR 1., 2. und 3. Klasse auf Befehl des Ministers für Verteidigung der UdSSR in Übereinstimmung mit dem Erlaß des Präsidiums des Obersten Sowjets der UdSSR vom 14. 9. 1957
11. 2. 1958	Annahme der Bestimmungen über die Auszeichnung mit Orden und Medaillen der UdSSR
14. 8. 1958	Einführung des Ehrentitels «Verdienter Testflieger der UdSSR» und «Verdienter Teststeuermann der UdSSR»
14. 4. 1961	Einführung des Ehrentitels «Fliegerkosmonaut der UdSSR»
21. 6. 1961	Stiftung der Medaille «Für die Verteidigung Kiews»
6. 4. 1963	Annahme der Instruktion über die Auszeichnung mit der Medaille «Für ausgezeichneten Dienst beim Schutz der gesellschaftlichen Ordnung»
26. 1. 1965	Einführung des Ehrentitels «Verdienter Militärflieger der UdSSR» und «Verdienter Militärsteuermann der UdSSR»
7. 5. 1965	Stiftung der Medaille «20. Jahrestag des Sieges im Großen Vaterländischen Krieg 1941–1945»
8. 5. 1965	Einführung der Ehrentitel «Heldenstadt» und «Heldenfestung» sowie Verleihung der Titel – zugleich mit dem Lenin-Orden und der Medaille «Goldener Stern» – an Moskau, Leningrad, Wolgograd (Stalingrad), Kiew, Sewastopol, Odessa und die Festung Brest anläßlich des 20. Jahrestages des Sieges
30. 9. 1965	Einführung der Ehrentitel «Verdienter Pilot der UdSSR» und «Verdienter Steuermann der UdSSR»
12. 8. 1967	Einführung des Ehrentitels «Architekt des Volkes der UdSSR»
31. 10. 1967	Stiftung des Ordens der Oktoberrevolution anläßlich des 50. Jahrestages der Großen Sozialistischen Oktoberrevolution
20. 11. 1967	Stiftung der Jubiläumsmedaille «50 Jahre Sowjetische Miliz»
26. 12. 1967	Stiftung der Jubiläumsmedaille «50 Jahre Streitkräfte der UdSSR»
5. 11. 1969	Stiftung der Jubiläumsmedaille «Für heldenmütige Arbeit (Für militärisches Heldentum). Zum Gedenken an den 100. Geburtstag Wladimir Iljitsch Lenins»
17. 12. 1972	Stiftung des Ordens der Völkerfreundschaft
14. 9. 1973	Verleihung des Ehrentitels «Heldenstadt» an Noworossisk und Kertsch anläßlich der 30. Jahrestage der Beendigung der Schlacht um den Kaukasus und der Befreiung der Krim
18. 1. 1974	Stiftung des Ordens des Arbeitsruhms und der Medaille «Veteran der Arbeit»

26. 6. 1974 Verleihung des Ehrentitels «Heldenstadt» an Minsk anläßlich des 30. Jahrestages der Befreiung Belorußlands

28. 10. 1974 Stiftung des Ordens «Für den Dienst am Vaterland in den Streitkräften der UdSSR» 1., 2. und 3. Klasse und der Medaille «Für Auszeichnung im militärischen Dienst» 1. und 2. Klasse

25. 4. 1975 Stiftung der Jubiläumsmedaille «30. Jahrestag des Sieges im Großen Vaterländischen Krieg 1941–1945»

20. 5. 1976 Stiftung der Medaille «Veteran der Streitkräfte der UdSSR»

8. 10. 1976 Stiftung der Medaille «Für den Bau der Baikal-Amur-Magistrale»

7. 12. 1976 Verleihung des Ehrentitels «Heldenstadt» an Tula

30. 9. 1977 Stiftung der Medaille «Für die Umgestaltung des Nichtschwarzerde-Gebietes der RSFSR»

25. 10. 1977 Einführung des Ehrentitels «Arzt des Volkes der UdSSR»

30. 12. 1977 Einführung des Ehrentitels «Lehrer des Volkes der UdSSR»

28. 1. 1978 Stiftung der Jubiläumsmedaille «60 Jahre Streitkräfte der UdSSR»

28. 7. 1978 Stiftung der Medaille «Für die Erschließung der Bodenschätze und die Entwicklung des Erdgaskomplexes Westsibiriens»

25. 5. 1979 Stiftung der Medaille «Für die Festigung der Waffenbrüderschaft»

3. 7. 1979 Annahme der Allgemeinen Bestimmungen über Orden, Medaillen und Ehrentitel der UdSSR

28. 12. 1981 Einführung des Ehrentitels «Verdienter Erfinder der UdSSR»

10. 5. 1982 Stiftung der Medaille «Zum 1500jährigen Jubiläum Kiews»

31. 5. 1982 Einführung des Ehrentitels «Verdienter Werktätiger der Landwirtschaft der UdSSR»

13. 7. 1984 Einführung des Ehrentitels «Verdienter Test-Fallschirmspringer der UdSSR»

26. 10. 1984 Einführung des Ehrentitels «Verdienter Meliorator der UdSSR»

12. 4. 1985 Stiftung der Jubiläumsmedaille «40. Jahrestag des Sieges im Großen Vaterländischen Krieg 1941–1945»

6. 5. 1985 Verleihung des Ehrentitels «Heldenstadt» an Murmansk und Smolensk zum 40. Jahrestag des Sieges der Sowjetunion über den Hitlerfaschismus

Militärpolitische und militärgeschichtliche Werke, Memoiren u. ä.

Abramow, A., An der Kremlmauer. Gedenkstätten und Biographien revolutionärer Kämpfer, Berlin 1984

Abraham, H., 1941–1945. Großer Vaterländischer Krieg der Sowjetunion, Berlin 1985

Berger, U., Wünsche, W., Jugendlexikon Militärwesen, Berlin 1985

Deutschland im zweiten Weltkrieg, 5 Bde., Berlin 1974–1984

Geschichte der Kommunistischen Partei der Sowjetunion, 7. Aufl., Berlin 1985

Geschichte der UdSSR. Von den Anfängen bis zur Gegenwart, Berlin 1977

Geschichte des zweiten Weltkrieges 1939–1945, 12 Bde., Berlin 1975–1984

Graždanskaja vojna i voennaja intervencija v SSSR, Enciklopedija, Moskau 1983

Der Große Vaterländische Krieg der Sowjetunion. Kurzer Abriß, 2 Bde., Berlin 1975

Heerführer des Großen Vaterländischen Krieges, 2 Bde., Berlin 1977

Kurzer Abriß der Geschichte der Streitkräfte der UdSSR von 1917 bis 1972, Berlin 1983

Porožnjakov, A. E., G. K. Žukov, Fotoalbom, Moskau 1984

Rosenfeld, G., Schützler, H., Kurze Geschichte der Sowjetunion 1917–1983, Berlin 1985

Šagi velikoj pobedy, Moskau 1978

Schmiedel, K., Schnitter, H., Bürgerkrieg und Intervention 1918 bis 1922, Berlin 1970

Schtemenko, S. M., Im Generalstab, 2 Bde., Berlin 1969 und 1973

Shukow, G. K., Erinnerungen und Gedanken, 2 Bde., Berlin 1969

Die Sowjetgesellschaft. Studien zu ihrer Geschichte und Gegenwart, Berlin 1984

Velikaja Otečestvennaja vojna 1941–1945. Enciklopedija, Moskau 1985

Voennyj enciklopedičeskij slovar, Moskau 1984

Wörterbuch zur deutschen Militärgeschichte, 2 Bde., Berlin 1985

Wörterbuch der Geschichte, 2 Bde., Berlin 1983

Der zweite Weltkrieg 1939–1945. Kurze Geschichte, Berlin 1985

Werke über russische und sowjetische Orden und Ehrenzeichen

Borsunow, S. M., Heldenstädte, dt., Moskau 1985

Domank, A. S., Znaki vojnskoj doblesti, Moskau 1982

Durov, V. A., Russkie i sovetskie nagradnye medali, Staatliches Historisches Museum, russ. und engl., Moskau o. J.

Durov, V. A., Russkie i sovetskie ordena, Staatliches Historisches Museum, russ. u. engl., 1. u. 2. Ausgabe, Moskau o. J.

Gerojam – slava! [Biographien von Helden der Sowjetunion, Helden der Sozialistischen Arbeit und Ordensträgern], 2. erg. Ausgabe, Moskau 1974

Goroda geroj, russ., engl., frz., span., dt., Moskau 1975

Goroda geroj [Ausstellungsmaterial], Moskau 1984

Gosudarstvennyj Istoričeskij Muzej, russ. u. engl., Moskau o. J.

Grebennikova, G. I., Katkova, R. S.: Ordena i medali SSSR. Fotoalbom, Moskau 1982

Kolář, M., Šnajdr, O., Sovětská a Československá vyznamenání, Armeemuseum Prag, Prag 1974

Kolesnikov, G. A., Rožkov, A. M., Ordena i medali SSSR, Moskau 1974, 1978 und 1983 sowie Minsk 1986, gekürzte Ausgabe

Korch, A. S., Aleksandr Vasil'evič Suvorov, Staatliches Historisches Museum, russ. u. engl., Moskau 1985

Korneev, A. S., Legendarnye klingi, Zentrales Museum der Streitkräfte der UdSSR, Moskau 1979

Kuznecov, A. A., Ordena i medali Rossii, Moskau 1985

Kuznecov, D. N., Nagrudnye znaki Oboronnogo obščestva, Moskau 1983

Kusnezow, N. G., Auf Siegeskurs, Berlin 1979, S. 83–88

Loboda, V. F., Kargalcev, I. P., Ordena i medali SSSR, Sbornik, Moskau 1950

Lobusov, V., Lavrinenko, Ju., Nagrady ZK VLKSM, Moskau 1976

Mal'cev, M. M., Kurčin, G. I., Pervyj Sovetskij, pervyj boevoj, Moskau 1965

Medynski, S. E., Samyj glavnyj orden. Dokumentalnye rasskazy, Moskau 1974

Měřička, V., Faleristik. Ein Buch über Ordenskunde, dt., Prag 1976

Nagrady Rodiny. Ordena i medali SSSR, Zentrales Museum der Streitkräfte der UdSSR, Moskau 1982

Ordena i medali Sojuza SSR [Material für die Sichtagitation], Moskau 1976

Ordena i medali SSSR [Postkartenserien mit Beiheft], 1. und

3. Ausg., Moskau 1973 und 1975

Ordena SSSR [Postkartenserie mit Beiheft], 2. Ausg., Moskau 1974

Poplyko, F. N., Šelekasov, V. I., O čem rasskazyvajut relikvii, Zentrales Museum der Streitkräfte der UdSSR, Moskau o. J.

Pravila nošenija voennoi formy odeždy voennoslužaščii Sovetskoj Armii i VMF, Abschnitt Trageweise der Orden und Medaillen, Moskau 1974

Roščin, I. I., Soldatskaja slava [Biographien von Trägern des Ruhmesordens in allen 3 Klassen], Bd. 6, Moskau 1982

Sbornik zakonodatelnych aktov o gosudarstvennych nagradach SSSR, Moskau 1984

Ševeleva, E. N., Katalog Otečestvennych ordenov, medalej i znakov otlitčija, Museum der Geschichte der Artillerie, Leningrad 1962

Sovetskaja Voennaja Enciklopedija, Artikel «Znaki otlitčija» mit 2 Farbtafeln, Bd. 3, S. 466 f., Moskau 1977; «Medali SSSR» mit 3 Farbtafeln, Bd. 5, S. 205 f., Moskau 1978; Ordena SSSR mit 6 Farbtafeln, Bd. 6, S. 104 f., Moskau 1974

Spasski, I. G., Ščukina, E. S., Medali i monety Petrovskogo vremeni, russ. u. engl., Leningrad 1974

Černikov, N. D., Nagradi Rodiny, Moskau 1974

Das Zentrale Museum der Streitkräfte der UdSSR, dt., Moskau 1983

Artikel und Artikelserien in Zeitschriften und Jahrbüchern

Hier werden nur die umfangreicheren jüngeren Artikel aufgeführt. Für weitergehend interessierte Leser sei überdies auf die bibliographischen Teile der Sammelbände «Numismatika i Epigrafika» (Numismatik und Epigraphik) verwiesen, die in regelmäßigen Abständen von der Akademie der Wissenschaften der UdSSR herausgegeben werden.

Durov, V. A., Der erste sowjetische Orden – der Rotbannerorden der RSFSR. In: Jahrbuch 1982 des Arbeitskreises Medaillenkunde im Kulturbund der DDR. S. 69–74

Durov, V. A., Iz istorii Otečestvennych ordenov i medalej. In: Prometej [Historisch-biographischer Almanach über das Leben bemerkenswerter Leute], Bd. 11, S. 321–327, Moskau 1977

Durov, V. A., Kak sozdavali orden Otečestvennoj vojny. In: Pamjatniki Otečestva [Almanach der Gesamtrussischen Gesellschaft für Denkmalschutz, Geschichte und Kultur], Heft 1/1984, S. 144–151

Durov, V. A., Nagrady Velikoj Otečestvennoj [Artikelserie anläßlich des 40. Jahrestages des Sieges]. In: Nauka i žizn', Hefte 9/1984, S. 52–56; 1/1985, S. 74–78; 3/1985, S. 58–62; 4/1985, S. 28 f., 38–40, 54–56 u. 108 f.; 5/1985, S. 44–47 u. 57–60. Mit farbigen Abbildungen jeweils auf den 4. Umschlagseiten.

Herfurth, D., Auszeichnungen der UdSSR. In: Jahrbuch 1982 des Arbeitskreises Medaillenkunde im Kulturbund der DDR, S. 75–96

Herfurth, D., Große Geschichte eines kleines Abzeichens. Zum Bestenabzeichen der Streitkräfte der UdSSR. In: Armeerundschau 2/1981, S. 46–48

Herfurth, D., In hoc signo vinces! Vor 40 Jahren wurde der erste Orden des Großen Vaterländischen Krieges der Sowjetunion gestiftet. In: Armeerundschau 5/1982, S. 36–38

Herfurth, D., Artikelserie mit farbigen Abbildungen über die Medaillen für Verdienste bei der Verteidigung, Einnahme oder Befreiung von Städten und Territorien im Großen Vaterländischen Krieg der Sowjetunion. In: Armeerundschau 5/1986, S. 70 f., 8/1986, S. 60 f., 11/1986, S. 74 f.

Klietmann, K.-G., Der Orden des Roten Banners (Roten Fahne) der Union der Sowjetrepubliken. In: Ordenskunde, Beiträge zur Geschichte der Auszeichnungen, Nr. 32, Berlin (West) 1960

Rezničenko, G., Ordena Velikoj Otečestvennoj. In: Vokrug sveta, Hefte 11/1984, S. 11; 12/1984, S. 14 f.; 1/1985, S. 18 f.; 2/1985, S. 12 f.; 3/1985, S. 6 f.; 4/1985, S. 23 ff.; 5/1985, S. 23 ff.

Schein, R. W., Najdiel, M. J., Die Orden der Sowjetischen Sozialistischen Republik von Aserbaidshan 1920–1936. In: Ordenskunde, Beiträge zur Geschichte der Auszeichnungen, Nr. 27, Berlin (West) 1967

Schkurko, A. S., Die sowjetische Gedenkmedaille bis 1980. In: Jahrbuch 1982 des Arbeitskreises Medaillenkunde im Kulturbund der DDR, S. 11–32

Šumkov, V., Simvoly morskoj slavy. In: Morskoj sbornik, Heft 2/1984, S. 63–66